W0316349

Alla Svirinskaya

Deine geheime Kraft

Alla Svirinskaya

Deine geheime Kraft

Mit einem Vorwort von
Sarah Ferguson, Herzogin von York

Aus dem Englischen übertragen
durch Wulfing von Rohr

Allegria

Die Originalausgabe erschien 2005 unter dem Titel
ENERGY SECRETS
im Verlag Hay House UK Ltd, London, UK

Wichtiger Hinweis:
Die Autorin dieses Buches bietet allgemeine Informationen über Gesundheitsfragen, zum persönlichen körperlichen und seelischen Wohlbefinden und zu möglichen Methoden der Gesundheitspflege, Vorbeugung vor Krankheiten und (Selbst-)Behandlung. Jeder Mensch hat das Recht zur Selbstbehandlung und zur eigenen freien Entscheidung darüber, wie er mit Gesundheit und Krankheit umgehen möchte. Wenn Sie Informationen aus diesem Buch zur persönlichen Anwendung benutzen, können Autor und Verlag jedoch keine Verantwortung für Ihre Entscheidungen übernehmen. Die Lektüre ersetzt nicht die Diagnose und Therapie medizinischer oder sonstiger Beschwerden durch amtlich zugelassene, kompetente und seriöse BehandlerInnen, seien es Ärzte, Heilpraktiker, Psychologen oder andere ganzheitlich orientierte Fachleute. Sollten Sie unter Gesundheitsbeschwerden leiden und Informationen aus diesem Buch zur Vorsorge oder Behandlung nutzen wollen, so sollten Sie bitte unbedingt Rücksprache mit Ihrem Therapeuten halten.

Allegria ist ein Verlag der Ullstein Buchverlage GmbH, Berlin
Herausgeber: Michael Görden

ISBN-13: 978-3-7934-2048-4
ISBN-10: 3-7934-2048-5

© der deutschen Ausgabe 2006 by
Ullstein Buchverlage GmbH, Berllin
© der Originalausgabe 2005 by Alla Svirinskaya
Übersetzung: Wulfing von Rohr
Umschlaggestaltung: FranklDesign, München
Titelabbildung: Shivananda Ackermannn
Gesetz aus der Garamond und KunstlerScript
Satz: te.ha, thea@mails.at
Druck und Bindebearbeiten: Bercker, Kevelaer
Printed in Germany

Widmung

Dieses Buch ist meinen Eltern Galina und Roman
mit meiner tiefsten Liebe und Bewunderung gewidmet.

Inhalt

Teil 6 Geheimnisse der Menschen

Teil 7 Traditionelle russische Heilgeheimnisse

Teil 8 Geheimnisse zur Verjüngung

Vorwort

Ich habe angeboten, dieses Vorwort für Alla Svirinskayas Buch zu schreiben, weil ich ihre hervorragende Heilarbeit fördern möchte. Ich hoffe, dass sowohl ihr Wissen wie auch der außergewöhnliche Schatz der russischen Heilkunst, in die sie hinein geboren wurde, eine große Aufmerksamkeit finden werden.

Alla war eine der Ersten, soweit ich weiß, die diese Heilkunst dem Westen zugänglich gemacht hat. Ich hoffe und bin überzeugt, dass ihre Ideen und Techniken allen Menschen sehr nützlich sein werden, die bessere Gesundheit und ganz allgemein ein größeres Wohlbefinden anstreben.

Alla ist mir eine enorme Hilfe dabei gewesen, mich in allen Aspekten meines körperlichen und seelischen Befindens anzuleiten. Immer, wenn ich sie aufsuche, lädt sie meine Energien wieder auf und unterstützt mich bei den vielen Herausforderungen und Anforderungen meines arbeitsreichen Lebens. Sie bietet mir gesunden praktischen Rat, der sicher jedem einleuchten wird, der inmitten einer hektischen Lebensweise darum kämpft, Zeit zu finden, sich um seine Gesundheit zu kümmern.

Ich habe immer wieder festgestellt, dass Alla ein sehr positiver Mensch ist, der andere inspiriert. Ich hoffe, dass dieses Buch all jenen helfen wird, die eben nicht die Chance haben, mit ihr persönlich zu arbeiten.

Zweifellos ist Alla eine bemerkenswerte Heilerin und ich schätze mich sehr glücklich, sie zu kennen.

Sarah,

Sarah, Herzogin von York

Danksagung

Dank an meine liebe Mama: Ich bin gesegnet, Dich in meinem Leben zu haben. Es ist eine Ehre, Deine Tochter und Deine Schülerin zu sein. Alles, was ich bin, verdanke ich Dir. Deine Hände und Dein Herz sind außergewöhnlich offen und bereit dafür, zu helfen und allen Menschen in deiner Umgebung Liebe zufließen zu lassen.

Dank an meinen lieben Papa: Danke für unsere ganz besondere Verbindung. Humor und Lachen, die wir teilen, sind Heiler in meinem Leben. Ich bewundere Dich dafür, dass Du Dir immer selbst treu bleibst und Deine Integrität nie in Zweifel ziehen lässt.

Meiner lieben Schwester Ritochka: Danke, dass Du einfach Du selbst bist. Du bist mein lieblicher kleiner Sonnenschein.

Und natürlich an meine Tochter Raphaela: Danke, dass Du so geduldig und ruhig warst, als ich dieses Buch geschrieben habe. Ich hoffe, dass Du eines Tages meine Begeisterung für das Heilen teilen wirst. Ich liebe Dich mehr als ich je glaubte, dass es möglich wäre, jemanden zu lieben. Du hast mich zu einem besseren Menschen und einer besseren Heilerin gemacht. Danke, dass Du in meine Welt gekommen bist. Ebenso ein großer Dank an jedes Mitglied meiner Familie und meiner Verwandten: Ihr alle habt so viel Licht in meine Seele gebracht.

Ich habe das große Glück gehabt, einigen ganz besonderen Menschen in meinem Leben zu begegnen, die ich gerne erwähnen und denen ich allen meine Liebe senden möchte.

Meine liebe Freundin Sarah: ein großer Dank für Deine Unterstützung und Ermutigung. Dafür bin ich dankbar und fühle mich geehrt.

Meinen lieben russischen Freundinnen Nina Koroleva, Lena Ayzenberg und Irina Rudneva bin ich dankbar für unsere Freundschaft, den Spaß und die wunderbaren Erinnerungen. Ich vermisse Euch, Mädchen! Kati Stclair, die immer für mich da gewesen ist, Dank für Deine Einzigartigkeit, Weisheit und Liebe. Andrew Wilson Dank dafür, dass er ein ganz besonderer Mensch in meinem Leben ist. Rita Roberts: Dank für Deine Fürsorge und Wärme. Ich werde auch immer allen Menschen dankbar sein, die an mich geglaubt und mir Unterstützung gewährt und mir große Güte am Anfang meiner Reise in den Westen erwiesen haben. Ich erinnere mich an Euch alle.

Einen großen Dank an meinen Agenten Jonny Pegg. Für Deine Großzügigkeit mit Deiner Zeit, Deine Hilfe und dafür, dass Du mit mir auf derselben Wellenlänge bist.

An alle bei Hay House: Danke, dass Ihr die Schutzengel meines Buches seid. Ich bin von der Art und Weise, wie Ihr arbeitet und von der einzigartigen Verbindung von Spiritualität, Integrität und Pragmatismus sehr beeindruckt.

Dank an Dennis Engel und sein Team für ihre wundervolle Energie, mit der sie meine Webseite eingerichtet haben. Dank an Jane Alexander für ihren Einsatz.

Olivia Lichtenstein kann ich nicht genug dafür danken, dass sie geholfen hat, dieses Buch in die Welt zu bringen. Ich schätze Deine fortlaufende Unterstützung meiner Heilpraxis sehr.

Ich möchte auch meine Dankbarkeit und Hochachtung den Generationen russischer Heiler aussprechen, deren Techniken ich voller Stolz in meinem Buch präsentiere. Es tut mir leid, dass mir manche Eurer Namen bei der Übermittlung Eurer Lehren nicht auch mitgeteilt worden sind, aber ich bin sicher, dass sie in anderer Form in Eurer Arbeit lebendig sind. Es ist mir eine große Ehre, Euer Wissen weiterzutragen.

Und schließlich noch ein dickes Dankeschön an das Leben, das mir eine solch interessante Reise möglich macht!

Meine Geschichte

Ich wurde in den siebziger Jahren in Moskau geboren, im kommunistischen Russland. Ich wuchs also in einem sehr materialistisch eingestellten Land auf, das auch gegen jede Religion war, sogar gegen alles nur andeutungsweise Metaphysische.

Meine Familie ist eine merkwürdige Mischung von Wissenschaftlern und Menschen mit alternativen Lebenseinstellungen. Meine Mutter war eine Chemotherapeutin, die mit Krebspatienten arbeitete, aber sie ist auch eine Heilerin. Vor seiner Pensionierung war mein Vater ein Wissenschaftler mit einem Doktortitel im Ingenieurwesen. Ich habe eine Schwester, die 11 Jahre älter ist als ich, die auch eine Heilerin ist – sie lebt in Serbien.

Ganzheitliches geistiges und energetisches Heilen ist seit langer Zeit ein Teil meiner Familientradition gewesen, mindestens seit fünf Generationen. Diese Heilfähigkeit scheint über die weibliche Seite zu kommen. Im Verlaufe der Generationen haben wir in der Familie immer recht verschiedene Methoden der Heilung angewandt. Meine Großmutter habe ich nicht mehr kennengelernt, aber sie benutzte eine Menge Kräuter und auch eine besondere russische Technik des „Chantens", die wir *Sagovor* nennen. Die Heilweisen meiner Mutter sind anders; sie verlässt sich auf die Arbeit mit Aura und Chakras. Alles, was ich gelernt habe, habe ich von meiner Mutter und meiner älteren Schwester.

Als ich aufwuchs, konnte man sich gar nicht vorstellen, Formen des geistigen oder energetischen Heilens offen zu praktizieren. Meine Mutter hätte gern an ihrer Klinik so gearbeitet, das war aber völlig unmöglich. Für mich erwies sich dieser Umstand jedoch auf eine eigentümliche Weise als günstig. Patienten meiner Mutter in der Klinik, die an alternativen Heilmethoden interessiert waren, mussten zur Behandlung zu uns nach Hause kommen. So hatte ich bereits als ganz kleines Mädchen die Gelegenheit, mitzuerleben und zu beobachten, was vor sich ging. Ich sah, auf welche Weise meine Mutter heilte und wie sie mit Patienten umging.

Schon von einem sehr jungem Alter an stellte ich Fragen. „Mama, warum habe ich diese Gefühle in meinen Händen?" – „Mama, warum spüre ich Dinge so?" Meine Mutter wusste natürlich, warum es mir so erging, aber sie wollte mich nicht zum Heilen drängen. Sie wollte beobachten, wie sich meine Art von „Naturtalent" entwickeln würde, sie wollte es auf unterschiedliche Weise überprüfen und sie wollte mir Anleitung geben. Deshalb fing sie damit an, dass ich ihr beim Arbeiten zusehen durfte. Sie erklärte mir, was Auras und Chakras sind und ich lernte das schon kennen, als ich gerade das Alphabet lernte.

Als ich älter wurde, ließ sie mich die Energien ihrer Patienten erfühlen. Sie zeigte mir, wie verschiedene Frequenzen darauf hinwiesen, wie die Energie einer Person floss. Gesunde Organe schwingen mit einer bestimmten Frequenz, während Krankheit die Wellenlänge dieser Schwingungen veränderte. Als kleines Mädchen musste ich all diese Frequenzen auswendig lernen und auch, wie sie sich im Körper anfühlten. Meine Mutter arbeitete mit einem Patienten und hätte gesagt: „Alla, komm mal her, halte deine Hand über den Bauch und spüre. Erinnere dich dann an dieses Gefühl. So sollte sich ein gesunder Bauch anfühlen." Dann rief sie mich zu einem anderen Patienten, der einen Tumor oder ein anderes Problem hatte und fragte mich, was ich dort in meiner Hand spürte. Dann hätte sie gesagt: „Daran musst du dich erinnern. So fühlt sich Krankheit an." Ich „las" die Schwingungen des Körpers mit meinem Fingern, so ähnlich wie ein blinder Mensch Braille liest. Da ich das damals systematisch erlernte, kann ich heute solche Frequenzbilder und „Signaturen" bei meinen eigenen Patienten erkennen.

Mir wurde auch schon in frühen Jahren beigebracht, wie man seine eigene körperliche Gesundheit pflegt, wenn man ein reiner Kanal für Energie sein möchte. Meine Mutter und meine Schwester haben beide regelmäßig gefastet. Sie zeigten mir früh, wie man die Gesundheit von Darm, Leber und Nieren erhält. Ich habe gelernt, mich auf allen Ebenen um meine eigene Gesundheit zu kümmern.

Ich bin in einem sehr offenen Haus aufgewachsen. Damals war es unmöglich, dass man sich mit anderen Leuten über geistige und energetische Heilung sowie über Spiritualität öffentlich unterhielt. Deshalb kamen eine Menge erstaunlicher Heiler und Parapsychologen in unser Haus. Unsere Küche war immer voller Leute, die Tee tranken, aßen und sich unterhielten. Sie tauschten ihre Ansichten und Erfahrungen aus. Es war mir so wertvoll, inmitten dieser Menschen zu sein und es war eine Ehre, ihnen zu begegnen und ihr Wissen aufzunehmen. Wir hatten keine Chance, spirituelle Bücher zu lesen, weil sie verboten waren. Also wurden derartige Informationen insgeheim auf Papierblättern verteilt. Für meine Entwicklung als spirituelle Person war es gut, von solchen Menschen umgeben zu sein. Ich denke, das hat mir in gewisser Weise Stärke gegeben; es hat mich gelehrt, wie ich meinem Weg auch unter schwierigen Bedingungen treu bleiben konnte. Meine Ausbildung als Heilerin und mein Studium des metaphysischen Wissens mussten im Geheimen stattfinden.

Ich ging wie meine Mutter an die medizinische Fakultät in Moskau. Das war zwar schon in der Zeit der *Perestroika*, dennoch gab es noch großen Widerstand gegen ganzheitliches Heilen und alle Formen von alternativer oder komplementärer Medizin. Das änderte sich jedoch allmählich. Das Volk hatte vom Kommunismus die Nase voll. Alle ihre Ideale und Idole waren verschwunden. Die Menschen fühlten sich verloren, und so begannen sie, sich Gott und ihrer spirituellen Seite zuzuwenden, um Geborgenheit zu finden.

Die alte russische Heilertradition erwachte zu neuem Leben. Das erlaubte mir, diese Formen der Heilung an anderen Schulen zu erlernen, während ich weiter an der medizinischen Fakultät auf meinen Abschluss hinarbeitete. So konnte ich an die *Open University für Complimentary Medicine* in Sri Lanka fahren, um dort Akupunktur zu studieren. Diese Ausbildung verband ich mit meinem Studium der Schulmedizin. In meinem Herzen spürte ich immer, dass ich meinem eigenen Weg der Heilung folgen würde.

Der Fall der kommunistischen Partei machte es meiner Mutter und mir möglich, unsere Formen der alternativen Heilweisen zum ersten Mal in der Öffentlichkeit auszuüben. Meine Mutter verließ die Klinik, an der sie gearbeitet hatte, und baute zusammen mit anderen Heilern eines der ersten Zentren für ganzheitliche Heilweisen in Moskau auf. Etwa zu dieser Zeit entschloss ich mich, mein Medizinstudium abzubrechen.

Meine Jahre an der medizinischen Fakultät sind jedoch sehr nützlich gewesen, da sie mir ein solides Fundament von Kenntnissen der herkömmlichen orthodoxen Medizin über den Körper und seine Funktionen gaben und schulmedizinische Therapien und Medikamente, um Krankheiten zu behandeln, vermittelten. Ich stelle fest, dass mir diese Ausbildung eine ausgewogene Sicht auf die Probleme der Menschen gibt.

Heute schicke ich meine Patienten zu Schulmedizinern, wenn ich meine, dass dies die beste Lösung sei. Ich verweise Patienten oft auch auf andere Heiler, die mit komplementären Methoden arbeiten, wenn ich finde, dass das nützlich wäre. Ich folge einem ganzheitlichen Ansatz. Ich glaube, dass Zusammenarbeit, *Teamwork*, in allen Bereichen der Medizin sinnvoll ist – in Schulmedizin, Ernährungskunde, Psychotherapie und natürlichen Heilweisen.

In den frühen 90er Jahren kam ich zum ersten Mal nach England. Damals war es schwierig, in Großbritannien eine Praxis als ganzheitlicher Heiler aufzubauen. Obwohl andere Formen naturnaher Therapien nach und nach akzeptiert wurden, zum Beispiel Ostheopathie, waren die Menschen vor allem gegenüber energetischen und geistigen Heilweisen sehr skeptisch eingestellt. Viele Leute gaben kritische Kommentare über meine Fähigkeiten als Heilerin oder über „Schwingungen“ im allgemeinen ab. Ich konnte darauf nur antworten, dass sie sich doch erst einmal mit dem Thema Energie vertraut machen und sich erst dann eine Meinung bilden sollten. Es erscheint mir falsch zu sein, etwas nur aufgrund von Voreingenommenheit abzulehnen.

Das erste Zentrum, das mir seine Pforten öffnete, war *The Life Centre*. Seine Gründerin Louise White war anfangs sehr zurückhaltend bei der Beschäftigung von Geistheilern. Ihre Vision und geistige Offenheit erlaubten mir jedoch, ihr meine Form der Heilung mit bestimmten Kräften zu zeigen. Sie erkannte die großartigen Vorzüge von Behandlungsweisen, die einen Energieausgleich bewirken und selbst jetzt noch, nach über zehn Jahren, kommt sie regelmäßig zu mir in die Praxis. Es freut mich zu sagen, dass sie bald selbst als geistige Heilerin arbeiten wird, da sie gegenwärtig die Ausbildung an der *National Federation of Spiritual Healers* macht.

Obwohl in Großbritannien das Studium von Esoterik erlaubt war, waren die meisten Menschen doch so konditioniert, dass sie Esoterik nicht akzeptieren wollten. Geistiges Heilen war rechtlich zulässig, aber die Leute waren aufgrund ihrer Vorurteile gegenüber diesen Formen des Heilens nicht bereit, ihr Bewusstsein dafür zu öffnen. Das stellte für mich eine vertraute Situation dar. Ich denke, dass mir meine frühen Erfahrungen wieder halfen: Ich fühlte mich von all den Menschen in Russland inspiriert und ermutigt, die ihre Überzeugungen trotz großer Widerstände bewahrt hatten. Sie halfen mir, stark zu bleiben.

Als ich mit dem Heilen in England anfing, kamen die Leute heimlich zu mir. Sie erzählten noch nicht einmal ihren Partnern davon. Journalisten, die über meine Heilarbeit berichten wollten, stellten fest, dass ihre Chefredakteure Angst davor hatten, wie wohl ihre Anzeigenkunden auf solche Artikel reagieren würden und sie befürchteten, dass eine Flut kritischer Briefe auf sie herein stürzen würde. Meine Heilpraxis ging bereits sehr gut, als der erste Medienbericht im Magazin *Harpers & Queen* erschien. Sie brachten eine Geschichte über meine Arbeit und wie sich geistige Heilung bei meinen vielen Klienten positiv ausgewirkt hatte. Diese Zeitschrift gab mir die erste öffentliche Unterstützung. Ich fragte damals die Chefredakteurin Fiona Macpherson, ob sie keine Angst vor negativen Reaktionen hätte, aber sie gab einfach zurück, „Das geistige Heilen ist real und die Ergebnisse sind sehr greifbar und nachprüfbar. Das sollen die Leute wissen." Ich werde ihr immer dankbar bleiben, genauso wie der wundervollen Journalistin Kate Bernard, dass sie beide mir zur Seite standen und dabei geholfen haben, die Meinung der Menschen über mich und meine Heilarbeit zu verändern. Ich führe jetzt meine eigene Heilpraxis in London. Am liebsten arbeite ich allein, auf eine sehr zurückgezogene, stille Weise.

Mir ist bewusst, dass ich mit einer wunderbaren Gabe gesegnet worden bin. Doch besitze ich auch eine sehr praktische Seite, die ich von meinem Vater habe. Er ist erdverbunden, aber schätzt und fördert gleichzeitig unsere Heilgaben. Meine Familie ist nicht im kirchlichen Sinne religiös. Heutzutage haben die Mehrheit der geistigen Heilpraxen mit der etablierten Religion zu tun – man muss also beten, getauft sein, konfirmiert sein... Wir waren nie so eingestellt. Aber obwohl wir nicht auf diese Art kirchlich-religiös sind, sind wir doch spirituelle Menschen. Meine Heilweise hat jedoch nichts mit irgendeinem religiösen Glauben zu tun.

Wie ich heile? Ich channele reine Energie, die ich empfange. Ich behandle Menschen nicht mit meiner eigenen Energie. Es ist wirklich wichtig, den Unterschied zu begreifen. Es handelt sich nicht um meine Energie. Wenn Sie Ihre eigene Energie einsetzen, um anderen zu helfen, dann bringen Sie sich nicht nur dabei sozusagen um (weil Sie dann Ihre eigene Lebensenergie verlieren), sondern Sie laufen auch Gefahr, zusammen mit der Heilenergie den Klienten Ihr eigenes „Zeugs" weiterzugeben. Sie helfen ihnen dann nicht wirklich, weil es sich in diesem Fall einfach nicht um reine Energie handelt. Meine Ausbildung hat mich gelehrt, wie ich mich mit einer höheren Energiequelle verbinden und sie durch mich hindurch fließen lassen bzw. channeln kann, wie man heute meistens sagt.

Meine Art zu heilen ist heute ganz anders als damals in den frühen 90er Jahren. Sie verändert sich laufend weiter. Wenn man als Heilerin wächst und sich entwickelt, bildet sich so etwas wie eine eigene Signatur heraus. Als ich anfing, habe ich so wie meine Mutter gearbeitet. Aber jetzt habe ich, obwohl mein Heilen immer noch auf den Grundlagen beruht, die ich bei meiner Mutter und meiner Schwester gelernt habe, meinen ganz eigenen Stil entwickelt. Wir drei haben eigene Methoden und Techniken erarbeitet, aber wir tauschen uns über unsere Erfolge aus. Meine Schwester schreibt mir oder ruft mich an, um mir von einer Methode zu erzählen, die wundervoll gewirkt hat, und meine Mutter gibt mir immer noch Rat. Es ist und bleibt ein spannender Prozess.

Wenn ich meine Patienten heile, ist das kein rein passiver Vorgang für sie. Auch sie müssen ihren Teil übernehmen. Sie müssen sich verantwortlich zeigen für ihren Körper und ihre Gefühle. Geistiges bzw.

energetisches Heilen hat auch damit zu tun, Grenzen kennen zu lernen und sich zu schützen. Man muss sich nicht nur selbst schützen (obwohl das lebenswichtig ist), sondern auch den Raum der anderen Menschen respektieren. Das bringe ich meinen Patienten bei. Ich mache dabei auch deutlich, dass der Schlüssel zur Heilung darin liegt, sich des Maßes in allen Dingen bewusst zu sein: wie Sie essen, wie Sie mit anderen Menschen kommunizieren, wie Sie Ihre Energie verwenden, was Sie mit Ihrer Zeit machen. Es hat keinen Sinn, sich in irgendeiner Beziehung zu verausgaben oder zu überziehen. Ich weise die Menschen darauf hin, ihre eigenen Grenzen und die anderer Leute zu erkennen.

Durch meine Mutter habe ich gelernt, dass dieses Leben ein sehr schöpferischer Prozess ist: Sie hören nie auf zu lernen; Sie sollten immer wieder etwas Neues unternehmen. Es geht darum, über den Dingen zu stehen, sie zu beherrschen und den ständigen Wunsch zu haben, sich selbst immer mehr und besser zu meistern. Dann werden Sie sich wie wahrhaft schöpferisch fühlen.

Die Idee für dieses Buch entstand, als ich mit meiner Tochter schwanger war. Ich nahm mir ein Jahr lang eine Auszeit von meiner Heilpraxis, weil die Art des geistigen Heilens, die ich anwende, mit einer Schwangerschaft nicht vereinbar ist. Meine zusätzlich gewonnene Zeit nutzte ich, um Vorträge zu halten, über Energien zu sprechen und zu erklären, wie Energien uns beeinflussen. Die Menschen fragten immer wieder, ob ich diese Dinge schon in einem Buch niedergeschrieben hätte oder dabei sei, ein Buch zu schreiben. Sie wollten mehr wissen über meine russische Kultur, unsere Traditionen und unsere Heilweisen. Mir wurde bewusst, wie wenig die russischen Heilmethoden im Westen bekannt sind. Sie können in jede Buchhandlung im Westen gehen und Hunderte von Büchern über Yoga und Ayurveda finden, aber kein einziges über osteuropäische Naturheilweisen. Das empfand ich als einen Mangel, dem ich abhelfen wollte. In Russland gibt es erstaunliche Heiler, die mit ihren Techniken das Leben von Tausenden Russen verbessern, jedoch mit ihren Heilmethoden über Russland hinaus unbekannt sind.

In diesem Buch habe ich also den Versuch unternommen, einige ihrer Techniken westlichen Lesern vorzustellen. Der zweite Grund für das Buch war, dass doch viele Patienten von mir auch in jener Zeit, als ich meine Heilpraxis wegen der Schwangerschaft nicht mehr führte, Rat und Hilfe brauchten. Ich entwickelte deshalb Vorsorge- und Heilprogramme, die sie zu Hause selbständig durchführen konnten. Aufgrund meiner Erfahrung als Heilerin weiß ich, welche Heilpläne und Rezepte wirken und welche nicht. Die Ergebnisse waren überwältigend, wie ich voller Stolz sagen darf. Ich bin sehr direkt, auch wenn es sich um Energien und metaphysische Dinge handelt, und die Menschen kamen mit meinen praktischen Methoden sehr gut zurecht.

Mit diesem Buch möchte ich mein Heilwissen, meine „Geheimnisse" und Einblicke mit Ihnen teilen. Früher konnten nur meine unmittelbaren Patienten in der Praxis daran teilhaben. Jetzt möchte ich dieses Wissen weiter bekannt machen und dazu beitragen, dass es angewendet wird, in der Hoffnung, damit so vielen Menschen wie nur möglich zu helfen. Vielleicht betrachten Sie das Buch als eine Art von Fernheilung!

Einleitung

Mein tiefster, leidenschaftlichster Wunsch ist, dass alle Menschen aus ihrem Leben das Beste machen. Als Heilerin in der fünften Generation habe ich das Wissen über profunde Techniken geerbt, die helfen können, Körper, Geist und Gefühle der Menschen in ein optimales Gleichgewicht zu bringen. Leider stehen mir aber nur eine gewisse Anzahl an Stunden an jedem Tag zur Verfügung, um eine doch recht begrenzte Zahl von Patienten persönlich beraten zu können. Ich möchte mein systematisches Programm für umfassende Gesundheit aber mit jedem teilen. Die Techniken in diesem Buch sind unglaublich machtvoll und sie führen zu außergewöhnlich guten Ergebnissen – wenn man sie sorgfältig einhält und befolgt.

Ich verwende absichtlich den Begriff „Geheimnisse“, denn ich halte es für zutreffend zu sagen, dass viele der Methoden in diesem Buch im Westen bisher noch nicht vorgestellt worden sind. Andere Konzepte, wie über Aura und Chakras, werden Sie jedoch vermutlich schon kennen.

Der russische Ansatz zum Erwerb von Wissen: Absorbieren und Adaptieren

Ich möchte Ihnen etwas über die mentale Einstellung der Russen erzählen, damit Sie besser verstehen, wie ich arbeite. Jedes Land und jede Region hat eine etwas andere Denkweise, eine andere Kultur und andere Traditionen. Jede Nation hat so etwas wie ein kollektives Bewusstsein, eine Art, das Leben zu betrachten, eine bestimmte Weise, das Leben zu spüren. In Russland finden wir im allgemeinen eine eklektische, holistische und kollektive Lebenshaltung sowie eine philosophische Denkweise vor.

Im Westen haben die Menschen (in der Vergangenheit) dazu geneigt, dort zu leben, wo sie geboren wurden, einen kleinen Teil ihres Heimatlandes zu erkunden, Stabilität zu suchen und feste Traditionen zu entwickeln. Russen sind anders. Unser Volk ist immer ein Volk auf Achse gewesen. Wir Russen packen unsere Sachen und gehen irgendwo anders hin. Wir haben historisch gesehen eine sehr veränderliche Kultur gehabt. Da unser Land so riesig war, sind wir Russen ständig von einer Region in eine andere gezogen. Fast jede neue Generation hat irgendwo anders neu angefangen; wir waren immer unterwegs. Neues Land, neues politisches Klima; immer Veränderung, immer wieder an Wegkreuzungen stehen und sich für eine neue Richtung entscheiden.

Die Straße ist ein aussagestarkes Symbol für das russische Leben. In der russischen Folklore passiert alles immer unterwegs. Wir haben also kein Problem damit, Ideen und Konzepte aus anderen Ländern zu akzeptieren und zu integrieren, zum Beispiel aus Indien und China. Es ist für uns ein ganz natürlicher Vorgang, dass wir Wissen aufnehmen, es integrieren und es dabei meistens unseren eigenen Lebensumstände anpassen. Es ist wichtig zu erwähnen, dass wir zu Beginn des 13. Jahrhunderts von Mongolen und Tataren überfallen wurden und dann unter ihrer Herrschaft lebten. Es war ganz unausweichlich, dass wir mit ihren Doktrinen und Philosophien zu tun hatten und davon lernten.

Die russische Seele nahm ein polykulturelle Sichtweise an und entwickelte ihre Fähigkeit aufzunehmen, zu absorbieren, zu transformieren und dann die entsprechend angepasste Information weiterzugeben. Wir nehmen Dinge von überall auf. Die *Matrjoschka*-Puppe zum Beispiel kam ursprünglich aus Japan! Die russischen Kirchen und Tempel, die mit ihren Kuppeln so archetypisch russisch wirken, stammten aus dem alten Byzanz.

Eine Vielzahl der Sichtweisen, Methoden und Techniken, über die ich spreche, kommen also aus Russland und aus dem Osten; manchmal sind sie ineinander verwoben. Die Slawen gebrauchten zum Beispiel das Wort *Jar*, um ihre Lebenskraft zu benennen. Dasselbe heißt in China *Chi* oder *Qi*, und in Indien *Prana*. Obwohl wir in der russischen Tradition keine speziellen Begriffe für Chakras hatten, wussten wir, dass bestimmte Gefühle mit gewissen unterschiedlichen Teilen unseres Körpers zu tun hatten. Diese Einsicht ist universal.

Was ist gute Gesundheit?

Gute Gesundheit ist eine der wichtigsten Schätze in unserem Leben. Aber wie viele von uns wissen unsere Gesundheit wirklich zu schätzen? Sehr wenige, es sei denn, dass wir sie verlieren bzw. Beschwerden damit bekommen. Es wundert mich immer wieder, wie sorglos wir mit unseren Körpern umgehen. Menschen haben die Elektrizität entdeckt, Flugzeuge erfunden und Satelliten gebaut. Wir haben die Geheimnisse des Atoms erforscht und den genetischen Code enthüllt. Die schöpferische Kraft des menschlichen Geistes scheint keine Grenzen zu kennen. Es sieht so aus, als ob wir es fertig gebracht haben, alles zu verändern – außer uns selbst. Trotz all unseres Wissens, unserer ganzen Zivilisation und Technologie, wissen wir Menschen dennoch nicht, wie wir uns selbst beherrschen können. Gleichermaßen scheinen wir unfähig zu sein, in friedlichem Einklang mit anderen Menschen, mit der Natur, mit der Umwelt zu leben. Wir wissen einfach nicht, was es bedeutet, gesund zu sein.

Unsere Zivilisation hat sich nur auf die Beherrschung unserer äußeren Umgebung konzentriert, darauf, die Natur zu unterwerfen. Die Folge ist eine ungeheure Zunahme an ökologischen Problemen. Unsere toxische Belastung ist enorm und nimmt laufend weiter zu. Wir verschmutzen nicht nur die Welt, sondern auch unseren eigenen Körper. Der technische Fortschritt hat uns nicht nur einen beachtlichen Komfort beschert, sondern zugleich auch zahlreiche umweltbedingte Krankheiten. Dieser technische Fortschritt hat aber auch die spirituelle Entwicklung unserer Persönlichkeit verlangsamt, unsere Intuition betäubt und die Wachheit unserer Sinne gedämpft.

Wir haben uns selbst von der Natur entfernt und die Gesetzmäßigkeiten harmonischer Entwicklung ignoriert. Jetzt zahlen wir den Preis dafür. Viele unserer modernen Krankheiten sind entstanden, weil wir die Balance zwischen unserer Umwelt und uns selbst zerbrochen haben. Wir haben den Kontakt zu unserer Welt verloren, zu anderen Menschen, zu unserem inneren Selbst.

Wahre und gesunde Evolution sollte von persönlichen Kräften und Energien ausgehen und auf einem starken Glauben an die eigenen unbegrenzten Möglichkeiten und Ressourcen aufbauen. Ich stimme dem berühmten russischen Schriftsteller Leo Tolstoi zu, der auch für seine Weisheit bekannt war und die Menschheit mit diesen Worten ermahnt hat:

> *Es ist amüsant, dass Menschen rauchen, Alkohol trinken, zu viel essen, müßig sind und die Nacht zum Tage machen und doch erwarten, dass ihr Arzt sie gesund erhält.*

Diese Worte sind heute besonders aktuell, da wir uns in einer ökologischen und spirituellen Krise befinden. Wir sind faul geworden. Wir erwarten, dass Ärzte und Heiler uns schon irgendwie wieder „reparieren" und gesund machen werden, ohne dass wir uns dafür anstrengen müssten. Aber der beste Arzt und der begabteste Heiler kann Sie, den Patienten, nicht kurieren, es sei denn, Sie nehmen aktiven Anteil an Ihrer eigenen Heilung. Sie müssen sich entschließen, aktiv daran zu arbeiten, ihre eigenen spirituellen Ressourcen zu entdecken und zu nutzen. Das ist nicht immer einfach. Das kann sogar ziemlich schwierig oder herausfordernd sein, besonders dann, weil es oft erfordert, Ihren gesamten Lebensstil zu überdenken, sowie tiefgreifende Veränderungen in Gewohnheiten und Lebensweise vorzunehmen.

Viele Leute leben heute im Exzess. Wir alle müssen essen, trinken und schlafen, aber genauso lebensnotwendig und entscheidend ist es, Mäßigung zu üben und nicht alles zu übertreiben. Wir leben in einer Kultur, in der wir glauben, es gäbe eine Pille gegen jede Krankheit. Wir haben Pillen, um jedes Symptom zu dämpfen, das unsere Körper hervorbringen. Wir haben Pillen, um jedes negative Gefühl zu betäuben, das um unsere Aufmerksamkeit bettelt. Es stimmt, dass Pillen helfen können, Krankheiten abzuwehren und manchmal auch heilen.

Echte Therapie, wahre Heilung jedoch besteht in vorbeugender Medizin – so sollten wir leben. Wir verstehen meist noch nicht, dass wahre Heilung in uns ruht. Wir sind so komplett vom Glauben an die Fähigkeiten der Medizin überzeugt, dass wir nicht begreifen, dass in vielen Fällen unsere eigene Intuition so viel mehr tun kann. Wenn wir unseren Geist richtig „programmieren", dann kann unser innerstes Selbst uns dazu ermächtigen und befähigen, zum Heiler für uns selbst zu werden, zum eigenen Arzt und Schöpfer. Das können Sie allerdings nur dann erreichen, wenn Sie bereit sind, Ihre eigenen inneren Heilkräfte zu achten und zu aktivieren.

Wir sind indes genauso in der Lage, wenn wir nicht aufpassen, uns auf Hilflosigkeit, Krankheit und Verlust von Selbstbestimmung zu programmieren. Ein berühmter russischer Arzt, Dr. Nikolai A. Amosow, hat einmal gesagt:

> *Es gibt Menschen, die ihre eigene Krankheit kultivieren, die sich an ihr erfreuen und sie weiter nähren. Sie ziehen ihre Freunde und Verwandten in ihre Welt des Leidens mit hinein. Ihre Lebensweise besteht darin, sich immer über ihr Los zu beklagen und nicht zu leben, sondern zu überleben. Wir müssen aber leben! Wir müssen für uns selbst eine eigene Lebensweise und unseren persönlichen Lebensstil herausfinden. Sollen Menschen denn Sklaven ihrer bedauernswerten Körper und deren Versuchungen bleiben?*

Das russische Wort für „kurieren“ bzw. „heilen“ *iscelenie.* Es besitzt dieselbe Wurzel wie unser Wort für „ganz“. Die alten russischen Heiler setzten, so wie die Heiler der alten chinesischen und indischen Kulturen, ihr Vertrauen in den reinen Genius ihrer Intuition, verbunden mit Tausenden von Jahren überlieferter Erfahrung. Wie sie meine auch ich, dass der Sinn des Lebens darin besteht, eine angemessene und ausgeglichene Einstellung zum Leben und zur Natur zu entdekken und zu verwirklichen. Glück und Erfüllung stellen sich ein, wenn die Menschen ihren Platz im Leben finden und in harmonischer Resonanz zu ihrer Umwelt sind. Leider jagen so viele Leute einem Geisterleben nach. Sie leben in Angst und voller Ärger und werden, wie Dr. Amosow sagt, von ihren eigenen Verlockungen angetrieben.

Spirituelle Evolution – ein neues Zeitalter?

Es gibt gegenwärtig eine Menge an Literatur, die sich mit der geistigen Entwicklung befasst. Die gesamte New Age-Bewegung ruft uns dazu auf, eine bewusstere Lebensweise anzunehmen. Es ist jedoch unmöglich, über spirituelle Evolution zu reden, bevor wir uns innerlich nicht gereinigt haben und uns nicht von unserem unausgewogenen Gewohnten befreit haben. Denken Sie einmal darüber nach: Wie sollte ein Musiker, selbst ein Genie, sich jemals künstlerisch ganz zum Ausdruck bringen können, wenn sein Instrument schlecht gestimmt ist? Unsere Körper sind genau das gleiche. Solange wir unseren Körper nicht in Ordnung bringen, kann er nicht zum Instrument unseres Geistes werden.

Nach meiner Ansicht und Erfahrung kann eine Heilmethode nur dann den Körper heilen und seinen guten Zustand bewahren, wenn die Therapie uns sowohl auf der physischen als auch der energetischen Ebene anspricht. Beides ist verknüpft; gemeinsam bilden sie eine Einheit, die nicht zerbrechen kann. Deshalb ist es so notwendig für jede Art von Heilweise, die physische, die emotionale und die mentale Essenz unseres Lebens miteinander zu verbinden. Sie müssen sogar noch einen Schritt weitergehen. Um wirklich gesund zu sein, müssen Sie Ihre Seele heilen.

Es bringt nichts ein, dass wir gewandt und oberflächlich über spirituelle Evolution reden, wir müssen bewusst an unserer geistigen Entwicklung arbeiten. Gute Gesundheit ist nicht einfach deren Endresultat, sondern ein vitaler Teil des Prozesses. Es ist sehr schwer, eine Krankheit des Körpers zu kurieren, ohne die Lebenseinstellung zum Positiven zu ändern.

Im Verlauf dieses Buches werden Sie feststellen, warum es so wesentlich ist, negative Gefühle wie Zorn, Eifersucht, Hass und Neid zu kontrollieren. Nicht jeder Mensch ist dazu bereit, eine vielschichtige Sichtweise im Hinblick auf seine Gesundheit einzunehmen. Ich vermute jedoch, dass Sie soweit sind, da Sie von diesem Buch angezogen wurden. Der bekannte Spruch, „Wenn der Schüler dazu bereit ist, erscheint der Lehrer“ gilt auch für die Vermittlung von Hintergrundwissen und praktischen Vorschlägen in Bezug auf unsere Gesundheit. Wir erhalten Informationen meist erst dann, wenn wir seelisch dazu bereit sind, sie aufzunehmen.

Der Zustand innerer Harmonie ist empfindlich; er hängt stark von inneren und äußeren Einflüssen ab. Wir müssen feststellen, um welche Einflüsse es sich dabei handelt und wie wir sie beherrschen können. Es fällt uns in der modernen Welt schwer, neue Einstellungen zum Leben anzunehmen. Wir sind in den letzten hundert Jahren von unserer Gesellschaft konditioniert worden, vor allem wirtschaftliche Ziele zu erreichen. Es besteht ein großer Druck mit dem Ergebnis, dass wir unsere Persönlichkeits- und Seelenentwicklung auf dem Altar des materiellen Erfolges opfern. Unter diesen Umständen dominieren Arbeit, Wohnung und der Erwerb materiellen Besitzes, aber auch der Genuss persönlicher Annehmlichkeiten, oft in ungesunder Weise.

Vielleicht haben die Regierungen es als leichter empfunden, eine Welt zu kontrollieren, die vom Materialismus angetrieben wird, als Individuen zu ermutigen, sich selbst zu erkennen und sich auf ihre wahren Bedürfnisse und Wünsche einzustimmen. Am Ende werden mehr und mehr unter uns zum Schluss kommen, dass eine rein materialistische Weltsicht eine Sackgasse darstellt. Wir alle sehnen uns nach einem erfüllteren Leben, aber wir erkennen nicht, welche Energie und welche Essenz dazu gehört, wir erkennen nicht das Innere und Wesentliche eines reichen Lebens. Damit bleiben wir in einem selbs gemachten Gefängnis stecken. Auf der Suche nach freier Eigenbestimmung unseres Lebens hasten wir von einer Zelle zur nächsten. Solange wir nicht die Bedeutung von Energie in uns und in der Welt erkennen, werden wir das Tor, das in die echte Freiheit führt, nicht finden können, geschweige denn, es zu öffnen wissen.

Dieses Buch stellt Ihnen ein vollständiges, systematisch aufgebautes Gesundheitsprogramm vor, einen kompletten Leitfaden, wie Sie zur Meisterin bzw. zum Meister ihrer eigenen Gesundheit und Ihres Wohlbefindens werden. Es behandelt auch Themen wie Harmonie mit unserer Umgebung, unserer Familie, unserem Zuhause und unseren Freunden.

Anders als zahlreiche andere Bücher über Gesundheit und Heilung beginne ich nicht damit, wie man den physischen Körper reinigt. Vielmehr beschreibe ich zunächst die Bedeutung Ihres Energiekörpers, und ich gehe dabei auf die vielen feinen Schichten von Energie ein, die Ihren Körper umhüllen und durch ihn hindurch laufen. Das mag auf Anhieb seltsam und unter Umständen sogar beunruhigend aussehen.

Aber ich bitte Sie, einfach dabei zu bleiben, geistig offen zu sein und mir zu vertrauen, dass die Techniken, die ich Ihnen erkläre, eine enorme Wirkung auf Ihr Leben ausüben werden.

Wie Sie dieses Buch benutzen können

Ich bin, wie erwähnt, ein sehr praktischer Mensch. Ich teste jede Technik gründlich und wende nur die an, die immer wieder und wieder funktionieren. Jede Methode, jedes Ritual, jede Meditation und jedes Rezept in diesem Buch sind aufgenommen worden, weil sie sich über die Zeit hinaus beständig bewährt haben.

Wenn Sie die besten Ergebnisse erzielen wollen, falls Sie sich wirklich selbst heilen und Ihr Leben verändern möchten, ist es notwendig, dass Sie sich verbindlich entscheiden, sich auf den Prozess einzulassen und ihn tatsächlich durchzuführen. Sie müssen sich selbst hundertprozentig dazu verpflichten. Sonst wird er schlicht nicht funktionieren. Ich bin eine Heilerin der Praxis und der Tat. Ich habe nicht etwa nur einige Bücher gelesen oder ein paar Kurse abgehalten.

Die beschriebenen Techniken setze ich an jedem einzelnen Tag des Lebens praktisch ein und weiß deshalb, was funktioniert und was nicht. Wenn Sie sich nicht hundertprozentig einlassen, werden Sie einfach nicht dieselben Ergebnisse haben. Es ist so, wie bei Leuten, die fit werden wollen und ganz stolz darauf sind, dass sie einmal in der Woche ins Fitnessstudio gehen. Das reicht nicht aus. Sie können sich selbst etwas vormachen, aber um wirklich etwas zu erreichen, müssten sie das ewig machen, denn sie führen nicht das richtige Programm durch. Hier ist es dasselbe; auch hier reichen halbe Sachen nicht aus.

Es ist auch unmöglich, einen gesunden Geist aufzubauen und eine leichte emotionale sowie eine klare mentale Energie zu haben, solange Ihr Körper toxisch belastet ist. Sie können sich auch nicht mit Aussicht auf Erfolg auf einen neuen Weg in Ihrem Leben begeben, solange Ihr Heim und Ihre Umgebung umweltverschmutzt und bedrückend sind.

Ich weiß, dass ich viel von Ihnen erwarte bzw. verlange, aber dafür werden Sie in diesem Buch auch eine Fülle an Informationen finden. Ich empfehle Ihnen, von Anfang an zu lesen und das Buch sorgfältig durchzuarbeiten. Fallen Sie nicht der Versuchung anheim, über die Übungen hinwegzugehen oder bestimmte Abschnitte auszulassen. Hier geht es um ein in sich abgestimmtes ganzheitliches Programm. Es wird nicht so wirken, wie es könnte, wenn Sie sich nur hier und dort irgendetwas herauspicken. Sie müssen sich wirklich verbindlich entscheiden, sich ganz darauf einzulassen.

Mir ist selbstverständlich klar, dass die meisten Leserinnen und Leser vielbeschäftigte Menschen sind. Deshalb habe ich zahlreiche Alternativen zur Auswahl vorgestellt, unter denen manche deutlich einfacher sind als andere. Praktizieren Sie die Übungen mit einem offenen Geist. Wenn Sie feststellen, dass Sie sich bei einer Übung verweigern und denken, „Auf keinen Fall“, dann sollten Sie besonders aufmerksam werden. Wir entziehen uns häufig solchen Dingen, die wir am nötigsten hätten und vermutlich ist diese Übung genau eine, die Sie jetzt besonders gebrauchen könnten. Da ich jedoch immer darauf aus bin, Sie einzuladen und zu überzeugen, dass Sie mehr auf Ihre eigene Intuition hören, möchte ich Sie bitten, einfach zu beobachten und bewusst zu registrieren, welche Gefühle „aus dem Bauch heraus“ sich beim Lesen einstellen. Wenn sich etwas unangenehm oder unbequem anfühlt, sollten Sie prüfen: Muss ich dieses unangenehme Gefühl jetzt verstehen und durcharbeiten, oder bekomme ich ein echtes Signal, dass diese Übung für mich im Moment nicht richtig ist?

Lassen Sie sich bitte auch nicht verführen, die „Theorie“ am Anfang dieses Buches zu überblättern. Sie ist wesentlich, um zu verstehen, wie Energie funktioniert. So verlockend es auch sein mag, geradewegs zu den körperlichen Entgiftungsprogrammen zu gehen, bitte ich Sie doch, zunächst die Reinigung von Wohnung oder Heim vorzunehmen und vor allem auch, die Vorbereitung zur Entgiftungswoche einzuhalten, weil Sie sonst Ihren Körper überfordern. Es handelt sich hier um sehr wirksame, kraftvolle Reinigungsmethoden und Sie müssen vorher die Vorbereitungsübungen durchführen. Wenn Sie erst einmal im Haushalt aufgeräumt und eine neue Ordnung geschaffen sowie die körperliche Entgiftung durchgeführt haben, werde ich weniger streng sein und Ihnen weniger Vorschriften machen – versprochen! Denn dann wird Ihre eigene Intuition besser funktionieren und ich kann mich darauf verlassen, dass Sie gute und weise Entscheidungen treffen werden.

Wichtiger Hinweis!

Ich empfehle Ihnen, dass Sie mit Ihrem Arzt oder Heilpraktiker sprechen, bevor Sie dieses Programm durchführen oder einige Elemente daraus anwenden. Wenn Sie in einem guten Gesundheitszustand sind, sollte es keinerlei Probleme geben, aber es ist immer gut, sich zu vergewissern.

Falls Sie Gesundheitsbeschwerden haben oder Medikamente einnehmen, ist es unbedingt notwendig, dass Sie sich mit einem Arzt oder Spezialisten beraten. Mit manchen der Rezepte, Techniken und Therapievorschläge muss man dann behutsam umgehen (oder sie vermeiden); wo es möglich ist, habe ich Alternativen angegeben. Wenn Sie Zweifel haben, fragen Sie Ihre Behandlerin bzw. Ihren Behandler.

Schwangere Frauen und Jugendliche unter 18 Jahren sollten dieses Programm nicht durchführen.

Teil 1
Energie verstehen

1.
Die Bedeutung von Energie

Um die Heilmethoden in diesem Buch anzuwenden, muss man Energie verstehen. Wahrscheinlich wissen Sie etwas über Energie im Alltagsleben. Die meisten von uns sind sich dessen bewusst (aufgrund der Lektüre endloser Diätbücher und Illustriertenartikel), dass wir Energie in Form von Kalorien aufnehmen und Energie durch Leben, Atmung und Bewegung wieder verbrauchen. Vermutlich haben Sie von *Chi* gehört, dem Begriff für Lebensenergie und Vitalität, wie er in Feng Shui und Akupunktur gebraucht wird. Für unsere Absichten brauchen wir jedoch eine sehr viel genaueres Verständnis von Energie.

Einstein beschrieb Materie als eine Form von Energie. Alles besteht aus Molekülen und Moleküle bestehen aus Atomen, die sich in einem Zustand ständiger Fließbewegung befinden. Ihre Bewegungen geben Energie ab. Das bedeutet, dass alles – ein Mensch, ein Hund, ein Baum, ein Tisch, ein Stein – Energie abstrahlt.

Wenn also auch statische Objekte Energie abgeben, welche Energie strahlen dann lebendige Wesen aus! Denken Sie an die Energie, die wir Menschen abgeben. Energie ist das A und O des Lebens, der Schlüssel zur Existenz.

Nehmen wir einmal an, Ihr Körper wäre ein Taxi. Wenn Sie möchten, dass dieses Körpertaxi Sie irgendwohin bringt, damit Sie dort etwas erledigen können, müssen Sie dem Fahrer sagen, wohin er fahren soll. Nun stellen Sie sich vor, der Fahrer ist Ihre Energie. Wenn Sie mit dem Auto sprechen, bringt Sie das nirgendwohin; vielmehr müssen Sie sich direkt an den Fahrer richten.

Der Grund also, warum wir nicht die gute Gesundheit haben, die wir anstreben oder nicht die Erfüllung, die wir ersehnen (oder beides nicht), besteht darin, dass wir nicht mit dem richtigen Teil von uns selbst sprechen. Wir sind einfach noch nicht darauf gekommen, wer der Boss ist!

Die Vorstellung, dass Sie selbst Energie sind, ist vielleicht ziemlich neu und schwierig anzunehmen. Möglicherweise überlegen Sie jetzt, wann Sie denn bisher Ihr Energiefeld gespürt hätten – vielleicht noch nie? Damit sind Sie nicht allein. Die meisten von uns haben schlicht nicht die Instrumente, um unser Energiefeld zu erkennen. Es ist uns einfach nicht beigebracht worden, dieses Feld wahrzunehmen. Wir sind so konditioniert worden, dass wir Energie noch nicht verstehen und die Macht von geistiger Konditionierung ist sehr viel stärker als die meisten unter uns realisieren. Das möchte ich an einem Beispiel deutlich machen. Bitte stellen Sie sich folgendes Experiment vor (es ist zwar nicht sehr erfreulich, demonstriert aber klar, worum es geht).

Zwei Katzen wuchsen von Geburt an in einer Umgebung auf, in der sie nur vertikale Linien sahen. Als sie in eine normale Umgebung entlassen wurden, war es ihnen physisch unmöglich, horizontale Linien zu erkennen und sie stießen ständig an Dinge an, die horizontal waren.

Was ist, wenn es uns genauso ergeht wie diesen Katzen? Dass die Realität, wie wir sie derzeit erkennen, keine horizontalen Linien aufweist. Es könnte sein, dass wir die Hälfte der Wirklichkeit verpassen und dann laufend überrascht sind und unsere Wunden lecken, wenn wir über den letzten Krankheitsschub oder das gerade passierte Unglück hinweg sind.

Fühlen Sie sich also nicht mies, wenn dieses Thema völlig neu für Sie ist. Es ist genauso in Ordnung, wenn Sie bereits Energie wahrnehmen, aber noch nicht herausfinden konnten, wo sie ist und wie sie ihren Einfluss auf Sie ausübt. In diesem Buch werde ich Ihnen Schritt für Schritt zeigen, wie Sie Energie entdecken und damit arbeiten. Wenn

Sie gelernt haben, wie Sie Ihre eigene Energie aufspüren und sich mit ihr austauschen, wie Sie mit der Energie anderer Menschen und der in Ihrer Umwelt kommunizieren, dann können Sie damit beginnen, Ihr Leben wieder in die eigenen Hände zu nehmen und es so auszurichten, wie Sie es möchten. Sie gewinnen die Herrschaft über Ihr Leben zurück, anstatt hierhin und dorthin gestoßen zu werden.

Manche meiner Vorschläge mögen weit hergeholt scheinen, sogar absurd. Ich bitte Sie dennoch, sie einmal ausprobieren, so wie man einen neuen Hut aufsetzt und ausprobiert, ob die Größe passt. Womöglich stellen Sie fest, dass Sie danach Ihr ganzes Leben lang gesucht haben! Wir alle haben von Kindern gehört, die im Dschungel aufgewachsen sind, von den Mowglis und Tarzans. Wissenschaftler haben herausgefunden, dass ein Kind, das die ersten acht oder zehn Jahre seines Lebens mit einem bestimmten Tier verbrächte, genau dessen Verhaltensweisen nachahmen würde.

Wir sind alle Produkte unserer Gesellschaft und benehmen uns entsprechend ihrer Regeln. Wir nehmen auch alle Illusionen dieser Gesellschaft an und meinen, dass bestimmte Dinge für unsere Existenz entscheidend seien. Wir sollten uns allerdings nicht damit zufrieden geben, als zweibeinige Wesen unser Dasein zu fristen, während unsere Energie verfällt und unsere Seele langsam verrottet. Wir könnten ein so viel reicheres und erfüllteres Leben führen!

Ich bin bereit, darauf zu wetten, dass Sie bereits ein Gespür für Ihre eigene Intuition besitzen, dass Sie schon öft gefühlt haben, wenn Energie wirkt. Wie häufig ist es Ihnen schon passiert, dass Sie auf eine bestimmte Weise gehandelt oder reagiert haben, und das dann auf einen „sechsten Sinn" geschoben haben?

Wie oft begegnen Sie Menschen, die Sie entweder zu schwächen und auszusaugen oder zu erheben und zu stärken scheinen? Was meinen wir, wenn wir sagen, dass die „Wellenlänge" zwischen uns und anderen stimmt oder eben nicht? Im Englischen spricht man davon, dass „die Chemie stimmt" oder nicht. Was bedeutet es, wenn wir über einen Raum, in den wir eintreten, sagen: „Du könntest die Luft hier mit dem Messer schneiden"? Das sind alles Beispiele für die Energie, von der ich spreche. Zwei Dinge sollten Sie im Hinblick auf Energie lernen: Erstens Energie wahrzunehmen und zu erkennen; zweitens Energie zu beherrschen und zu meistern.

Warum ist das so wichtig? Nun, die Grundlage und das wichtigste Prinzip für gute Gesundheit ist eine gesunde Energie. Wenn Ihre Energie gesund ist, wird nicht nur Ihr Körper gesund sein, sondern auch Ihr Leben. Sie werden wissen, wer und was Sie sind, was Sie vom Leben erwarten und welcher der für Sie persönlich richtige Weg ist. Jeder von uns ist einzigartig und es kann gut sein, dass Ihre Art und Weise, ein erfülltes Leben zu führen, sich von der anderer Menschen unterscheidet.

Der orthodoxe Zugang

Der übliche, meist schulmedizinische Ansatz ist eine Medizinwissenschaft, die Krankheiten und Methoden zu ihre Heilung erforscht. Es geht nicht um Wohlbefinden oder Gesundheit. Wenn Sie mit Ihrem Arzt über Ihre Krankheit sprechen, wird er Ihnen vieles darüber sagen können und Therapien vorschlagen, um sie zu kurieren. Wenn Sie ihn jedoch über Ihre Gesundheit befragen und wie Sie diese stärken und aufrecht erhalten können, werden Sie viel weniger konkrete Hinweise bekommen.

Die herkömmliche Medizin behandelt mit Tabletten, Injektionen und Chirurgie; sie behandelt oft die Symptome, selten die Ursachen. Die so genannte Schulmedizin (die man gern auch wissenschaftliche fundierte Medizin nennt), geht nicht auf den einzelnen Menschen ein. Das Individuum geht in der allgemeinen Diagnose fast unter. Sie sind häufig nicht mehr Susanne Schmidt, sondern ein „Migränefall“ oder eine „Rheumakranke“.

Die holistische, ganzheitliche Heilkunde hat einen anderen Ansatz. Sie geht davon aus, dass wir eine unverwechselbare Persönlichkeit sind, dass unsere Individualität Vorrang hat und unser Zustand erst danach von Bedeutung ist. Holistische Medizin hilft Menschen, die krank sind, sich nicht durch ihre Krankheit definieren zu lassen – und darin liegt bereits ein wesentlicher Faktor für die Gesundung.

Außerdem ist für die orthodoxe Medizin der physische Körper und er allein das Feld ihrer Forschung und Behandlung. Wenn Sie jedoch lernen, mit Energie zu arbeiten, können Sie Krankheit häufig bereits auf der energetischen Ebene stoppen, bevor sie sich auf der physischen Ebene manifestiert. So können Sie Krankheit und Unwohlsein verhindern.

Es ist offensichtlich, dass die herkömmliche Medizin vielen Menschen hilft. Aber manchmal treten noch nicht einmal Krankheitssymptome auf, was nicht unbedingt bedeutet, dass Sie gesund sind. Wir haben uns so daran gewöhnt, uns „okay" zu fühlen, dass wir gar nicht mehr merken, dass wir uns viel besser fühlen könnten. Versuchen Sie nicht nur zu überleben: Lernen Sie, Ihr Leben in Fülle zu führen.

Ich glaube, dass wir alle unsere eigenen Heiler sein können, zumindest in einem hohen Maße. Bitte verstehen Sie mich nicht falsch: Ich bin keineswegs irgendwie gegen Ärzte eingestellt und es ist hoffentlich klar, dass ich Ihnen keinesfalls vorschlage, sich von Ihrem Arzt zu trennen. Ganz und gar nicht! Ich schicke meine Patienten sogar oft zu Ärzten, Spezialisten und Gesundheitsberatern, damit wir zusammenarbeiten können.

Und schliesslich ...

Fangen wir jetzt also an. Der einfachste Weg, um die Prinzipien zu verstehen, was Energie ist und wie sie dabei funktioniert, unser Leben anzutreiben und unser Wesen auszumachen, ist meiner Ansicht nach, dass wir Einiges aus der östlichen Philosophie übernehmen und für uns anpassen.

Die östliche Philosophie geht davon aus, dass Menschen aus einem physischen Körper und sieben feinstofflichen Körpern bestehen. Unser physischer Körper ist so von sieben subtilen (zunächst meist unsichtbaren) Körpern umhüllt, wie ein Fötus vom Fruchtwasser eingehüllt ist. Wie ein Fötus von der Mutter durch die Nabelschnur ernährt und durch das Fruchtwasser geschützt wird, so werden wir durch diese sieben feinstofflichen Körpern geschützt und genährt, so können wir wachsen und uns entwickeln.

Sie sind vielleicht schon mit dem Konzept der Aura vertraut – das wäre schon ein guter Anfang. Was Sie jedoch möglicherweise noch nicht wissen ist, dass die Aura nicht einer der spirituellen Körper ist, sondern die Kombination aller sieben subtilen Körper. Jeder dieser Körper ist unterschiedlich und besitzt ganz eigene, klar definierte Funktionen. Sie sind aufeinander bezogen und miteinander verknüpft, und unsere Gesundheit hängt davon ab, dass jeder dieser sieben feinstofflichen Körper bei guter Gesundheit ist. Im nächsten Kapitel werden wir sie näher kennen lernen.

2.

Unsere vielen Körper: Die Anatomie und der Aufbau der Aura

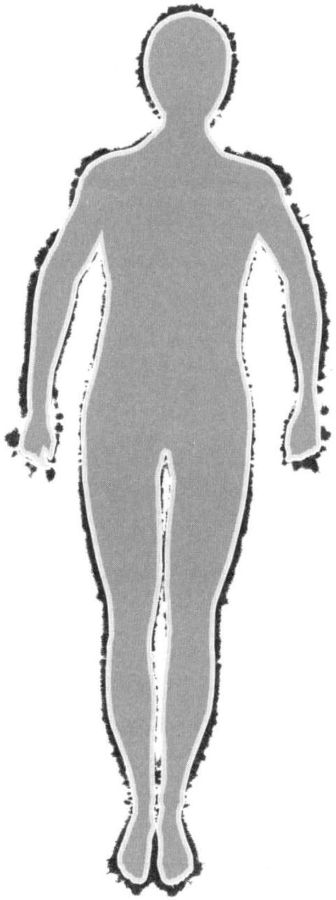

Wahrscheinlich waren Sie überrascht, als Sie lasen, dass wir nicht nur einen, sondern sieben Körper haben. Wenn wir unsere Aufmerksamkeit nur auf einen richten, verpassen wir den größten Teil unserer Existenz. Schauen wir uns die sieben Körper jetzt einmal an.

Der erste und am besten sichtbare Körper ist der physische. Alle anatomischen Studien zeigen, dass er aus Fleisch, Muskeln, Blut, Knochen und so weiter besteht. Man kann diesen Körper leicht sehen, anfassen und spüren. Er wird durch Nahrungsmittel erhalten.

Kaum einer sagt uns jedoch etwas über die komplexe Struktur des menschlichen Körperwesens, welche Energiezentren in ihm sind und welche Energiebahnen es durchziehen. Wenige sprechen von den unsichtbaren, jedoch lebensnotwendigen Schichten, die den physischen Körper umgeben. Die so genannte Kirlianfotografie zeigt manche dieser Schichten und die lebendige Energie der Aura.

Aurasichtige Menschen, die ausgebildet sind, können die Aura mit ihren Schichten ebenfalls sehen. Wenn ich meine Patienten behandle, arbeite ich mit der Aura. Ich möchte jedoch ausdrücklich darauf hinweisen, dass ich mich nicht darauf konzentriere, die Aura zu sehen, sondern vielmehr mich auf die Energie der Aura einstimme. Aufgrund meines frühen Trainings fällt mir das leicht. Es ist jedoch nicht notwendig, dass Sie auch die Energien „lesen“ können, wie es manche Heiler tun. Ich werde Ihnen später zeigen, wie Sie selbst feststellen können, wo es vielleicht Probleme in Ihrer Aura gibt und wie Sie Risse, Brüche oder Löcher in den nicht-physischen, energetischen Körpern heilen können.

Viele unter uns wissen etwas vom Aufbau ihres Körpers und kümmern sich darum; nur wenige wissen genauso viel über ihre Aura. Die zahlreichen Schichten der Aura sind jedoch wesentlich für unser Wohlbefinden. Wir müssen die Anatomie der Aura genauso gut kennen wie die Anatomie des physischen Körpers, wenn wir uns richtig darum kümmern wollen.

Krankheit des physischen Körpers manifestiert die Fehlfunktion oder den Zusammenbruch einer der Auraschichten.

Das ist eine wichtige Erkenntnis: Wenn ein Arzt oder Heiler die Krankheit aus der Aura entfernen kann, wird die Krankheit auch aus dem physischen Körper verschwinden. Solange Sie nur am physischen Körper arbeiten, wenn die Wurzel aber in Ihrer Auraenergie liegt, wird die Heilung nur vorübergehend wirken. Eine gesunde Person ist ein Mensch, dessen Körper und dessen Aura gesund sind. Selbst wenn eine einzige Auraschicht beschädigt ist, kann sich das auf verschiedenen Ebenen unseres Wesens zeigen. Wenn Sie zum Beispiel auf der körperlichen Ebene krank sind, wird sich das auf die Schwingungen der emotionalen Ebene auswirken, und umgekehrt. Deshalb ist eine gesunde, unbeschädigte Aura eine Voraussetzung für unsere Gesundheit.

Unsere Aura existiert nicht unabhängig von der Natur. Sie entsteht durch das Aufeinandertreffen von zwei Energiefeldern.

Stellen Sie sich die Aura in ihrem Aufbau wie die bekannten *Matrjoschka*-Puppen vor. So ähnlich sieht die Aura aus. Unser physi-

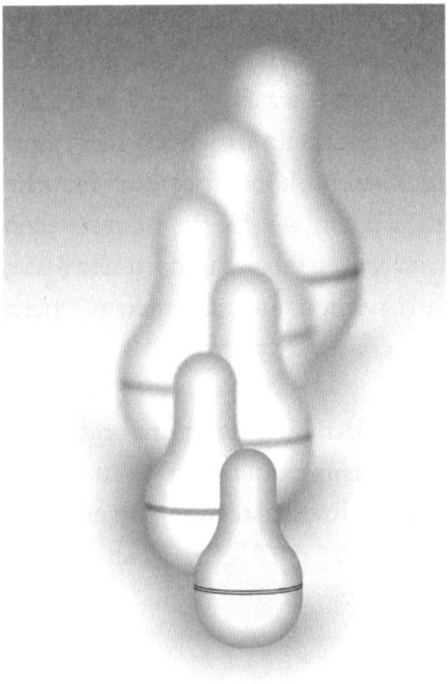

scher Körper ist die kleinste Puppe, und darum legen sich die Schichten unserer Aura. Allerdings gibt es einen wesentlichen Unterschied. Die Auraschichten überlappen sich, sie gehen ineinander über, anders als die Holzpuppen.

Betrachten wir zunächst die drei Körper, die unserem physischen Körper am nächsten sind. Mit ihnen befassen wir uns genauer, wenn wir im Rahmen meines Gesundheitsprogramms heilen und Gesundheit bewirken wollen. Danach nenne ich auch die anderen vier Körper.

Der Ätherkörper

Der ätherische Körper ist eine exakte Kopie des physischen Körpers. Er durchdringt Ihren Körper und folgt dessen Konturen. Er ist aber größer und erstreckt sich 3 bis 5 Zentimeter über den physischen Körper hinaus. Er besteht aus einer farblosen, flüchtigen Substanz oder Flüssigkeit, nämlich Äther.

Der Ätherkörper fungiert als Verbindungsglied zwischen der physischen Welt und den mehr feinstofflichen Formen von Materie. Die Kirlianfotografie hat das bereits in den 50er Jahren sichtbar gemacht. Ein Gegenstand, der in einem elektromagnetischen Feld liegt, wird auf einem Foto etwa wie eine ausgefranste farbige Umrisslinie dargestellt. Beim einem sensitiven Menschen wird der Ätherkörper bläulich sein, bei einer athletischen Person grau. Dunklere und schwerere Farben zeigen oft belastende Gefühle oder Krankheit an.

Der Ätherkörper ist die Energiematrix des physischen Körpers. Jedes Organ und jede körperliche Struktur hat sein Gegenstück im Ätherkörper. Hier existieren auch die Energiebahnen, die man als Meridiane bezeichnet. In der Akupunktur arbeitet man bekanntlich mit diesen Energiebahnen und bestimmten Punkten darauf. Der Ätherkörper ist sozusagen der Energiezwilling Ihres physischen Körpers. Deshalb ist er ein guter Indikator für Ihre physische Gesundheit. Veränderungen in Ihrem physischen Körper spiegeln sich im Ätherkörper und umgekehrt.

In Russland war es Hunderte von Jahren lang Sitte, sich nach dem Tode eines Menschen nicht nur zur Beerdigung, sondern erneut neun Tage nach dem Todestag zu versammeln. Dabei erinnerte man sich an all die guten Dinge im Leben dieses Menschen, man feierte gewissermaßen sein Leben noch einmal und gab der Seele dieses Menschen die Energie, davonzugehen. Neuere Kirlianfotografien von Gestorbenen bestätigen, dass sich unser ätherischer Energiezwilling am neunten Tage nach dem Tode auflöst.

Der Astralkörper

Dieser zweite Körper, den man auch Emotionalkörper nennen könnte, erstreckt sich etwa 5 bis 10 Zentimeter über den physischen hinaus; er hat einen klar definierten Umriss, der die Form des physischen Körpers widerspiegelt. Allerdings befindet er sich darunter, im Inneren, in ständiger Bewegung. Sie können sich den Astralkörper wie eine Lavalampe vorstellen, in der verschiedene Klumpen ineinander fließen und sich dann wieder trennen. Bei einer gesunden Person ist dieser Fluss mühelos und leicht. Bei Menschen, die zu aggressiven Ausbrüchen oder negativen Gefühlen neigen, gibt es auf dieser Ebene eine Verklumpung von Energie.

Die Farbe ändert sich auch hier. Wenn Sie gesund sind, sollte es eine helle Farbe sein. Wenn nicht, dann werden die Farben hier braungrau und dunkel sein. Wenn es Ihnen schwer fällt, Ihre negativen Gefühle loszulassen, wird sich Ihre Energie stauen, zusammen klumpen und Sie behindern. Das kann auch zu einem chronischen Zustand werden. Negative Gefühle können leicht zu Gewohnheiten werden, also passen Sie gut auf sich auf. Emotionen wie Neid, Aggression, Verzweiflung, Zorn, Abneigung und disharmonische Beziehungen zu den Menschen um Sie herum können Energieblockaden in dieser emotionalen Energie im Astralkörper verursachen. Das wiederum hat negative Auswirkungen auf Ihre Gesundheit. Wir kennen Redewendungen wie „krank vor Angst" oder „verrückt vor Wut" und ähnliche Begriffe. Sie enthalten echte Wahrheit!

Warum fühlen wir uns von manchen Menschen angezogen und von anderen gar nicht? Ihr Astralkörper zieht uns entweder an oder er stößt uns ab. Unsere Intuition wird umso besser, je mehr wir den Astralkörper und die Ursachen für Stagnation und Blockaden in den Gefühlsenergien dort verstehen.

Der Mentalkörper

Das ist die dritte Schicht der Aura. Es ist der Körper der Gedanken, des Wissens und der Erfahrungen. Dieser Körper ist stark entwickelt bei Menschen, die regelmäßig intellektuell arbeiten, und schwächer bei anderen. Er dehnt sich 10 bis 20 Zentimeter über den physischen Körper aus und folgt unseren Konturen. Dieser Körper ist hellgelb und fließt vom Kopf nach unten. Wenn Menschen mental intensiv arbeiten, weitet sich diese Energie noch mehr aus und wird noch strahlender. Wir sprechen ja davon, dass clevere Menschen „helle" sind. Auch in diesem Energiekörper kann es zu Verklumpungen kommen, die stagnieren. Ein offener Geist lässt die Energie frei fließen und ist empfänglich für neue Gedanken und Ideen. Ein verschlossener und negativer Geist behindert den Energiefluss und führt zu Blockaden. Alle unsere Gedanken und Ideen und Erinnerungen tragen eine bestimmte Menge an Energie in sich, die der Mentalkörper bildet.

Manche Erinnerungen besitzen eine sehr starke Verbindung mit Ihrer emotionalen Energie auf der Astralebene. Wenn Sie als Kind misshandelt worden sind, werden sich Erinnerungen an den Täter emotional stark eingefärbt und eingeprägt haben. Die Erinnerung an unbedeutende Ereignisse im Leben werden dagegen ihre emotionale Färbung rasch wieder verlieren. Die Sache mag Sie auf der mentalen Ebene noch beschäftigen, wird aber keine solch große Wirkung haben wie Erinnerungen, in denen astrale und mentale Energien verbunden sind. Eine mentale Energie, die sich mit einer negativen astralen Energie paart, kann über die Jahre Ihre Energie abziehen und Ihren Gesundheitszustand beeinträchtigen.

Jede Erfahrung, die Sie machen, hinterlässt eine Spur in Ihrer Energie. Ihre Einstellung zu Ereignissen und Ihre Fähigkeit, schlechte Erfahrungen loszulassen, zeigen Ihren allgemeinen Gesundheitszustand und den Zustand Ihrer mentalen Energie an. Sie sollten darauf achten, dass Sie unangenehmen Erfahrungen, die wir alle im Leben machen, nicht erlauben, ihre schmutzigen Fußspuren in Ihrer mentalen Energie zu hinterlassen. Es geht hier wirklich um Ihre Einstellung.

Der physische, der astrale und der mentale Körper werden mit Ihnen geboren und sterben mit Ihnen. Die anderen vier Energiekörper sind feinstofflicher und wir werden mit ihnen im Rahmen des Gesundheitsprogramms in diesem Buch nicht arbeiten. Aber sicher wollen Sie trotzdem gerne wissen, worum es sich bei diesen vier Körpern handelt.

Der Karmakörper

Das ist der unsterbliche Körper, von dem man glaubt, dass er von Leben zu Leben weitergegeben wird. Dieser Körper besteht aus der Energie aller Handlungen, die Sie ausführen oder die Sie planen. Die meisten Menschen werden schon von „Karma" gehört haben: Was man auslöst und aussendet, kommt eines Tages zu einem selbst zurück. Was Sie geben, bekommen Sie irgendwann wieder zurück. Karma ist die Grundlage der hinduistischen Philosophie über Reinkarnation.

Manche Medien teilen mit, dass sie diesen Körper als eine Art Wolke wahrnehmen, die sich 20 bis 30 Zentimeter über den Körper hinaus erstreckt und eine Farbe wie Rosenquarz hat. Da dieser Körper unserem Astral- und Mentalkörper so nahe ist, übt er einen starken Einfluss auf unsere Glaubenssätze, unsere Gedanken und Gefühle und sogar auf unsere Handlungen aus.

Dieser Körper stirbt nicht mit unserem physischen Körper; er verlässt diesen nur und wird mit einem anderen Körper wiedergeboren. Diese Sichtweise ist selbstverständlich subjektiv und umstritten. Ich finde sie nützlich und sie hilft mir bei meiner Arbeit. Falls Sie damit Mühe haben, brauchen Sie diese Sicht keineswegs zu übernehmen und können sich einfach einen offenen Geist bewahren.

Der intuitive Körper

Dieser Körper ist wie ein Behältnis für alle vorher genannten und er bestimmt deren Form von außen nach innen. Er ist wie ein dunkelblaues Oval, etwa 50 bis 60 Zentimeter außerhalb des physischen Körpers. Innerhalb dieses Ovals ist ein Raum, welcher die Konturen der anderen Körper bestimmt. Auf dieser Ebene wird die Aura sehr viel abstrakter. Hier ist so etwas wie ein Grundplan unserer Einzigartigkeit, unseres inneren Wesens. Auf dieser Ebene erschaffen wir durch unsere Worte und Gedanken.

Der himmlische Körper

Diesen Körper könnte man auch den „göttlichen Körper" nennen. Er sieht aus wie die Sonne, an deren Oberfläche Hitzewellen austreten; Kinderzeichnungen der Sonne ähneln der Gestalt dieses Körpers. Spirituell hoch entwickelte Menschen und Leute, die in der Meditation weit fortgeschritten sind, gelangen auf diese Ebene und spüren Ekstase. Dieser Körper sieht wie ein Hitzeball oder ein strahlender Schein aus. Die Heiligenscheine auf Bildern von Christus, Engeln und Heiligen sind Darstellungen dieser Energie. Hier besteht bedingungslose Liebe, d.h., dass unsere Emotionen auf eine spirituelle Ebene gehoben wurden.

Der Kether-Körper

Manche Medien nennen dieser Körper auch Seelen- oder Kausalkörper. Das ist die äußere „Haut" der Aura, in der alle anderen Schichten bzw. Hüllen enthalten sind. Sie besitzt einen Schutzfilm von 1 bis 2 Zentimetern. Obwohl dies die feinste unserer Auraschichten ist, ist es auch die stärkste und widerstandsfähigste. Sie muss so fest und elastisch sein, dass sie sich dehnen kann, ohne zu reißen. Sie schützt die Aura vor Belastung oder Verschmutzung durch äußere Kräfte und Einflüsse; sie besitzt eine Verbindung zu einer höheren Macht. Um einen Computervergleich zu ziehen: Diese Auraschicht ist wie die Festplatte für Ihr Leben. Sie ist unsere spirituelle Essenz und durch sie verschmelzen wir mit Spirit, mit der höchsten spirituellen Energie.

3.
Die Chakras und Meridiane: Energiezentren und Wege zur Aura

Die menschliche Aura hat Bereiche, die als Energiedepots fungieren. Dort wird unsere Energie gespeichert und an unsere Organe übertragen. In Sanskrit heißen sie Chakras. Da dieser Begriff inzwischen weit verbreitet ist, verwende auch ich ihn hier. Das Wort *Chakra* heißt eigentlich „Rad“. Medien sehen die Chakras wie sich drehende Energieräder. Für mich sind sie mehr wie kleine Tornados.

Die Aura ist ja, wie erwähnt, die Folge davon, dass das kosmische Energiefeld von oben mit dem irdischen Energiefeld von unten zusammen trifft. Diese Kräfte begegnen sich, ihre Bahnen kreuzen sich, während sie durch unseren Körper gehen: An den zentralen Kreuzungspunkten befinden sich die Chakras.

Die Chakras

Aufgabe der Chakras ist die Transformation der Energie, die sie von diesen beiden Kräften sowie aus der Energie unserer Umwelt (Ernährung, Beziehungen und so fort) erhalten in eine Energie, welche der Körper verwenden kann. Jedes Chakra in unserer Aura ist eng mit dem physischen Körper verbunden und bestimmt gewisse physiologische Prozesse. Deshalb kann man, sobald man feststellt, dass ein Chakra gestört oder beschädigt ist, in einem entsprechenden Organ ebenfalls Beschwerden feststellen.

Unsere Gesundheit hängt davon ab, dass unsere Chakras richtig funktionieren. Wenn das Chakra gesund ist, wirkt es wie ein kleiner strahlender Energiewirbel oder eine Energiespirale. Wenn es beschädigt ist, wird es matt und sinkt in sich zusammen. Jeder Mensch besitzt sieben Hauptchakras, die entlang der Wirbelsäule an bestimmten Punkten zu finden sind. Sie bestehen aus einer feinstofflichen Ebene in der Aura und können deshalb sie beim Sezieren auch nicht entdeckt werden.

Jede Energiespirale dreht sich im Uhrzeigersinn und wirkt auf uns über den ätherischen, den astralen bzw. emotionalen und den mentalen Körper. Jedes Chakra erzeugt eine Schwingung, die einer speziellen Farbe und einem bestimmten Ton entspricht.

Farbe ist der Ausdruck der lebendigen, schöpferischen Lebenskraft des Lichtes, jener Kraft, die uns erhält. Was wir als Farbe wahrnehmen, sind in Wahrheit die Wellenlängen aktiver, sich bewegender Energie. Jede Wellenlänge besitzt eine einzigartige Signatur und Eigenschaften, die auf ganz spezifische Weise auf uns einwirken. Die Farben um uns herum stehen in einem ständigen Austausch mit unserem Körper sowie unseren Gefühlen und Gedanken.

Farbe wirkt als Schwingung auf uns ein, so wie es Musik tut. Musik vermag unsere Gefühle in diese oder jene Richtung zu lenken; das gilt auch für Farben. Nehmen wir an, Sie sind im Fitness-Studio und strampeln so vor sich hin. Dann ertönt eine rhythmische Rockmusik über den Lautsprecher, und schon werden Sie schneller und aktiver in Ihren Bewegungen und schaffen noch etwas mehr als gedacht.

Dasselbe gilt für Farben. Jedes Chakra bringt die Energie eines bestimmten Farbstrahls mit. Wenn ein Chakra zu wenig Energie hat, gibt es zu wenig von dieser Farbe in unserem Organismus. Wenn ein Chakra zu stark energetisiert ist, dann gibt es zuviel davon. Wenn zum Beispiel zu viel Rot im Organismus ist, führt das zu übertriebenem Ärger. Beides – zu wenig oder zu viel – macht es uns schwer, die positiven Seiten der betreffenden Farbe zu integrieren. Bei den Entgiftungsprogrammen später mache ich Ihnen Vorschläge für Energieübungen, die alle Farben in den Chakras und damit auch im Körper ausgleichen.

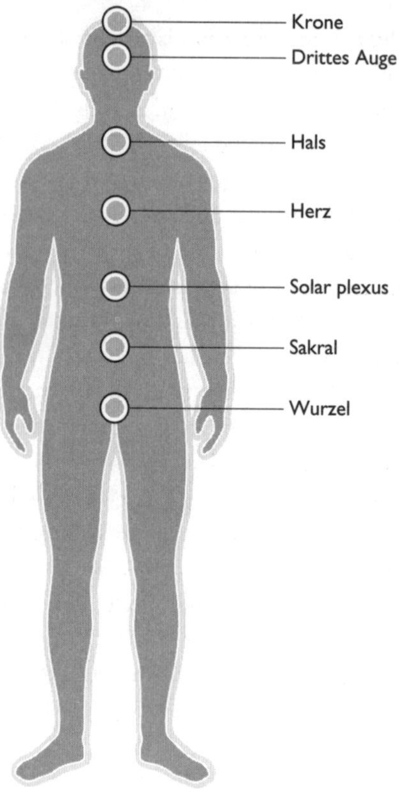

Die Chakras

Das Wurzelchakra *(Muladhara)*

Das ist das unterste Chakra, am Steißbein zwischen Anus und Genitalien. Manche alte Quellen sagen, dass es bei Frauen an der Rückwand der Gebärmutter und bei Männern in der Prostata wäre. Dieses Chakra gilt als unser Energiekern; es ist entscheidend für unser Überleben. Es ist eines der Hauptenergiespeicher.

Wenn unser Leben nicht richtig läuft, wenn unser Wohlbefinden ernstlich gefährdet ist, dann wird dieses Chakra aktiviert. Auf der physischen Ebene steht es in Verbindung mit den Geschlechtsorganen, dem Anus und den Beinen. Wenn dieses Chakra nicht im Gleichgewicht ist, neigen wir dazu, an Hämorrhoiden zu leiden oder an Entzündungen der Prostata bzw. der Eierstöcke.

Dieses erste Chakra nährt unsere physiologische Überlebenskraft; es hilft uns, zuversichtlich und stabil zu sein und fördert, dass wir uns geerdet fühlen. Es ist ein direkter Kanal für die Energie, die wir aus dem Boden, aus der Erde aufnehmen. Es ist von rötlicher Farbe; der dazugehörige Ton ist „do“, das „C“ als tiefer Basston.

Das Nabelchakra *(Svadhisthana)*

Es befindet sich in der Mitte des Unterbauchs, zwischen dem Schamhaaransatz und dem Bauchnabel. Der alten Auffassung nach regierte dieses Chakra die innere Vitalität. Seine Funktion ist, Lebensenergie, also *Qi* oder *Prana*, aus der Nahrung zu absorbieren und zu speichern. Dieses Chakra hat auch mit unseren sexuellen Funktionen und unserem schöpferischen Potential zu tun. In Indien sagt man, dass die Stärkung dieses Chakras ein gesundes und langes Leben gibt. Es ist ein wichtiges Zentrum für die Abwehrkräfte des Körpers. In den asiatischen Kampfkünsten gibt man ihm bekanntlich eine enorme Bedeutung. Die Energie aus diesem Zentrum kontrolliert unsere Nebennieren (Adrenalinausstoß), die Nieren und die Blase; bei Frauen ist es mit den Eierstöcken verbunden.

Wenn dieses Chakra unausgeglichen ist, kann das dazu führen, dass wir an Impotenz, Frigidität oder an Hypersexualität leiden; Nieren- und Blasenkrankheiten sowie Unfruchtbarkeit können weitere Folgen sein. Wenn dieses Chakra gut arbeitet, erzeugt es Kräfte wie Geduld und Ausdauer. Hier ist auch das Zentrum für Besitz, Anhaften, Loslösung und dem Wunsch, Dinge unter Ihrer Kontrolle zu behalten. Wenn Sie sich selbst meistern wollen, so müssen Sie lernen, dieses Chakra zu beherrschen.

Es hat auch mit Geburt zu tun, sei es Geburt eines Kindes oder einer Idee oder eines künstlerischen Vorhabens. Sexualität und Kreativität nutzen die Energie dieses Chakras. Die Farbe ist Orange; die Musiknote ist „re", das „D".

Das Solarplexuschakra *(Manipura)*

Es liegt oberhalb des Bauchnabels, aber unterhalb der Rippen. Es ist für unsere sichtbare Energie, Vitalität und aktive Handlungsweise zuständig. Wir verbinden uns mit der Außenwelt über dieses Energiezentrum. Wenn wir unsicher sind, verschränken wir automatisch (und meist unbewusst) die Arme vor diesem Chakra, um es zu beschützen. Früher hat man angenommen, dass die Erweckung dieses Zentrums übernatürliche Kräfte aktivieren und die Fähigkeit verleihen würde, extrem heiße oder kalte Temperaturen zu ertragen.

Wenn dieses Chakra ausgeglichen ist, dann ist die Person voller Energie. Es nährt die Leber, die Milz und den Verdauungstrakt. Störungen hier können zu Magengeschwüren, Gallensteinen und schlechter Verdauung führen. Dieses Zentrum ist verantwortlich für Eigenschaften wie Entschlossenheit, unabhängiges Denken und Handeln, persönliche Energie, Willensstärke und eine interessante Persönlichkeit. Wenn es außer Balance ist, werden Sie leicht nervös, spüren einen Mangel an (Selbst-)Vertrauen, werden vielleicht sogar habgierig oder fühlen sich irgendwie schuldig. Die Farbe dieses Chakras ist Gelb; der Musikton ist „mi", „E".

Das Herzchakra *(Anahata)*

Es befindet sich in der Mitte der Brust, genau zwischen den Brustwarzen. Dies ist das emotionale und spirituelle Zentrum des Körpers. Über dieses Chakra halten wir Verbindung zu unseren Lieben und es ist sehr stark mit unseren Eltern verbunden. Viele Kulturen glauben, dass dort die Seele bzw. das Selbst wohnt und wenn wir über uns selbst oder unsere Seele sprechen, legen wir oft unwillkürlich eine Hand auf die Mitte der Brust. „Das bricht mein Herz" ist ein Ausdruck, der sich auf dieses Zentrum bezieht. In Indien und Tibet glaubt man, dass die Essenz des Selbst und der Persönlichkeit in diesem vierten Chakra wohnt. Deshalb beziehen sich zahlreiche spirituelle Übungen, Meditationen über höhere Formen der Liebe und religiöse Praktiken auf dieses Chakra. Man glaubt auch, dass dieses Chakra unsere innere Schönheit erweckt, unseren Körper attraktiv macht und die Fähigkeit zur außersinnlichen Wahrnehmung aktiviert.

Das vierte Chakra reguliert unseren Biorhythmus und erhält ihn aufrecht. Es hat mit Herz, Lungen und Atemwegen zu tun. Wenn es nicht richtig funktioniert, führt es zu Herzbeschwerden, Bluthochdruck und Krankheiten der Atemwege. Wenn es gut arbeitet, erzeugt es Eigenschaften wie Liebe, Mitgefühl, Güte und Effizienz. Wenn es unausgeglichen ist, werden Menschen gefühllos, schotten sich emotional ab und werden passiv. Sie fühlen sich ausgelaugt und mies. Dieses Chakra ist von grüner Farbe; die Note ist „fa", „F".

Das Halschakra *(Vishuddha)*

Das fünfte Chakra verleiht die Fähigkeit, Zugang zu Vergangenheit und Zukunft zu erlangen. Im alten Japan ging man davon aus, dass dieses Zentrum die Träume regiert. Es ist für Ästhetik zuständig. Dieses Chakra reagiert sehr sensibel auf alle Veränderungen in den Gefühlen eines Menschen, zum Beispiel in seiner Reaktion auf Kunst. Dieses Chakra dreht und strahlt aktiv, wenn Sie über Schönheit und Moral sprechen. Wenn Sie Ballett schauen und von der Schönheit der Darbietungen erfasst sind, schauen Sie durch das Prisma dieses Chakras. Manchmal, wenn Sie einer wunderschönen Musik zuhören, spüren Sie, wie sich Wärme in Ihrem ganzen Körper ausbreitet und bis zum Hals aufsteigt. Ein nervöses Husten vor einer wichtigen Ansprache ist ein Versuch, dieses Zentrum zu aktivieren und die Energie dort frei fließen zu lassen. Menschen, in denen dieses Chakra dominant ist, sind oft Künstler oder arbeiten in einem kreativen Beruf, oder es handelt sich um Personen, denen die Schönheit des Lebens, der Seele und des Geistes sehr wichtig sind.

Dies ist das Chakra für den sprachlichen Ausdruck und die Kommunikation mit der Welt draußen. Die Schilddrüse, die Nackenwirbel, der Unterkiefer und die Luftröhre haben mit diesem Zentrum zu tun. Schäden am Hals- oder Kehlkopfchakra führen zu Halsentzündungen, Schilddrüsenbeschwerden, einer Neigung zu Erkältungskrankheiten und Unbehagen am Nacken. Wenn dieses Chakra normal funktioniert, fließen Kommunikation und kreativer Ausdruck ganz leicht und Sie fühlen sich inspiriert. Wenn es disharmonisch ist, verfolgen wir oft fixe Ideen oder haben starre Verhaltensmuster. Wir sind zu sehr in festen Mustern gefangen und bringen uns schöpferisch wenig zum Ausdruck. Dies ist auch das Chakra der Schuldgefühle. Es ist hellblau; sein Musikton ist „so", „G".

Das Stirnchakra *(Ajna)*

Dieses Zentrum wird auch das „dritte Auge" genannt. Es liegt in der Mitte Ihrer Stirn, genau zwischen den Augenbrauen. In China betrachtet man es als Sitz der Weisheit; es ist auch das Chakra der Meditation. Es bezieht sich auf Ihre Willenskraft und Ihre paranormalen Eigenschaften. Menschen mit einem gesunden und aktiven dritte Auge sind Taktiker. Sie finden immer irgendeinen Ausweg aus allen Schwierigkeiten. Starke Führungspersönlichkeiten benutzen dieses Energiezentrum. In alten Zeiten war das Stirnchakra bei Magiern, Schamanen und Hellsehern besonders aktiv. Sicher hat jeder Leser schon einmal vom Mantra *„Om"* gehört – es gehört zu diesem Chakra.

Das sechste Chakra hat eng zu tun mit der Hirnanhangdrüse, dem Gehirn und dem Nacken. Wenn es normal arbeitet, aktiviert dieses Zentrum den Intellekt, die psychologischen Fähigkeiten, die Imagination und die Begabung, Dinge oder Situationen als klare und lebendige Bilder vor sich zu sehen. Wenn es nicht im Gleichgewicht ist, wird die Person Konzentrationsmangel und eine blockierte geistige Tätigkeit spüren; in schlimmen Fällen kann sogar Schizophrenie auftreten. Auch Kopfschmerzen und eine mangelhafte Verbindung zwischen dem Unbewussten und dem Bewusstsein können eine Folge sein, wenn dieses Energiezentrum unausgewogen ist. Seine Farbe ist ein intensives „elektrisches Blau“; seine Note „la“, „A“.

Das Kronenchakra *(Sahasrara)*

Es befindet sich ganz oben am Kopf. Der esoterischen Literatur zufolge ist es oberhalb Ihres Kopfes, nicht in oder auf ihm. Es steuert die Verbindung mit dem höheren Selbst. Wenn dieses Chakra offen ist, können Sie in die Erleuchtung eintreten. Sie wissen, dass dieses Energiezentrum aktiviert ist, wenn Sie jene seltenen Augenblicke erleben, in denen es keine Grenzen von Zeit und Raum mehr gibt. Manchen alten Kulturen zufolge verlässt die Seele hier den Körper.[1] In Tibet wurden die Haare entfernt, wenn jemand im Sterben lag, um der Seele zu erleichtern, den Körper zu verlassen. In manchen Religionen achtet man heute noch sehr darauf, den Kopf bedeckt zu halten, um jenen Teil in sich zu schützen, der in Kommunikation mit Gott steht.

Dieses Zentrum wird aktiviert, wenn wir Probleme diskutieren, schaltet sich aber aus, sobald wir taktisch werden. Wenn Sie überlegen, wie ein Problem zu lösen ist, kommt das sechste Chakra ins Spiel. Das siebente Chakra hingegen wählt aus, was primär wichtig ist und was sekundär ist und damit eben weniger bedeutsam. Es spricht sehr gut auf das Singen von Mantras an.

In Indien wird das gut entwickelte siebente Chakra mit Erleuchtung in Beziehung gesetzt, mit kosmischer bzw. höherer Liebe und mit einer Fähigkeit, die Energie des Kosmos aufzunehmen. Das macht

---

[1] Andere nennen auch das Nabelzentrum, das Herzzentrum und das Stirnchakra als Austrittsort der Seele beim Tode. (Anm.d.Ü.)

sich zum Beispiel bemerkbar, wenn Sie spüren, dass Sie mit der Welt übereinstimmen und wenn Sie sich rundum beschützt fühlen. Wenn dieses Chakra aus dem Gleichgewicht geraten ist, fühlen Sie sich wie abgeschnitten von der Welt, Ihr Geist saust hierhin und dorthin, oder Sie fühlen sich, als ob in Ihrem Kopf ein ganzer Bienenschwarm summen würde. Halluzinogene Drogen wie Ecstasy und LSD schädigen dieses Chakra und bringen es aus der Balance, was manische oder panische Attacken und Psychosen nach sich ziehen kann. Wenn dieses Zentrum nicht gut arbeitet, kann das auch zu einem hohen Druck im Gehirnwasser und zu Tumoren führen. Es ist violett und entspricht der Musiknote „ti“, dem „B“.

DIE *NADIS* (MERIDIANE)

Energie fließt im Körper durch Bahnen, die in Indien *Nadis* heißen, in China Meridiane. Akupunkteure und Ayurveda-Heiler nutzen diese Energiebahnen. Die drei wichtigsten werden himmlische oder magische Nadis bzw. Meridiane genannt.

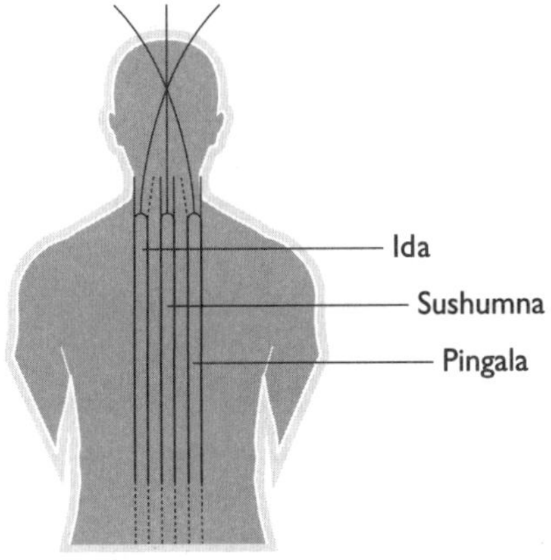

Die Nadis

– *Ida* ist der linke Kanal, die Energiebahn der Vergangenheit. Sie verläuft vom Steißbein an aufwärts, links entlang der Wirbelsäule, wechselt oben, am dritten Auge, hinüber auf die rechte Seite des Gehirns. Hier fließt weibliche Energie, und es werden mütterliche Anteile übertragen. Menschen, die immerzu in der Vergangenheit leben, die dazu neigen zu sagen, „Früher war alles besser,“ bedienen sich hauptsächlich der Energie dieser Bahn. Sie besitzt eine starke Verbindung zum Mond und wird manchmal auch Mondkanal genannt. Wenn diese Energiebahn bei Ihnen dominant ist, werden Sie mehr durch das linke Nasenloch atmen und die linke Nasenseite ist offener als die rechte.

– *Pingala* ist die rechte Energiebahn, der Kanal der Zukunft. Er führt vom Nabel an aufwärts, geht durch das dritte Auge und dann zur linken Seite des Gehirns. Menschen, welche überwiegend diese Energie nutzen, sprechen oft über die Zukunft und entfliehen dorthin. Diese Energiebahn hat mit der männlichen Energie zu tun und ist mit der Sonne verbunden. Wenn dieser Kanal für Sie dominant ist, werden Sie dazu neigen, mehr durch das rechte Nasenloch zu atmen.

Viele Menschen tendieren dazu, die Energie der einen oder anderen dieser beiden Bahnen überwiegend zu nutzen. Damit trennt man sich jedoch leider von der Wirklichkeit, von der Gegenwart. Wir alle kennen Personen, die voller Nostalgie sind, ebenso wie Leute, die ihre Energie immer nur auf die Zukunft richten, auf etwas Besseres dort hoffen und dabei ihr eigenes Leben fast hinwegwünschen.

– *Sushumna* ist die dritte Energiebahn. Dieser Kanal fängt am Solarplexus an und geht in einer geraden Linie durch das dritte Auge zum Kronenchakra und hindurch. Das ist die ausgeglichenste Energiebahn. Menschen, die vor allem mit der Energie aus diesem Kanal leben, sind in der Gegenwart, im Hier und Jetzt. Sie atmen gleichmäßig durch beide Nasenlöcher. Das ist offensichtlich eine sehr viel gesündere und glücklichere Lebensweise.

Diese Energiebahnen können verschmutzen. Sie werden durch die Energie unserer Emotionen, Gedanken und Nahrungsmittel stark beeinflusst. Im weiteren Verlauf dieses Buches werden wir Methoden kennen lernen, die Ihnen helfen, dass sowohl der physische Körper als auch die anderen gesund und harmonisch sind, dass die Chakras frei, ausgeglichen und aktiv sind, so dass Sie rundherum neue Vitalität, Frieden und Wohlbefinden spüren.

Teil 2
Energiegeheimnisse für Ihr Heim

4.
Äußere Reinigung des Heims

Inzwischen habe ich Sie sicher von der Existenz und der Bedeutung der Lebensenergie überzeugen können. Bevor wir damit beginnen, unsere eigenen Energien und die unseres Körpers zu klären und zu reinigen, müssen wir uns vergewissern, dass wir in einem klaren, aufgeräumten Umfeld arbeiten. Wir werden von allem beeinflusst, was um uns herum ist, von den Menschen und der Umwelt und vor allem von unserem Zuhause.

Bevor Sie mit irgendeinem Reinigungs-, Entgiftungs- und Ausleitungsprogramm beginnen, ist es sehr wichtig, dass Sie den Wohnraum um sich herum reinigen. Wenn Sie von gestauten und schädlichen Energien umgeben sind, können Sie sich nicht richtig um ihre inneren Energien kümmern.

Aufgrund meiner Erfahrung als Heilerin weiß, dass es manchmal ausreicht, die Energie in Ihrer Umgebung zu verändern, um tiefe Heilungsprozesse zu beschleunigen. Deshalb möchte ich Ihnen wirklich sehr ans Herz legen, dass Sie zuerst einmal die Energie in Ihrer Wohnung bzw. Ihrem Haus klären. Wir müssen uns in unserem Zuhause wohl und sicher fühlen, und wenn wir von guten oder wenigstens von neutralen Schwingungen umgeben sind, öffnet uns das auf einer tiefen persönlichen Ebene.

Über die Jahre bringen wir so viele verschiedene Energien in unser Heim. Hoffentlich sind es viele gute Energien, wie solche, die erzeugt werden, wenn wir glücklich sind, wenn wir liebevoll miteinander umgehen, wenn wir einen tiefen Frieden durch Meditation schaffen. Es ist jedoch unvermeidlich, dass wir oft auch die Energien unserer Konflikte, die Reste schlechter Laune oder von gehässigem Auseinandersetzungen mitbringen.

Außerdem wird in Ihrem Zuhause auch noch die Energie der früheren Bewohner stecken (da die meisten von uns ja nicht ganz neu bauen). Sie übernehmen beim Einzug also deren energetische Prägungen. Dazu gehören alle Ereignisse, die sich im Heim abgespielt und eine Energieinformation hinterlassen haben. Sicher und leider sind nicht alle Ereignisse positiv gewesen. Wenige Menschen sind sich bewusst, welche Energien an einem Heim „kleben", so dass viele noch nicht einmal daran denken, beim Einzug wirklich von Grund auf sauber zu machen. Falls Sie feststellen, dass Sie sich in Ihrem Heim nicht wohl fühlen, dass Sie ängstlich sind oder sich Sorgen machen, sich wie blockiert oder wie aufgedreht fühlen, dann reagieren Sie in vielen Fällen einfach auf die alten Energien in Ihren vier Wänden.

Die meisten Menschen im Westen haben wenig oder gar keine Ahnung, wie man Räume energetisch reinigt und klärt. Wenn alte Energien in unserem Heim vorhanden sind, ziehen sie uns in die Vergangenheit zurück, als ihre Prägung erzeugt wurde. Solche Energieinformationen können Tage, Monate und sogar Jahre später die Bewohner beeinflussen.

Unordnung und Dinge, die sich ansammeln und herumliegen, beeinflussen auch die Energie im Heim. Wenn Ihr Zuhause voll gestopft ist mit Sachen, lässt es sich kaum verhindern, dass man emotional und energetisch herunter gezogen wird. Wenn Sie die Vergangenheit horten – und das ist ja meistens die Ursache bei Unordnung – hindern Sie sich selbst daran, das Leben in der Gegenwart richtig zu genießen.

Auch wenn Sie glauben, dass Sie keine medialen Fähigkeiten besäßen, sind doch die meisten von uns recht gut auf die Energienprägungen von Wohnungen und Häusern eingestimmt. Ist es Ihnen nicht auch schon öfters passiert, dass Sie in ein Haus gekommen sind und sich nicht wohl gefühlt haben – ohne konkreten Grund? Genauso gut werden Sie schon erlebt haben, in einen Raum einzutreten und sich sofort ganz wie zuhause zu fühlen. Ich würde mich freuen, wenn die Energie in Ihrem eigenen Zuhause sich immer so anfühlt, dass Sie dort wirklich daheim sind. Die Energie in Ihrer Wohnumgebung soll Ihre spirituelle Entwicklung aktiv unterstützen.

Aufräumen

Erst einmal müssen wir physisch Ordnung schaffen, bevor wir Energien klären können. Inmitten von Sachen, die herumstehen und an denen sich an vielen Fällen Staub sammelt, kann man keine positive und gesunde Energie erzeugen. Gehen Sie durch Ihr Heim, durch ein Zimmer nach dem anderen, und überlegen Sie, welche Dinge Sie noch brauchen und von welchen Sie sich trennen können. Seien Sie so hart wie möglich mit sich selbst, wenn es darum geht, Unordnung zu beseitigen und alte, unnütze Dinge loszuwerden. Geben Sie großzügig Dinge an Wohltätigkeitsvereine oder nehmen Sie etwas Geld mit einem privaten kleinen Flohmarkt oder dem Verkauf von der Garage aus ein. Machen Sie eine Liste von den Dingen, die repariert werden müssen und kümmern Sie sich darum. Ich weiß sehr wohl, dass es einem manchmal sehr schwer fällt, sich von Sachen zu trennen. Erinnern Sie sich selbst jedoch daran, dass Sie die Energien der Vergangenheit lockern und lösen und Raum für neue Dinge schaffen, für frische Erfahrungen und eine neue lebendige Energie in Ihrem Leben. Eine echte Aufräumaktion in Ihrem Heim erfordert vermutlich auch, dass Etliches im Heim umgestellt wird.

Saubermachen

Jetzt machen Sie sich an eine gründliche Reinigung der Räume. Die Böden sollten erst gestaubsaugt und dann, wo möglich, nass gewischt werden.

Bereiten Sie das Wasser auf eine bestimmte Weise vor, um negative Energien in Ihrem Heim zu beseitigen. Dies sind alternative Möglichkeiten:

- Geben Sie einen viertel Teelöffel Ammoniak und einen Esslöffel grobkörniges Meersalz auf einen Eimer Wasser.

- Sie können stattdessen auch einige Tropfen Wacholderöl, Salbeiöl, Sandelholzöl oder Pfefferminzöl in das Wasser geben. Auch diese ätherischen Öle reinigen wunderbar kräftig und riechen auch noch gut.
- Öffnen Sie alle Fenster, damit die negative Energie hinaus kann.
- Reinigen Sie alles gründlich. Achten Sie dabei besonders auf die Ecken, weil sich dort gestaute Energie ansammelt, und auf Staub.
- Schütten Sie gebrauchtes Wasser immer durch die Toilette weg (nicht in den normalen Ausguss).

Wenn es möglich ist, sollten Sie auch die Wände mit dieser Art von Wasser reinigen. Auf jeden Fall sollten Sie alle gestrichenen Flächen (Tür- und Fensterrahmen und so fort) gut säubern. Putzen Sie die Fenster, damit möglichst viel Licht in Ihr Heim gelangt. Zuletzt gehen Sie durch alle Zimmer und reinigen noch alle Spiegel. Wenn Sie Fenster und Spiegel säubern, achten Sie bitte darauf, immer im Uhrzeigersinn zu wischen, um dic positiven Energien anzuregen.

5.
Energiereinigung Ihres Heims

Nachdem Ihr Zuhause physisch sauber und ordentlich ist, ist es nun Zeit, die Energie des Heims zu klären. Ich empfehle, solche Energiereinigungen in Räumen immer zwischen Vollmond und Neumond durchzuführen. Nehmen Sie sich dafür auch ausreichend Zeit; das ist etwas, was nicht hastig vollzogen werden sollte. Sie sollten für die Energieklärung auch eine Zeit wählen, in der Sie selbst sich gut fühlen. Als Frau sollten Sie diese Reinigung nicht vornehmen, solange Sie Ihre Periode haben oder wenn Sie schwanger sind, weil Ihre Energie in dieser Zeit auf etwas anderes gerichtet ist. Stellen Sie auch das Telefon ab, damit Sie nicht gestört werden.

Organisieren Sie, dass sich jemand anderes in der Zeit um die Kinder kümmert – Kinder reagieren sehr sensibel auf Veränderungen in der Energie. Alle Lebensmittel und Getränke im Haus sollten in Küchenschränken oder verschließbaren Gefäßen verstaut sein. Die Klärung der Energie der Zimmer wirbelt alte, gestaute Energie auf und Sie wollen ja nicht, dass Ihre Nahrungsmittel irgendwelche negativen Schwingungen aufnehmen. Stellen Sie Radio und Fernsehgeräte oder CD-Spieler ab, weil Sie dadurch nur abgelenkt würden. Stellen Sie auch Ventilatoren oder Klimageräte ab, weil sie Energie stören und es schwerer machen, sie zu klären.

Falls Sie Tiere haben, sollten Sie vor der Energieklärung darauf achten, wo sie sitzen oder schlafen. In Russland wird keiner vor der Katze in ein Haus hineingehen. Katzen haben die einzigartige Fähigkeit, negative Energien auszuspüren und sie für sich zu nutzen. Russen achten sehr darauf, wo sich die Katze zuerst hinlegt und kämen nie auf die Idee, ihr Bett oder Sofa auf diese Plätze zu stellen. Hunde werden dagegen an Plätze gezogen, wo sich positive Energien zusammenklumpen. Der Lieblingsplatz Ihres Hundes könnte also eine gute Stelle für Ihr Bett, Ihren Lehnstuhl oder Arbeitstisch sein, also überall dort, wo Sie viel Zeit verbringen. An den „Katzenplätzen“ gehen Sie besonders sorgfältig bei der Energiereinigung vor. Bereiten Sie sich selbst für die Raumklärung mit einer Energiedusche vor.

Energiedusche

Salz hilft, alle negative Energie zu absorbieren und zu neutralisieren, die Sie an diesem Tag vielleicht in Ihrer Aura tragen.

– Bereiten Sie eine Salzpaste vor. Sie mischen etwas süßes Mandelöl mit einer Handvoll Salz, genug, um eine dicke Paste daraus zu machen. Geben Sie zwei oder drei Tropfen ätherisches Öl hinzu, entweder Sandelholz, Wacholder oder Salbei

! *Achtung: Kein Salbei während der Schwangerschaft!*

– Sie stehen in der Dusche und reiben sich am ganzen Körper mit der Salzpaste ein (Sie können Kopf und Gesicht auslassen, wenn Sie mögen).
– Sie duschen sich dann ab (die Wassertemperatur wählen Sie so, wie es Ihnen angenehm ist). Während Sie sich duschen, bitten Sie das Wasser aufrichtig und zuversichtlich, alles Negative abzuwaschen, was sich während des Tages angesammelt haben könnte. Dabei ist es wichtig, dass das Wasser vom Kopf oben herunter rinnt, um das Salz vom Körper zu waschen.

Vorbereitung der Reinigung

Nach dieser Dusche sollten Sie sich deutlich leichter und besser in der Lage fühlen, Verbindung mit den Energien in Ihrem Heim aufzunehmen. Ziehen Sie frische, saubere und bequeme Kleidung an. Legen Sie allen Schmuck und Ihre Uhr ab. Am besten würden Sie barfuß arbeiten.

Beginnen Sie von der Eingangstür aus. Wenn Sie in einem Haus wohnen, arbeiten Sie sich immer von unten nach oben vor. Lassen Sie mindestens ein Fenster offen, damit negative Energien entweichen können.

Wir wenden in Russland verschiedene Methoden an, um ein Haus zu klären. Nehmen Sie die, die Ihnen am meisten zusagt. Oder probieren Sie alle aus und entdecken Sie, welche am besten zu wirken scheint. Wahrscheinlich wird sich eine der Techniken für Sie als ganz natürlich anfühlen.

Reinigung mit Kerzen

In Russland verwenden wir üblicherweise die Feuerenergie, um zu reinigen. Die einfachste Methode ist, die Kraft der Flamme von brennenden Kerzen zu benutzen. Das menschliche Energiefeld ist seiner Natur nach elektromagnetisch. Feuerenergie kann sehr leicht mit unserem eigenen elektromagnetischen Feld in Berührung kommen und es klären. Energiewesen können im Feuer nicht überleben; ich komme darauf später noch einmal näher zu sprechen. In russischen orthodoxen Kirchen stehen vor den Ikonen immer Kerzenbänke. Die Menschen kommen in die Kirche mit all ihrem Kummer und Leid. Indem sie die Kerzen anzünden, werden sie selbst seelisch heller und leichter, weil die Kerzenflamme ihre negative Energie absorbiert. Man glaubt auch, dass die Feuerenergie der Kerzenflamme erdgebundenen Spirits genug Energie geben kann, um ins Licht zurückzukehren.

Verwenden Sie nur Bienenwachskerzen für Ihre Raumreinigung. Werfen Sie die Kerzen nach dem Gebrauch fort. Achten Sie darauf, dass brennende Kerzen (und fortgeworfene) keine Gefährdung darstellen. Drei alte russische Methoden der Raumklärung stelle ich Ihnen nun vor.

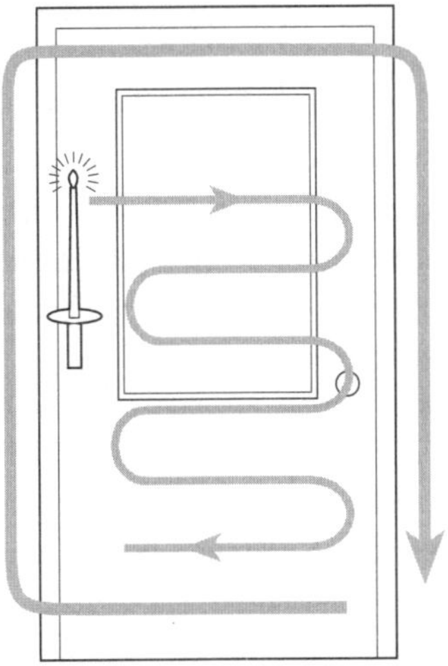

Drei Methoden

Die erste Methode ist sehr einfach: Sie zünden Kerzen in jedem Zimmer an. Um die Wirkung zu verstärken, achten Sie darauf, dass Sie immer die letzte Kerze, die Sie gerade angezündet haben, noch sehen können, wenn Sie die nächste anzünden. Das wird zwar je nach Zimmerlage nicht immer möglich sein, aber versuchen Sie, soweit als möglich eine nicht unterbrochene Lichtkette zu bilden.

Bei der zweiten Methode gehen

Sie durch die Räume, während Sie eine brennende Kerze in der Hand halten. Nehmen Sie die Kerze in Ihre rechte Hand und gehen Sie nun im Uhrzeigersinn an der Peripherie durch den Raum, wobei Ihre linke Schulter immer etwas weiter vorne ist. Beginnen Sie mit der Energieklärung immer bei der Tür und beim Türrahmen, und beenden Sie den Vorgang auch dort wieder, wo Sie angefangen haben.

Eine dritte alte russische Tradition verwendet eine Kombination von Kerzen und Spiegeln. Heiler in Russland glaubten, dass alle Formen von negativer Energie von durch Spiegel in einem Korridor, der von ihnen gebildet wird, für immer verschwinden würden. Diese Methode muss für jedes Zimmer einzeln durchgeführt werden.

- Nehmen Sie zwei Spiegel und stellen Sie diese gegenüber auf, etwa zwei Fuß breit auseinander.
- Stellen Sie eine brennende Kerze zwischen beide Spiegeln. Die Kerze wird sich in beiden widerspiegeln; dabei wird die Illusion erzeugt, dass es einen Korridor von brennenden Kerzen gäbe.
- Gehen Sie eine Stunde lang hinaus. (Die Kerze muss natürlich fest stehen, und ihre Flammen darf nichts gefährden!)
- Danach waschen Sie die beiden Spiegel gut mit Wasser ab.

Reinigung mit Glocken

Früher wusste man noch, dass Glockenklänge die Energie in der Umgebung beeinflussten und helfen konnten, sie zu reinigen. Glocken wurden in tragischen Zeiten der russischen Geschichte geläutet. Während Epidemien waren sie einerseits ein praktisches Mittel, um Menschen vor der Gefahr zu warnen, und zugleich eine metaphysische Maßnahme, um damit zu versuchen, die Energie der Massenkrankheit zu zerstreuen. Nachbarorte und Provinzen läuteten ihre eigenen Glocken oft sogar, noch bevor eine Epidemie sie erreicht hatte und in manchen Fällen wurden sie davon verschont.[2]

---

[2] In manchen katholischen Kirchen wird auch heute noch die große „Wetterglocke" unaufhörlich geläutet, wenn Unwetter heraufziehen, zum Beispiel in Großgmain bei Salzburg. Das hat den Ort schon mehrfach vor Schlimmem bewahrt. (Anm.d.Ü.)

Allein in Moskau gab es im 17. Jahrhundert 6500 Glockentürme. Im Kreml hingen in der Zeit Iwans 32 Glocken. Manche von ihnen waren unglaublich riesig. Eine der berühmtesten heißt „Zarenglocke" und wiegt 200 Tonnen. Warum hatte man so enorm große Glocken? Russland ist ein weites Land, und es brauchte Glocken, deren Klang weithin hörbar war. Die Kommunisten nahmen als eine ihrer ersten Taten, nachdem sie an die Macht gekommen waren, die Glocken aus Kirchen und Klöstern ab. Damit beseitigten sie mit einem Schlag eines der wirksamsten Mittel zur Energiereinigung. Heutzutage steht Russland im Begriff, zu seinen Wurzeln zurückzukehren und Glockenklänge gehören allmählich wieder zum Alltag des russischen Lebens.

Musikfreunde werden wissen, dass russische Komponisten wie Tschaikowskij, Mussorgskij, Rimskij-Korsakow, Rachmaninow und Skrjabin die mystische Wirkung von Glockenklängen in ihren Kompositionen verwendet haben.

Wie können Glocken die Umgebung bei uns zuhause oder in den Gemeinden reinigen? Klang ist eine Energieschwingung. Während die Glocke läutet, verändert sich tatsächlich die Energie in ihrer Umgebung. Klang reinigt die Moleküle in der Umgebung, er wirkt als Entgiftung. Es liegt im Wesen starker rhythmischer Frequenzen, weniger starke rhythmische Schwingungen auf sich einzustimmen und sie in ihre eigene Frequenz „anzuheben". Mit der Hilfe von Klang können Sie also die Energie in jedem Gebäude oder Zimmer zu Hause oder am Arbeitsplatz reinigen.

Sie sollten bestimmte Regeln einhalten, wenn Sie mit Glocken oder Glöckchen oder Windspielglocken reinigen. Ihr Motiv ist dabei entscheidend. Die Kombination Ihrer Absicht und des Klangs erzeugen ein ganz individuelles Ergebnis. Es gibt keine Vorgabe und kein Muster, die für alle gleich gut funktionieren. Sie müssen etwas experimentieren, um die besten, heilsamsten Klänge für sich herauszufinden. Sie finden im Anhang bei den Bezugsquellen einen Hinweis, wo sie russische Glocken bekommen. Es ist jedoch nicht notwendig, unbedingt russische Glocken zur Energieklärung zu verwenden. In vielen anderen Kulturen sind Glocken, Klangschalen, Zimbeln und andere Mittel bekannt, sei es aus Indien, Tibet, der Mongolei oder Bali. Probieren Sie einfach aus, welche Glocken oder Klangschalen für Sie am besten wirken.

Methode zur Reinigung mit Glocken

Sie brauchen dazu zwei Glocken oder Klangschalen; eine mit einem tieferen und eine mit einem helleren Ton.

- Fangen Sie mit dem tiefen Ton an. Je größer der Raum ist, desto tiefer sollte der Ton sein.
- Beginnen Sie bei der Eingangstür, schlagen Sie die Glocke einmal an und lauschen Sie. Wie klingt sie? Klar oder dumpf?
- Gehen Sie nun an den Wänden entlang im Raum herum, aber nicht so nah, dass die Glocke oder Klangschale an der Wand anstößt. Halten Sie Ihre Glocke auf der Höhe des Herzzentrums vor sich.
- Schlagen Sie sie immer wieder an, während Sie umher gehen. Der Klang sollte kontinuierlich sein; bevor der Ton verklingt, schlagen Sie die Glocke wieder an, so dass Sie ein ständiges Kreisen von Klang erzeugen.
- Achten Sie die ganze Zeit auf irgendwelche Veränderungen im Klang. Besonders, wenn er dumpfer wird, schlagen Sie in dem Bereich des Zimmers die Glocke immer wieder an, bis der Ton klar geworden ist.
- Wenn Sie an Ihren Ausgangspunkt zurückgekommen sind, beschreiben Sie mit der tönenden Glocke in der Hand vor sich eine liegende Acht. Das überträgt die Energie des Klangs, so dass sie kontinuierlich fließt. Die Energieklärung wirkt dann umso länger.
- Wenn Sie mit der Energieklärung soweit zufrieden sind, wiederholen Sie diese Prozedur mit der Glocke oder Klangschale mit dem helleren Ton.

Wenn Sie weder Glocke noch Klangschale, Zimbel oder Windspiel bekommen, können Sie auch die Musik der zuvor erwähnten Komponisten abspielen, die Glockenklänge enthält. Die Musik sollte laut genug sein, und Sie können es mit der Methode der Reinigung durch Kerzenlicht verbinden.

Andere Reinigungsmethoden

Hier erhalten Sie Hinweise zu einigen weiteren Hilfen, um die Energie in Ihrem Heim zu reinigen und zu klären.

Reinigung mit Weihrauch

Weihrauch ist in Russland seit vielen Jahrhunderten zur Reinigung benutzt worden. Es ist dort sehr beliebt. Sie werden vermutlich den Duft kennen, wenn Sie in orthodoxen oder katholischen Kirchen gewesen sind. Weihrauch reinigt und klärt nicht nur unglaublich, sondern wird auch eingesetzt, um das spirituelle Wachstum zu unterstützen. Dass einer der drei Weisen oder Könige aus dem Morgenland Weihrauch als Gabe an die Krippe von Jesus Christus mitbrachte, ist ohnehin bekannt. Sie können Weihrauch und die Holzkohle, auf der man ihn abbrennt, in den meisten esoterischen Läden erhalten.[3] So geht man damit um:

- Legen Sie ein Stückchen Holzkohle auf einen kleinen, feuerfesten Glasteller.
- Zünden Sie die Holzkohle mit einer Kerze oder einem Feuerzeug an. Sie wird eine Weile zischen und Funken sprühen; warten Sie, bis sie hellgrau geworden ist.
- Legen Sie jetzt ein paar Weihrauchkörner oder -stückchen auf die Holzkohle. Diese werden etwas köcheln und einige Minuten lang abbrennen. Lassen Sie den Rauch im Raum aufsteigen. Ab und an müssen Sie etwas Weihrauch nachlegen.
- Gehen Sie nun mit dem Glasteller in der Hand (Achtung: Er ist vermutlich heiß) durch ein Zimmer nach dem anderen. Folgen Sie dabei der Methode wie bei der brennenden Kerze.
- Schenken Sie den Ecken besondere Aufmerksamkeit und lassen Sie die Rauchschwaden in jeden Winkel des Zimmers gelangen.
- Wenn Sie damit fertig sind, spülen Sie die Reste auf dem Glasteller die Toilette hinab.

---

[3] Zum 6. Januar auch in katholischen Kirchen für eine kleine Spende. (Anm.d.Ü.)

Reinigung mit Meersalz

Diese Methode war bei den alten russischen Heilern auch sehr verbreitet, als zweiter Schritt nach einer gründlichen Frühjahrsreinigung.

- Nehmen Sie etwas Meersalz und geben Sie in jede Ecke des Raums ein bisschen davon.
- Sprenkeln Sie Salz in einer Linie auf Ihre Türschwelle. Lassen Sie es 24 Stunden dort.
- Dann nehmen Sie einen Besen (in Russland gab es speziell dafür einen eigenen Besen) und fegen Sie das Salz fort. Dazu singen Sie:

  Mit diesem Besen fege ich allen Schmutz
  und alle Wesen aus meinem Haus.
- Schließlich spülen Sie das Salz in der Toilette fort.

Reinigung durch Meditation

Es hindert Sie natürlich gar nichts daran, Ihre geistigen und seelischen Kräfte zur Reinigung einzusetzen. Das kann sehr wirksam sein, sollte aber nicht als Ersatz für die Grundordnung und die Grundreinigung angesehen werden! Die folgende Meditation eignet sich gut für die Kärung von Energien, auch an solchen Orten, wo man nicht mit Kerzen, Glocken oder Salz herumgehen kann.

Reinigung mit dem roten Energieball

- Visualisieren Sie einen roten Ball (wie bei einer hellen Glut), der sich auf dem Boden in einer Ecke Ihres Raums befindet.
- Stellen Sie sich vor, dass dieser Ball rollt und sich dabei nach und nach in die Luft erhebt, während er an der Peripherie des Zimmers im Uhrzeigersinn entlang läuft.
- Jedes Mal, wenn der Ball an der Stelle angekommen ist, wo er einmal an den Wänden entlang durch den Raum gerollt ist, hebt er sich etwas höher und vollzieht die gleiche Bewegung erneut, nun an einer höheren Stelle des Raums.
- Wenn der Ball schließlich an der Decke angelangt ist, stellen Sie sich vor, wie ein Fenster des Zimmers aufgeht, der Ball sich zum Fenster bewegt und fortfliegt.

Visualisieren Sie das alles sehr intensiv.

Die Energie in Ihrem Heim stabilisieren

Nachdem Sie nun die Energie in Ihrem Zuhause gereinigt haben, gleich mit welcher Methode, müssen Sie die Energie nun festigen. Dazu brauchen Sie einen Wasserzerstäuber, wie man ihn in Gartenzentren bekommt, um Zimmerpflanzen zu bestäuben.

- Füllen Sie Ihren Wasserzerstäuber mit reinem Quellwasser. Fügen Sie ein paar Tropfen Lavendelöl hinzu.
- Sprühen Sie dieses Wasser im Raum aus. Lavendel erhöht die Schwingungen und macht sie heller, während es die Energie im Raum festigt.

Schließlich reinigen Sie sich selbst noch. Wenn Sie Ihre Raumreinigung beendet und alle Reste entsorgt haben (Kerzen, Salz und so fort), baden Sie entweder oder duschen sich. Verwenden Sie Meersalz im Bad oder auf dem Duschhandschuh, um negative Energie, die sich an Ihnen unter Umständen festgesetzt haben könnte, abzuwaschen. Vergessen Sie auch nicht, Ihre Haare zu waschen.

6.
Elektromagnetische Felder in Ihrem Heim

Es gibt eine andere Form von Belastung und Verschmutzung, die eine große Anzahl von Wohnungen und Häusern betrifft, und die sich auf Ihre Energie schädlich auswirkt. Das sind künstliche elektromagnetische Felder (EMF), die von elektrischen Geräten und Installationen erzeugt werden. Solche Felder entstehen sowohl bei Überlandstromleitungen und Sendemasten als auch durch Hausgeräte wie Fernseher, Computer, schnurlose Telefone, Mikrowellenherde und Radios. Wir werden von EMF überschwemmt.

Jedes elektromagnetische Feld verursacht einen enormen Stress für unsere Energiefelder. Neuere Forschungen haben gezeigt, dass menschliche Körper elektromagnetische Schwingungen mit einer Frequenz von bis zu 300 MHz aussenden. Wir sind ständig von Geräten und Installationen umgeben, die Frequenzen ausstrahlen, welche sich weit über ein großes Spektrum erstrecken. Das führt zu starkem elektromagnetischen Stress, der unsere Energie und unsere Gesundheit auf sehr negative Weise beeinflusst.

Diese EMF-Quellen sind Teil unseres Alltagslebens geworden, und es ist weder praktisch noch wünschenswert, ganz ohne sie zu leben. Also müssen wir lernen, ihre schädlichen Wirkungen zu minimieren. Ich rate dringendst, alle Geräte auszustecken, wenn sie nicht benutzt werden. Vor allem Klimageräte, die Hitze oder Kälte produzieren, erzeugen starke EMF um sich herum.

Heim und Arbeitsplatz auf EMF überprüfen

Sie brauchen dazu nur ein kleines Transistorradio. Sie können damit Arbeitsplatz, Schlafplatz und Meditationsplatz ganz einfach auf das Vorhandensein von EMF überprüfen.

– Schalten Sie das Radio ein, aber stellen Sie keinen Sender ein, sondern wählen Sie eine Stelle im Kurzwellenbereich, an der Sie nur ein leisen Rauschen hören.

– Stellen Sie die Lautstärke höher.
– Bewegen Sie das Radio mit Ihrer Hand in die Nähe von Elektrogeräten, Anrufbeantworter, Fernseher, Dimmer, Strombuchsen und so fort.
– Ein lauteres, verstärktes Rauschen, das mehr wie Brummen klingt, zeigt ein EMF an.

Das können Sie auch leicht vor dem eingeschalteten Fernseher ausprobieren. Je näher Sie dem Bild kommen, desto lauter wird das Rauschen bzw. Brummen.

Wirkungen von EMF minimieren

Vor allem Ihr Schlafplatz sollte so frei wie möglich von EMF sein. Schlaf ist die Zeit, in der sich unsere Zellen und unsere Aura wieder regenerieren und selbst reparieren; Hitze und Strahlung kann diese lebensnotwendige Funktion massiv stören. Sie sollten sich die folgenden goldenen Regeln zu eigen machen:

– Schlafen Sie nie in der Nähe eines Klimageräts, eines Kühlschranks oder eines elektrischen Wasserboilers (selbst wenn der auf der anderen Seite der Wand installiert ist).
– Falls Sie wirklich eine elektrische Decke benutzen müssen, vergewissern Sie sich, dass Sie den Hauptstecker vor dem Einschlafen herausgezogen haben.
– Halten Sie Ihr Bett von Heizungen fern. Metall neigt dazu, die Wirkungen von elektromagnetischen Feldern zu konzentrieren.
– Vermeiden Sie elektrische Uhren, Uhrenradios und Teekocher am Bett. Häufig stellen wir sie auf Nachtschränkchen neben unseren Kopf, weil wir nicht wissen, dass auch sie starke EMF erzeugen. Der Kopf reagiert auf elektromagnetischen Stress besonders sensibel, da er jene Rezeptoren enthält, die am besten auf den Empfang von solchen Feldern spezialisiert sind, nämlich die Retina der Augen und die Zirbeldrüse. Benutzen Sie lieber altmodische mechanische Uhren zum Aufziehen oder batteriebetriebene.
– Widerstehen Sie der Versuchung, einen Fernseher oder einen

Computer in Ihrem Schlafraum zu haben. Schlafzimmer sollten zum Schlafen da sein! Falls Sie jedoch absolut solch ein Gerät im Schlafzimmer brauchen, dann ziehen jedes Mal vor dem Einschlafen den Netzstecker heraus. (Auch im Standby-Modus werden EMF erzeugt!)

Ich möchte Ihnen auch empfehlen, am Arbeitsplatz besondere Schutzvorkehrungen zu treffen. Sitzen Sie soweit entfernt von Maschinen wie Fotokopierern, Faxgeräten und dergleichen, wie es gerade möglich ist. Wenn Sie am Computer arbeiten, sollten Sie einen Schutzschirm bzw. Schutzfilter davor haben.

Sie können sich auch einen klaren Quarzkristall besorgen, der Ihre Energie sehr wirksam vor schädlichen Strahlen schützen kann (indem er sie weitgehend absorbiert). Lassen Sie Ihren Kristall einmal in der Woche vierundzwanzig Stunden lang in Salzwasser liegen, und spülen Sie ihn dann unter fließendem Leitungswasser gut ab.

Auch bestimmte Pflanzen sind besonders geeignet, um einige der negativen Wirkungen von EMF aufzunehmen. Kakteen sind dafür besonders gut. Aus der Sicht von Feng Shui senden Sie jedoch negative, „schneidende" Energien aus. Ich persönlich meine, dass ihre Eigenschaft, EMF zu absorbieren, diesen vermeintlichen Nachteil mehr als ausgleicht, aber Sie können auch andere Pflanzen ausprobieren, die EMF recht wirksam neutralisieren können. Das sind vor allem:

- Grünlilie *(Chlorophytum comosum)*
- Agave, auch „Schwiegermutterzunge" genannt *(Sansevieria trifasciata)*
- Efeutute *(Epipremnun aureum)*
- Philodendron

Es ist selbstverständlich, dass Sie nie Ihr Handy direkt an den Kopf halten sollten, sondern immer einen kleinen Kopfhörer (wie bei der Freisprechanlage im Auto) benutzen.

So, nun wollen wir hoffen, dass Sie ein hübsches, klares und sauberes Heim und einen ebensolchen Arbeitsplatz haben. Ich empfehle Ihnen, dass Sie das so bewahren, indem Sie die Räume regelmäßig reinigen, zum Beispiel zu Beginn jeder neuen Jahreszeit. Auf jeden Fall sollten

Sie solche Reinigung und Klärung vornehmen, nachdem Sie einen Streit gehabt oder einen Schock erlitten haben, bzw. krank oder emotional ganz durcheinander waren.

Teil 3
Geheime Werkzeuge für eine erfolgreiche Entgiftung

7.
Hydrotherapie: Die Kraft von heissem und kaltem Wasser

Nun beginnen wir mit unserem körperlichen Entgiftungs- und Ausleitungsprogramm, das ab jetzt der Einfachheit halber „Detox-Programm" genannt wird. Es verlangt viel. Ich entschuldige mich dafür nicht. Ein Detox-Wochenende klingt schön, wirkt aber nicht. Mein vierwöchiges Reinigungsprogramm wirkt, und zwar sehr gut. Es ist von sehr vielen Leuten ausprobiert und absolviert worden – mit wunderbaren Resultaten. Falls Sie dieselben wundervollen Ergebnisse selbst erfahren möchten, müssen Sie Disziplin und Zeit dafür einsetzen.

Das Programm reinigt auf drei Ebenen: Darm, Leber und Nieren. Wenn wir diese drei wesentlichen Organe reinigen, klären wir auch die Emotionen, die mit ihnen verknüpft sind. Es handelt sich hier also nicht nur um ein rein physisches Detox-Programm, sondern Sie reinigen auch Ihre Gefühle und Ihren Geist.

Die erste Woche des Programms ist eine Vorbereitung für die Tiefenreinigung, die daran anschließt. Wichtigstes Ziel in dieser ersten Woche ist es, Verschleimung zu lösen. Wie im Kosmetiksalon: Bevor man die Mitesser ausdrückt, werden die Poren mit warmem Dampf geöffnet. Viele Detox-Programme überspringen diese wesentliche

Vorbereitung und verlieren dadurch ihre Wirksamkeit. Diesen Fehler sollten wir vermeiden.

Ich möchte Ihnen nun einige wichtige Werkzeuge nennen, die wir während des Programms verwenden. Sie sind vermutlich schon damit vertraut, den Körper zu bürsten; andere Hilfen wie Lehmwasser oder Chanting kennen Sie vielleicht noch nicht. Bei den Werkzeugen für das Detox-Programm fangen wir mit der Kraft des Wassers an.

Hintergründe der warmen Hydrotherapie

In Russland nehmen wir einerseits unsere Gesundheit und unser Wohlbefinden sehr ernst. Aber wir wollen auch Spaß haben! Was wir *Banja* nennen, ist ein untrennbarer Bestandteil des russischen Alltags. *Banja*, das sind unsere wunderbaren Dampfbäder. Wasser in flüssiger Form, aber auch als Dampf ist immer schon in verschiedensten Therapien angewandt worden. Moderne Naturheilkundige betonen immer wieder die Vorzüge von Hydrotherapie (Wassertherapie) und verschreiben unterschiedliche äußere Bäder, Güsse und dergleichen. Jeder Mensch wird aus warmer Hydrotherapie gesundheitliche Vorteile haben, und es gibt Möglichkeiten, das zu nutzen, auch wenn Sie nicht in der Nähe einer Sauna oder eines Dampfbads wohnen.

Warme Hydrotherapie wirkt sehr gut zur Entgiftung. Eine der größten Herausforderungen bei der Entgiftung ist die Lösung und Ausscheidung von über lange Zeit eingelagertem Schleim. Dieser Schleim sitzt hartnäckig fest, weil er bei Einlagerung im Körper dazu neigt, zu einer klebrigen, geleeartigen Masse zu werden. Es ist unmöglich, ihn aus dem Körper auszuscheiden, ohne sich vorher aufzuwärmen.

Der alte griechische Arzt Galen stellte schon fest, dass einer der Gründe, warum unser Körper altert, darin besteht, dass die Haut nicht richtig schwitzt. Er empfahl immer wieder Dampfbäder, um die Poren zu weiten und das Schwitzen anzuregen.

Seit man denken kann, ist in Russland ist eine spezielle Form des Dampfbads als *Banja* weithin verbreitet. *Banja* ist sehr wirksam, um Verschleimung zu lösen. Ich weiß, dass die meisten LeserInnen nicht ohne weiteres eine echt russische *Banja* finden können, und deshalb werde ich auch Alternativen dazu nennen. Der historische Hintergrund ist recht interessant.

Die russische Banja

„Medizin ist gut, aber die Banja ist besser,"

sagte Peter der Große.

Der alte russische Historiker Nestor teilt mit, dass die *Banja* in Russland bereits ein Jahrhundert vor Christus bekannt war. In seinem Buch „Beschreibung der Moskowia" schreibt der deutsche Gelehrte Adam Olearius im 17. Jahrhundert, dass es keine Stadt und kein Dorf in Russland ohne *Banja* gäbe. Voller Bewunderung stellt er fest:

> *„Russen können ungewöhnlich heißen Dampf aushalten. Sie liegen auf Bänken und bitten andere, sie mit heißen Eichenzweigen zu peitschen und ihre Körper damit auch abzureiben. Im Winter springen sie in den Schnee, reiben ihren Körper mit Schnee ab und gehen dann zurück in die heiße Banja. Ein solch dramatischer Temperaturwechsel härtet die Körper ab."*

Zwischen 1877 bis 1911 wurden mehr als dreißig medizinische Dissertationen über die Heilkraft der *Banja* veröffentlicht. Auch heute noch betrachten die Mehrzahl der Menschen die Banja als ein Allheilmittel. Peter der Große schwor auf die *Banja.* Als er in Holland lebte, vermisste er sie so sehr, dass er sich selbst eine baute, weil er meinte, so am besten seine Gesundheit zu erhalten und Krankheiten bekämpfen zu können.

Banja diente nicht nur zur körperlichen Reinigung, sondern wurde auch als eine Art von Energiereinigung angesehen. Bevor man in Russland in die Kirche ging, suchte man die *Banja* auf. Das wurde auch vom Zaren erwartet. Wenn man Gäste empfing, wurden sie zunächst in die *Banja* geleitet. Als Gastgeber unterhielt man sich nicht mit seinen Gästen und lud auch nicht zu Tisch, bevor sie die *Banja* aufgesucht hatten.

Russen gingen auch nach dem Sex dorthin. Zar und Zarin waren davon nicht ausgenommen: Auch sie suchten nach einer Nacht der Leidenschaften die *Banja* auf.

Im alten Russland gab es eine sehr strenge Regel im Hinblick auf Hochzeiten und die *Banja.* Am Tage vor der Hochzeit ging der Bräutigam immer in die *Banja.* Am Tage danach ging das frischvermählten Paar zusammen dorthin. Bis in das 18. Jahrhundert wurde diese Regel strikt eingehalten.

Der berühmte russische Schriftsteller Alexander Puschkin nannte die *Banja* „Russlands zweite Mutter", weil die Menschen dort Verjüngung, Wärme und ein gutes Bad finden konnten.

Warum ist die *Banja* nun so wichtig? Die Russen glaubten eben auch sehr daran, dass die *Banja* alle ihre Sünden abwaschen würde. Sie war nicht etwa nur ein Vorrecht der Reichen. Solche *Banjas* gab es sowohl in wohlhabenden als in den ärmsten Haushalten, sogar in entlegenen Dörfern. Arme Menschen in den Städten gingen in die Gemeinschafts-*Banja.*

Es gab und gibt keine festgelegte Methode, wie die *Banja* zu nutzen sei, es gibt kein einzig richtiges Rezept dafür. Überall in Russland, in jeder Familie existieren individuelle Vorlieben und Arten, die *Banja*-Zeremonie zu begehen. Das Bedürfnis, die *Banja* auf individuelle Weise zu nutzen, kommt in einem sehr alten Spruch zum Ausdruck:

> *Die beste Banja ist jene, die entsprechend dem Wesen und der Natur des Menschen bereitet wird, der vorhat, dort hinein zu gehen.*

Der Volksglaube an die heilende Kraft der *Banja* war und ist auch keine Einbildung und kein Aberglaube. Wissenschaftler überall in der Welt haben die Wirksamkeit erforscht und nachgewiesen. Eines der magischen Geheimnisse des *Banja*-Besuchs ist, dass unsere Fähigkeit trainiert wird, unser Wärmeregulierungssystem aktiver zu nutzen. Der Nobelpreisträger August Crog, dessen Werk über die Blutzirkulation in den Kapillaren ausgezeichnet wurde, fand heraus, dass wir die Energie in unseren Organen vermehren, wenn wir unsere Kapillaren der Wärme aussetzen.

Andere Forscher haben herausgefunden, dass die *Banja*, wenn sie sorgfältig und unter ärztlicher Aufsicht genutzt wird, den Blutdruck normalisiert, günstig bei Diabetes wirkt, und Menschen mit Nieren- und Stoffwechselproblemen helfen kann. Auch Menschen mit Rheuma sprechen gut darauf an.

Die *Banja* ist im wesentlichen ein Dampfbad, das feuchte Hitze nutzt. Es gibt einen Steinofen, der *Kamenka* genannt wird, und wenn man mehr Heißdampf möchte, gießt man einfach mehr Wasser auf den Kamenka. Während der Zeit, die man in der *Banja* verbringt, wird der Körper intensiver Hitze ausgesetzt. Zuerst heizt sich unsere Haut auf. Je mehr Blut in die Haut fließt, desto stärker wird der Stoffwechsel aktiviert. In dieser Zeit findet ein starkes Schwitzen statt und Giftstoffe werden gelöst und abgesondert. Eine Sitzung kann 500 bis 1.500 Gramm Schweiß hervorbringen. Die russische *Banja* kann auch den Fluss und die Fließfähigkeit der Körperflüssigkeiten regulieren, was sehr hilfreich für unsere Absicht ist, den Körper von Grund auf zu reinigen, zu stärken und wieder ein Gleichgewicht im Körper zu erlangen.

Ein weiterer Effekt der *Banja* ist es, die Milchsäure im Körper drastisch abzusenken. Ich erfuhr, dass Tänzer des berühmten Bolschoi-Balletts ihre eigene *Banja* gebaut haben, um nach Auftritten die nervöse Anspannung zu lösen und wieder zu Kräften zu kommen.

Die russische *Banja* ist ungewöhnlich, weil sie nicht nur Hitze erzeugt wie in vielen westlichen Saunas, sondern auch kaltes Wasser einsetzt. Man verbringt Zeit im Heißdampf und geht dann direkt in ein Becken oder unter eine Dusche mit kaltem Wasser. Das kalte Wasser sorgt dafür, dass die Blutgefäße enger werden und das Blut durch die inneren Organe zum Herzen fließt. Vom kalten Wasser geht man zurück in den Heißdampf. Ein neuer Strom von Blut drängt dann vom Herz in die peripheren Blutgefäße. Igor Boutenko, Präsident des Russischen *Banja*-Instituts, sagt: „Das nennen wir Gymnastik für die Blutgefäße.“ In Russland findet man immer Schemel oder Sitzbänke in unterschiedlichen Höhen, damit man die individuell richtige Temperatur besser auswählen kann.

Ein ganz besonderer Bestandteil der *Banja* klingt zunächst vielleicht schrecklich, ist aber einfach göttlich. Man wird mit einem Büschel aus Zweigen von Bäumen (Eiche, Birke, Eukalyptus) oder Kräuterpflanzen (Salbei, Nessel) gepeitscht. Das stimuliert Haut und Organe, und dabei gelangen phytochemisch wirksame Stoffe aus den Zweigen über die Haut in den Körper. Es ist wie eine Massage, aber sogar noch wunderbarer!

Um den größten Nutzen aus der russischen *Banja* zu ziehen, müssen Sie eine strikte Abfolge von Hitze/Kälte/Ruhe einhalten. Da es im Westen sehr schwierig ist, eine echte russische *Banja* zu finden, habe ich ihre Prinzipien der Anwendung in einer Sauna oder einem Dampfbad angepasst. (Wenn Sie Ihre eigene russische *Banja* einrichten wollen, finden Sie Hinweise dazu im Anhang.) In vielen Fitnessclubs, Erlebnisbädern und Thermen finden Sie Saunas, Dampfbäder und Massagen, die als Alternative zum Auspeitschen mit Zweigen und Kräutern angeboten werden.

! *Da Heißdampf und Sauna eine wirksame medizinische Therapie darstellen können, empfehle ich, dass Sie sich mit Ihrem Arzt oder Heilpraktiker beraten, bevor Sie diese Methoden anwenden. Im allgemeinen gilt, dass Heißdampf und Sauna während der Schwangerschaft, bei Blutdruckproblemen, Herzbeschwerden, Epilepsie, Diabetes und bestimmten Hauterkrankungen kontraindiziert sind. Warme Hydrotherapie kann jedoch unter ärztlicher Aufsicht möglich sein.*

Gehen Sie es sachte an, bis Sie sich an die Hitze gewöhnt haben. In manchen westlichen Ländern scheint es ein Sport zu sein, so lange wie nur irgend möglich in der Sauna oder im Dampfbad zu bleiben. In Russland tun wir das nicht; es ist weder notwendig noch vorteilhaft.

Anwendung der warmen Hydrotherapie (Dampfbad oder Sauna)

- An den Dampfbad- und Saunatagen sollten Sie vegetarisch essen. Frühstücken Sie vorher, damit Sie nicht schwindlig werden. Die beste Zeit ist zwischen 9 Uhr und 11 Uhr.
- Sie sollten in die Sauna oder das Dampfbad mit trockener Haut gehen.
- Bedecken Sie Ihren Kopf mit einem Handtuch, damit der Blutdruck nicht absinkt. Gehen Sie nie mit nassem Haar in die Sauna oder das Dampfbad.

- Achten Sie darauf, dass Ihre Füße warm sind, denn die Vorzüge werden deutlich geringer, wenn Sie kalte Füße haben.
- Wenn Sie im Saunaraum sind, setzen Sie sich und entspannen sich. Achten Sie darauf, durch die Nase zu atmen. Die Luft ist fast steril; es wird Ihren Atmungsorganen gut tun, diese Luft einzuatmen, und das wird auch Schleim in den Nebenhöhlen und Lungen lösen. Falls es gestattet ist, geben Sie einige Tropfen Minzöl auf die heißen Steine. Wenn es nicht erlaubt ist, können Sie einen Tropfen unter Ihre Nase und einige Tropfen auf Ihr Handtuch geben.
- Bleiben Sie nur 5 Minuten drin, nicht länger. Wenn Sie anfangen zu schwitzen, wissen Sie, dass es Zeit ist, hinauszugehen.
- Duschen Sie sich sofort kühl ab (nicht eiskalt). Verwenden Sie keine Seife. Lassen Sie Ihren Kopf in der Dusche nicht nass werden.
- Trocknen Sie sich gründlich und stark ab.
- Legen Sie sich ungefähr 5 Minuten hin. Die Zeit in der Sauna bzw. dem Dampfbad und die Zeit draußen sollten in etwa gleich lang sein.
- Gehen Sie zurück in die Sauna bzw. das Dampfbad. Bleiben Sie dieses Mal zehn Minuten (auf einer höheren oder der höchsten Bank).
- Wiederholen Sie die drei Schritte Duschen, Abtrocknen und Ausruhen; legen Sie sich zehn Minuten hin und trinken Sie viel Wasser in kleinen Schlucken. In Russland trinken wir viel Minztee; Sie können ihn in einer Thermoskanne mitbringen. Früher wurde auch der Saft von Schwarzrettich zur tiefergehenden Entgiftung in der *Banja* verwendet. Sie können auch eine Mischung von Karotten-, Schwarzrettich- und Rote Bete-Saft mitbringen, in die Sie etwas Honig gegeben haben. Wenn Sie Schwarzrettich nicht finden, nehmen Sie anderen Rettich. Diese Saftmischung ist reich an Vitaminen und Mineralien, die man nach dem Schwitzen dem Körper wieder zuführen sollte. Ein Hinweis zu den Roten Beten: Sie schälen und schneiden die Wurzel in zwei Hälften und lassen sie drei bis vier Stunden im Wasser einweichen, bevor Sie Saft daraus machen.
- Gehen Sie nun ein drittes und letztes Mal in die Sauna oder das Dampfbad, für zehn Minuten, und wiederholen Sie die Prozedur wie oben erläutert. Jetzt duschen Sie sich jedoch richtig kalt ab und bleiben auch länger unter der Dusche. Falls es das gibt: ein Eintauchen

in einem Becken mit kaltem Wasser ist noch besser. Danach waschen Sie sich, auch den Kopf, und benutzen einen Luffa-Handschuh oder Schwamm für Ihren Körper.

– Ruhen Sie sich dann eine halbe Stunde lang aus. Jetzt wäre eine ideale Zeit, um eine Massage zu haben.

Alternativen ohne Sauna

Nicht jeder kann ohne weiteres eine Sauna oder ein Dampfbad aufsuchen. Trotzdem können Sie viele der Vorteile nutzen, vor allem die Lösung von Verschleimung im Körper, was für die Wirksamkeit der Detox-Programme, die später im Buch behandelt werden, so entscheidend ist. Wenn Sie sich auf eine Entgiftung vorbereiten, sollten Sie eine Woche lang täglich irgendeine Form von warmer Hydrotherapie anwenden. Dazu eignen sich als Alternativen zu Sauna und Dampfbad die Methoden, die ich jetzt beschreiben möchte. Auf jeden Fall sollte man sich immer vor einer warmen Hydrotherapie gut die Haut bürsten.

Bürsten der Haut

Das ist hoch wirksam, um die Absonderung von Schleim anzuregen und andere Giftstoffe und Ablagerungen zu lösen, die den Lymphfluss verstopfen und die Lymphknoten belasten. Hautbürsten ist ein Teil des Detox-Programms, sollte aber auch in der täglichen Gesundheitspflege angewendet werden. Machen Sie es einfach zur Gewohnheit, sich regelmäßig zu bürsten. Das wird nicht nur Ihrem Lymphsystem gut tun, sondern Ihre Haut schöner machen.

Dazu brauchen Sie eine Hautbürste aus Naturborsten. Bürsten Sie immer die trockene Haut, bevor Sie sich baden oder duschen. Sie sollten lange, ausholende Bewegungen dabei machen. Bürsten Sie immer zum Herzen hin; vermeiden Sie dabei sensible Zonen (wie die Achselhöhlen und so fort). Bürsten Sie nicht über Hautrisse.

– Bürsten Sie zunächst die Sohle eines Fußes. Dann arbeiten Sie sich an demselben Bein vorn und hinten nach oben bis zu Ihrem Gesäß.
– Das Gleiche tun Sie mit dem anderen Bein.
– Arbeiten Sie dann an Händen und Armen und beginnen Sie bei den Fingerspitzen. Bürsten Sie die Handinnenfläche und die Außen-

hand, und gehen Sie in Richtung zu den Schultern und den Achselhöhlen weiter nach oben.

– Bürsten Sie über Ihre Schultern und so viel vom Rücken, wie Sie erreichen können.
– Bürsten Sie Ihren Brustkorb, indem sie nach unten zum Herzen hin arbeiten. Frauen sollten nicht ihre Brüste und Brustwarzen bürsten.
– Bürsten Sie den Nacken hinunter.
– Bürsten Sie nun Ihren Bauch in kreisenden Bewegungen, da dies den Darm anregt.
– Bürsten Sie, bis sich Ihre Haut warm anfühlt, aber übertreiben Sie es nicht. Ungefähr 5 Minuten Bürsten ist ideal, aber wenn Sie weniger Zeit haben, ist das auch in Ordnung.
– Nachdem Sie mit dem Abbürsten fertig sind, können Sie eine warme Hydrotherapieanwendung durchführen (oder Sie können, wenn Sie kein bestimmtes Programm absolvieren, Ihr übliches Bad nehmen oder duschen).
– Waschen Sie Ihre Hautbürste nach Gebrauch immer in warmem Seifenwasser aus.

Trockenreiben und nass polieren

Wenn Sie keine Hautbürste haben, gibt es andere Möglichkeiten. Sie brauchen dann ein trockenes Frottiertuch. Mit kräftigen Bewegungen reiben Sie das Handtuch auf der Haut zum Herzen (also von den Fingern in Richtung Schultern, von den Zehen zum Becken, und so fort).

Wenn Sie es vor dem Baden oder Duschen machen wollen, dann müssen Sie Ihr Handtuch nass machen. Üblich ist jedoch, ein trockenes Handtuch auf der nassen Haut nach Dusche oder Bad zu verwenden.

Wenn Sie dem Rat von Yogis folgen möchten, so können Sie auch einmal das „Nass-Polieren“ anwenden. Dabei reiben Sie Ihre nasse Haut mit der Handinnenfläche ab und beginnen beim Bauch, bis Ihr Körper warm und trocken ist.

Salzeinreibung

Eine Salzeinreibung stimuliert die Haut und fördert das Schwitzen. Es ist eine intensivere Form des Abbürstens.

! *Wenden Sie diese Methode nicht an, wenn Sie an Diabetes leiden, oder unter Herz- bzw. Hautbeschwerden.*

– Geben Sie eine halbe Tasse grobes Meersalz in eine große Schüssel und feuchten Sie es mit genug Wasser an, um eine steife Paste daraus zu machen.
– Stellen Sie sich in die Badewanne oder die Dusche und nehmen Sie eine Hand voll Salzpaste. Reiben Sie die Paste in kreisenden Bewegungen in Ihre Haut; Sie beginnen bei den Füßen und arbeiten sich nach oben vor.
– Nehmen Sie sich mehr Salzpaste, so wie Sie es brauchen, wenn Sie sich an den Beinen hoch arbeiten, und danach an Händen und Armen zu den Schultern.
– Massieren Sie Ihren Rücken, soweit Sie ihn erreichen.
– Schließen Sie mit Bauch und Brustkorb ab. (Frauen sollten die Brüste meiden!)
– Wenn Sie Ihren ganzen Körper eingerieben haben, spülen Sie die Paste mit warmem Wasser ab und trocken sich gut ab.

Verschiedene Arten warmer Hydrotherapie

Es gibt eine Reihe von Alternativen, wenn Sie keinen Zugang zu Sauna oder Dampfbad haben oder einfach auch nicht das Geld jedes Mal dafür ausgeben wollen.

Bad mit Epsom-Salz

Das hilft, Toxine (also Schadstoffe und Ablagerungen) über die Haut auszuleiten. Wenn Sie eines der Detox-Programme durchführen, möchte ich Sie bitten, diese Art von Bad 2 Mal pro Woche zu nehmen, aber nicht an zwei aufeinander folgenden Tagen. Es eignet sich als gelegentliches Bad auch gut, wenn man kein Programm absolviert. Dieses Bad mit Epsom-Salz ist das Letzte, was Sie vor dem Zubettgehen machen sollten. Sie werden in der Nacht schwitzen, aber sehr tief schlafen.

! *Wenden Sie Epsom-Bäder nicht an, falls Sie an Ekzemen oder hohem Blutdruck leiden. Ich rate davon auch ab, wenn Sie Herzbeschwerden haben, Diabetes oder sich sehr müde oder geschwächt fühlen.*

– Streuen Sie 225-450 Gramm Epsom-Salz und 100 Gramm Meersalz in das heiße Badewasser.
– Liegen Sie ungefähr zwanzig Minuten lang darin, was Sie „einweichen" lässt; lassen Sie heißes Wasser nachlaufen, wie es gerade nötig ist.
– Steigen Sie wieder aus der Badewanne; klopfen Sie sich mit einem Handtuch trocken und gehen Sie direkt ins Bett. Vielleicht möchten Sie sich in einem großen Handtuch locker einwickeln, das den Schweiß aufsaugt.
– Am nächsten Morgen spülen Sie Ihre Haut gründlich ab und cremen Sie mit einer nicht parfümierten Körperlotion ein.

Aromatherapie-Bad

Nehmen Sie dieses Bad auch am Ende des Tages, kurz vor dem Zubettgehen. Das können Sie so oft machen, wie Sie möchten.
– Lassen Sie sich ein Bad ein, weder zu heiß noch zu kühl. Dann geben Sie etwas ätherisches Öl hinein. In Russland verwenden wir Olibanum (Weihrauchöl), weil das zum Schwitzen anregt. Es reinigt auch tiefgreifend und ist wunderbar, wenn Sie sich verspannt, sorgenvoll oder gestresst fühlen. Alternativ benutzen Sie Zedernholzöl, das ebenfalls hilft, Schadstoffe über die Schleimhäute auszusondern; in Russland ist das ebenfalls sehr populär. Beide Öle reizen im Allgemeinen die Haut nicht, aber wenn Sie eine sehr empfindliche Haut haben, wäre es gut, dass Sie einen Test machen. Geben Sie dazu einen Tropfen Öl auf Ihren Innenarm und warten Sie eine Stunde ab, ob die Haut eine Reaktion zeigt.
– Sie können zwischen 5 und 10 Tropfen des gewählten Öls direkt ins Badewasser geben, nachdem Sie den Wasserhahn zugedreht haben. Oder Sie können eine Hand voll Epsom-Salz im heißem Wasser auflösen, 5 Tropfen ätherisches Öl dazugeben und diese Mischung dann in die Wanne gießen.
– Genießen Sie 20 Minuten lang Ihr Aromatherapie-Bad.

Yogi-Sauna

Dieses Bad stammt aus der ayurvedischen Tradition. Sie können es 1 oder 2 Mal pro Woche anwenden.

! *Seien Sie vorsichtig, wenn Sie aus der Wanne steigen, weil Ihr Körper sehr glitschig sein wird. Benutzen Sie, wenn möglich, eine rutschfeste Gummimatte.*

– Reiben Sie Ihren gesamten Körper mit Castor-Öl (das ist Rhizinus-Öl!), Senföl oder Olivenöl ein. Massieren Sie das Öl sanft in die Haut ein. Lassen Sie sich ein Bad ein, das ziemlich heiß ist (zwischen 40° und 45°).
– Nun tauchen Sie langsam in das Wasser ein, so dass sich Ihr Körper an die heiße Temperatur gewöhnen kann.
– Bleiben Sie 10 bis 15 Minuten in der Badewanne.
– Waschen oder duschen Sie sich danach gut ab; verwenden Sie einen Luffa-Handschuh, wenn Sie das Öl abspülen.

8.
Die Reinigungskraft von Tonerde

Während des Detox-Programms werde ich Sie bitten, ein besonders wunderbares Mittel anzuwenden, um Schadstoffe auszuscheiden. Es beseitigt nicht nur Toxine, sondern hilft unserem Körper, basischer zu werden (mehr darüber im Teil Acht über Verjüngungsgeheimnisse) und gleicht den Körper innerlich ganz allgemein aus. Was ist dieses Supermittel? Tonerde, Lehm, Heilerde!

Ton ist wie wir Teil der Erde. Wie wir steht es in Verbindung mit den Elementen Wasser, Sonne und Luft. Diese Verbindung ist tiefer, als es auf Anhieb aussieht. Wissenschaftler haben nachgewiesen, dass die Energie von Lehm und die Energie der menschlichen Zellen sehr ähnliche, fast identische Wellenlängen erzeugen.

Stellen Sie sich vor, dass Sie barfuß auf der Erde gehen. Ich wette darauf, dass Sie (wie ich) schon beim Gedanken lächeln werden. Das ist kein Zufall. Wenn wir den Körper unseres Planeten berühren, stellen wir unsere uralte Verbindung zu ihm wieder her. Barfußgehen ist gut für unsere Gesundheit (solange wir aufpassen, wo wir gehen).

In Russland haben wir die Erde zum Teil eines Kultes gemacht, „Mutter Erde“. Es gibt eine alte Tradition, dass man, wenn man sich auf eine längere und weitere Reise begibt, eine Hand voll Erde von dem Ort mitnimmt, an dem man lebt. Man glaubt, dass einen diese Erde von allem Kummer und Heimweh heilen würde.

Wir verwenden Ton- bzw. Heilerde auf vielerlei Weise in den russischen Haushalten. Unsere Küchenutensilien sind aus Ton gemacht; Wasser bewahrt man in speziellen Tonkrügen auf, worin es sich besonders lange kühl und frisch hält, da Ton antibakterielle Eigenschaften besitzt. Seit alten Zeiten weiß man, dass Kühe lieber Wasser trinken, in dem etwas Ton beigemischt als, auch wenn dicht daneben reines Wasser wäre.

Wir sind nicht die Ersten und Einzigen, die auf die wunderbaren Eigenschaften von Ton gestoßen sind. Die Ägypter verwendeten Ton zur Mumifizierung, eben wegen seiner antibakteriellen Wirkung. Die französische Armee mischte im I. Weltkrieg Ton und Senf zusammen, um Durchfall vorzubeugen.

Die Wunder von Tonerde werden heute wiederentdeckt; so gibt es inzwischen eine Heilrichtung, die *Pelotherapie*[1] heißt. Es wird sicher noch viel zu erforschen geben, aber einige Eigenschaften kennen wir bereits jetzt sehr genau. Antibiotika töten nicht nur pathogene Keime ab, sondern auch nützliche Bakterien; Ton eliminiert nur ungesunde Mikroben und ihre Giftstoffe. In nördlichen Landesteilen Russlands, wo Menschen im Winter sehr ölige, fette Nahrung zu sich nehmen, trinken sie Wasser mit Heilerde, um das Fett zu binden und ihre Arterien zu schützen. Sie nennen das den „Erd-Cocktail". Vom esoterischen Standpunkt aus konzentriert Ton in sich die Strahlungskräfte von Sonnen-, Luft- und Waserenergie.

Radium ist das wichtigste radioaktive Elemente, das man (in winzigsten Mengen!) in Ton vorfindet. Es ist ein sehr seltenes Element und besitzt große Kraft. Je länger man Ton Sonnenlicht aussetzt, desto höher der Anteil an Radium. Es verhindert das Wachstum von Tumoren und drängt aus unseren Zellen alles heraus, was fermentiert oder zersetzt ist. Seine natürliche (und völlig sichere und unschädliche) Strahlung tötet gefährliche Mikroorganismen, Bakterien und Viren ab.

Tonerde ist auch reich an Mineralien. Blauer Ton enthält mehr Mineralien als Obst oder Gemüse. Ton reguliert das Wachstum und die Entwicklung der Zellen und kann sie fast auf eine richtige und gesunde Schwingung einstellen. Ich sage „fast", weil Ton viel leistet, Sie aber auch Ihren Teil dazu beitragen müssen.

Tonerde ist basisch. Unser Körper neigt dazu, zu übersäuern. Ich gehe später im Buch darauf noch näher ein. Zu viel Säure im Körper führt zu Krankheit. Ton- bzw. Heilerde hilft, wieder den richtigen pH-Wert zu erreichen. Er scheint auch unser elektromagnetisches System

---

[1] Wir kennen das unter dem Begriff „Fangotherapie". (Anm.d.Ü.)

zu stabilisieren. Er absorbiert und bindet Schad- und Giftstoffe in unserem Verdauungstrakt, bevor sie in den Blutkreislauf übergehen können. Da Ton unseren Körper abwärts reist, wirkt er als ein sehr wirksamer Reiniger, fast wie ein Staubsauger. Er säubert den Körper nicht nur, sondern hilft dabei, einen normalen Energieausgleich zu erzielen.

Verschiedene Arten von Ton- und Heilerde

Es gibt viele verschiedene Arten von Ton. Vielleicht kennen Sie blauen, weißen, grünen oder braunen Ton. Sie werden auf Namen stoßen wie Bentonit, Montmorillonit, Kaolin und Heilerde.[2]

! *Konsultieren Sie immer Ihren Arzt, bevor Sie Tonerde einnehmen. Es ist allgemein sehr sicher, aber in manchen Fällen (wie bei Bluthochdruck oder Verstopfung) sollte man das unter ärztlicher Aufsicht tun. Atmen Sie die Tonerdepartikel bitte auch nicht ein.*

Tonerde kann auf vielerlei Weise angewendet werden. Sie eignet sich hervorragend für Umschläge, Packungen gegen Kopfschmerzen, Ekzeme, Akne, Prellungen, Zerrungen und bakterielle Infektionen. Sie können Tonerde Ihrem Badewasser zugeben, sie zur Massage nutzen sowie damit Gesichtsmasken für Tiefenreinigung und Hautverjüngung machen. Am wirkungsvollsten ist jedoch, Tonerde innerlich einzunehmen.

Im Körper bewirkt Tonerde sehr viel Gutes:

- Entgiftung des Verdauungstraktes; Tonerde zieht Schadstoffe aus dem Körper heraus. Sie kann auch ungesunde Bakterien und Parasiten aus Magen und Darm beseitigen.
- Unterstützung des Immunsystems; eben durch Entgiftung und Ausleitung.

---

[2] Kaolin: feine, eisenfreie, weiße Tonerde; Bentonit, Montmorillonit: Schichtsilikate mit hohem Ionenaustauschvermögen; Heilerde: Tonmischung aus eiszeitlichen Lössablagerungen; manchmal wird auch Vulkanasche verwendet. Im deutschsprachigen Raum haben seit dem 19. Jahrhundert vor allem Sebastian Kneipp, „Lehmpfarrer" Emanuel Felke und Adolf Just mit „heilenden Erden" gearbeitet. (Anm.d.Ü.)

- Kampf gegen und Verminderung von so genannten freien Radikalen; diese Moleküle verursachen Zellschäden und vorzeitiges Altern.
- Stärkung der Leber und deren Entgiftung.
- Förderung eines basischen Milieus; Gegengewicht gegen die weit verbreitete Übersäuerung.

Tonerde-Wasser

Da Tonerde so wunderbar und heilsam wirkt, ist sie wichtiger Bestandteil des Reinigungsprogramms. Sie können Heilerde aber genauso gut als Teil Ihres generellen Ernährungsplans verwenden. Ich empfehle Ihnen, es einmal täglich drei Monate einzunehmen, am besten vor dem Frühstück. Dann legen Sie eine Pause ein.

Sie können Tonerde-Wasser entweder schon länger vorbereiten, oder es gerade erst dann zubereiten, wenn Sie es trinken möchten.

Die Vorher-Methode

- Gießen Sie einen Liter kaltes Mineral- oder Quellwasser in einen Glas- oder Tonkrug oder an anderes Gefäß aus solchem Material (benutzen Sie kein Metall). Geben Sie vier Esslöffel Tonerde hinein. Rühren Sie nicht um.
- Stellen Sie den Krug 3 bis 4 Stunden lang an einen sonnigen Platz, zum Beispiel auf das Fensterbrett.
- Vor dem Trinken rühren Sie kräftig mit einem Plastiklöffel um (benutzen Sie kein Metall). Trinken Sie zwei Gläser am Tag, in kleinen Schlucken. Behalten Sie jeden Schluck einige Sekunden im Mund. Es schmeckt nicht unangenehm, lediglich die Konsistenz ist etwas ungewohnt. Idealerweise trinken Sie Ihr Tonerdewasser morgens direkt nach dem Aufstehen. Wenn das nicht möglich ist, trinken Sie es vor einem leichten Essen.
- Sie können das Wasser am sonnigen Platz lassen, bis es aufgetrunken ist.

Die Schnellmethode

Geben Sie einen Teelöffel Tonerde in ein Glas kaltes Wasser. Sie können etwas Honig einrühren (aber keinen Zucker). Sie können Tonerde auch einem kalten Glas Pfefferminztee hinzufügen.

Für die erste Woche empfehle ich, auf jeden Fall die Vorher-Methode zu nutzen und das Wasser nicht umzurühren, bevor Sie es trinken.

! *Erhitzen Sie Tonerdewasser nie, weil es sonst seine heilenden Eigenschaften verliert. Trinken Sie es nur kalt oder mit Zimmertemperatur.*

9.
Russische Chanting-Technik (*Sagovor*)

Worte wirken auf Menschen wie Stimulantien, und deshalb können sie im Körper Reaktionen hervorrufen.

– Iwan Petrowitsch Pawlow

Pawlow stellt fest, dass Worte und Gedanken einen tiefgreifenden Einfluss auf unseren Körper ausüben können. Falls Sie das nicht glauben, stellen Sie sich einfach vor, Sie würden jetzt in eine Zitrone beißen. Was passiert? Ich wette, dass Sie allein schon deshalb, weil Sie daran gedacht haben, mehr Speichel im Mund produziert worden haben.

Alte slawische HeilerInnen wurden *Baj* genannt, was im Altrussischen „sprechen" bedeutet. Es überrascht zunächst, aber alle Heilungsmethoden haben sich aus der Kraft von Worten entwickelt. In sehr frühen Zeiten schon wurden Zaubersprüche geflüstert und Gesänge begleiteten die Anwendung von Kräutern oder anderen therapeutischen Mitteln.

Ein Zauberspruch ist eigentlich nur eine Form einer psychotherapeutisch wirksamen Suggestion, eine kraftvolle Affirmation, die in Worte gekleidet und ausgesprochen wird. In Russland nannte man das *Sagovor*, heute würde man wohl „Chanten" sagen. Sagovor wurde immer nahe beim Patienten ausgeübt, in einem rhythmischen Flüstern, um so den therapeutischen Effekt zu verstärken.

Es wird immer im direkten Kontakt zwischen Heiler und Patient ausgeführt, in Abgeschiedenheit von anderen Menschen. Diese Form des russischen Chantens hat sich schon früher und dann parallel zu wissenschaftlich konzipierten psychologisch wirksamen Subliminal-Suggestionen und Affirmationen entwickelt, wie sie in der Hypnotherapie angewandt werden. Sagovor funktioniert, weil es beide Gehirnhälften anspricht: die linke Seite, die für die eher logischen Funktionen zuständig ist und die rechte, die eher imaginativ und intuitiv arbeitet.

Zwei Aspekte spielen beim Sagovor also eine Rolle: Erstens gestaltet es Bilder, womit die rechte Gehirnhälfte angesprochen wird. Zweitens gibt es der linken Gehirnhälfte ständig sehr kraftvolle Affirmationen. Beide zusammen bewirken einen unglaublichen Effekt.

Der Klang der Stimme und die Intonation sind entscheidend, wenn wir Chanten einsetzen. Die Stimme sollte niedrig und rhythmisch klingen, ähnlich monoton wie Mönche Gebete sprechen. Das wirkt auf den Geist so wie das Pendel des Hypnotiseurs. Es erlaubt dem Alltagsbewusstsein abzuschalten und die Person kann in einen hypnotischen Zustand entschweben.

Slawische Heiler haben Chanten und Rituale verbunden. Die Heilerin maß zum Beispiel die Länge des Körpers des Kranken mit einer Schnur ab. Dann verknotete sie die Schnur, während sie dazu sang. Die Schnur wurde mit einem Haar oder Fingernagelstückchen des Kranken in die Mitte eines Brotes gegeben – Brot ist ein Symbol für Leben und Fruchtbarkeit. Am frühen Morgen wurde das Brot dann in einen Bach oder Fluss geworfen, einem Symbol für Reinigung.

Ein anderes Beispiel: Eine traditionelle Heilerin wird in ein Haus gerufen, in dem eine Schwangere ist, die Probleme mit dem Gebären hat. Als die Heilerin ankam, öffnete sie die Tür sehr, sehr langsam und sang dabei, „Öffnen, öffnen, wir öffnen jetzt ..." Kurz darauf konnte man das Neugeborene schreien hören.

Unsere Gehirne und Gedanken sind dermaßen chaotisch, dass es uns schwerfallen kann, in den richtigen Gemütszustand zu gelangen, um den höchst möglichen Nutzen von Sagovor zu erlangen. Vielleicht stellen Sie fest, dass es auch schwierig ist zu meditieren. Falls das auf Sie zutrifft, dann könnte es eine Hilfe für Sie sein, Ihr Bewusstsein mit einem Ruck auf eine andere Ebene zu bringen. Am einfachsten ist das, wenn Sie zwei Dinge gleichzeitig tun. Ich bitte meine Patienten, sich vorzustellen, dass ihre Hände sehr, sehr kalt sind und ihre Füße sehr, sehr heiß. Probieren Sie das aus – es funktioniert.

Sagovor funktioniert, weil es sowohl auf unser physiologisches als auch auf unser psychologisches Befinden einwirkt. Sagovor berücksichtigt, dass wir das Eine nicht ohne das Andere heilen können. Es folgt dem Grundsatz, dass wir alle unsere Krankheiten und Missgeschicke im Leben beeinflussen können, indem wir unsere Einstellung dazu verändern. *Sagovor* lässt uns auch die Kraft von Worten erkennen.

Vermutlich haben Sie den Namen des berühmten russischen Psychologen Iwan Petrowitsch Pawlow schon einmal gehört. (Der mit dem Hund.) Wahrscheinlich wussten Sie jedoch nicht, dass er während seiner Forschungen nachweisen konnte, dass Signale im menschlichen Organismus und System eine große Rolle spielen, gleich ob sie als geschriebenes oder gesprochenes Wort auftauchten. Solche Signale laden die mentale Energie derart auf, dass man deutliche Wirkungen in Körper und Gefühlen feststellen kann.

Vom modernsten Meister dieser Technik in Russland haben Sie jedoch sicher noch nicht gehört. Es ist der bemerkenswerte und hoch begabte Psychologe G. N. Sytin. Sytin schuf eine Reihe von Gesängen, die helfen, die Wahrnehmung der eigenen Krankheit und Probleme zu verändern. Die Geschichte, die sich hinter seinen Forschungen verbirgt, ist wirklich spannend zu erzählen.

Sytin interessierte sich seit seiner Kindheit für Psychologie. Als junger Mann zog er in den II. Weltkrieg. Eine Granate explodierte ganz nah und er erlitt alle möglichen Verwundungen. Sein Arm war schwer verletzt, er verlor sein Gedächtnis und seine Koordinationsfähigkeit, und er konnte sich nicht bewegen. Er litt unter schwerem Bombenschock und galt als stark behindert. Während er im Krankenhaus lag, bemerkte er, dass er nun entweder aufgeben oder irgendwie die Willenskraft zum Überleben finden musste.

Er entschied sich für das Überleben, und Psychologie wurde zu seiner Lebensrettung. Er war mit Sagovor aufgewachsen und überlegte, dass er diese Methode doch auch zur Selbstheilung nutzen könnte. Also sang er verschiedene Melodien und Worte, die man auch *Tunings* nennt (etwa: „Einstimmungen,“) für sich selbst, die sich alle auf seine Genesung ausrichteten. Er wiederholte sie immer wieder, mit verblüffenden Ergebnissen.

Sein Gedächtnis kam zurück, seine Muskeln fingen wieder an, gesund zu werden. Mit noch mehr Begeisterung entschloss sich Sytin, nun nicht mehr intuitiv spontane Tunings zu singen, sondern die Elemente für seine Heilgesänge bewusster auszuwählen. Er stellte daraufhin fest, dass seine Gesundung noch schneller voranschritt.

Von seinem Erfolg fasziniert, ließ sich Sytin dazu inspirieren, für andere pathologische Zustände noch weitere Einstimmungen zu kreieren. Das wurde zum Thema seiner Dissertation in Psychologie. Sytin sammelte und studierte eine Vielzahl traditioneller russischer *Sagovors*. Damit schuf er die Basis seiner Erkenntnisse über die Wirkkraft des Chantens. Und so konnte er auch die Grundstrukturen besonders wirkungsvoller Tunings bestimmen.

Dann formulierte er seine eigenen Texte, die positive Gefühle und Ideen hervorriefen, wenn man sie sang. Diese positiven Gefühle wurden nicht nur während des Chantens aufrechterhalten, sondern blieben auch lange nach dem Singen bestehen.

Sytin unternahm zahlreiche Laboruntersuchungen, um die Wirkungen dieser Tunings auf die menschliche Aura zu messen und zu erforschen. Er registrierte den Effekt, den jedes Wort auf unser Energiesystem besitzt. Dann wählte er die kraftvollsten Worte oder Wortkombinationen aus. Seine Tunings haben schon sehr vielen Menschen geholfen, und ihre Wirksamkeit ist von einer Reihe von Untersuchungen bestätigt worden. Das frühere sowjetische Gesundheitsministerium genehmigte und förderte die Anwendung von Sytins Tunings in Krankenhäusern. Im Anhang finden Sie zwei solcher Einstimmungen, die ich für meine Programme als besonders nützlich empfinde.

Teil 4
Die Detox-Geheimnisse: Tiefenreinigung zur völligen Gesundung

10.
Vorbereitung für das gesamte Reinigungsprogramm

So, jetzt fangen wir endlich mit unserem körperlichen, emotionalen und mentalen Detox-Programm an. Sie haben sich inzwischen mit einigen der Hilfsmittel und Werkzeuge vertraut gemacht, die wir benutzen werden. Alles andere werde ich genauer erklären, wenn es soweit ist. Die erste Woche ist die Vorbereitungswoche. Sie ist absolut notwendig! Sie sollten sich also bitte nicht versucht fühlen, sie zu überspringen, da sie für den Erfolg des Programms entscheidend ist und gleichzeitig auch in sich einen wesentlichen Reinigungsprozess darstellt. Ich möchte nun noch einige Hinweise für Ihre persönliche Sicherheit geben.

Wann soll man entgiften?

In einer idealen Welt würden Sie damit im Frühling beginnen. Das ist deshalb eine ideale Zeit, weil Körper und Geist darauf eingestellt sind, sich von Altem zu lösen und es in dieser Jahreszeit loszulassen, sowohl auf der physischen als auch auf der emotionalen Ebene. Sie arbeiten dann mit, nicht gegen den Gang der Natur. Es gibt Zeiten festzuhalten und Zeiten loszulassen. Es macht Sinn, Reinigungs-, Entgiftungs- und Klärungsprogramme zu der Zeit im Jahr durchzuführen, in der das am leichtesten fällt.

Ich möchte aber nicht dogmatisch sein. Wenn es im Frühling nicht in Ihre Jahresplanung passt, dann machen Sie das Detox-Programm im Sommer, oder, wenn auch das nicht möglich ist, im Herbst. Der Herbst ist allerdings für die Leberausleitung nicht die beste Zeit, weil die Leber dann am schwächsten ist. Es würde Ihren Körper zu sehr belasten. Ich kann gar nicht verstehen, dass so viele Illustrierte und Zeitungen Neujahr als Reinigungszeit propagieren – das ist nämlich absolut falsch. Die einzige Ausnahme ist die Nierenreinigung, die man auch im Winter durchführen kann, weil sie weniger anstrengend ist.

Im Idealfall würde ich gerne sehen, dass Sie alle Ihre Organe und Systeme nacheinander entgiften – das heißt, dass nach der Vorbereitungswoche die Darmreinigung dran ist, dann folgt die Leberreinigung und dann die Nierenreinigung. Sie können die Nierenreinigung jedoch getrennt durchführen, wenn Sie möchten; aber auf jeden Fall sollten Sie dann die Vorbereitungswoche vorschalten.

Wann soll man nicht entgiften?

Es gibt einige wichtige Kontraindikationen gegen Entgiftungsprogramme:

– wenn Sie Diabetes haben,
– wenn Sie schwanger sind oder stillen,
– wenn Sie unter extremer Erschöpfung leiden,
– wenn Sie eine Erkältung oder Grippe haben,
– wenn Sie unter einer akuten Krankheit leiden,
– wenn irgendeine chronische Beschwerde aufflackert.

! *Sprechen Sie bitte immer mit Ihrem Arzt, bevor Sie eine Reinigungskur durchführen. Wenn Sie Medikamente einnehmen oder Gesundheitsbeschwerden haben, können Sie durchaus mein Detox-Programm anwenden, aber Sie müssen das vorher mit Ihrem Arzt klären.*

Wenn Sie meinem Programm folgen, empfehle ich auch, nicht mehr als eine der Intensivtechniken anzuwenden. Wenn Sie zum Beispiel die Intensivtechnik der Darmreinigung durchführen, wenden Sie nicht auch noch die Intensivtechnik der Leberreinigung an.

Nebenwirkungen von Detox-Programmen

Es ist nur fair Sie zu warnen, dass jede Reinigungskur, und auch diese, normalerweise zu gewissen Nebenwirkungen führen kann. Das sage ich nicht etwa, um Ihnen Angst einzujagen, sondern aus genau dem Gegenteil heraus: Damit Sie sicher sein können, dass nichts schief geht oder gegangen ist, wenn Sie diesem Programm folgen. Die häufigsten Nebenwirkungen, die sich einstellen können (nicht müssen), sind:

- Kopfschmerzen; das hat meistens mit Koffeinentzug zu tun, wenn Sie Kaffee, Tee, Cola und Schokolade aufgeben,
- Flecken und Ausschlag,
- eine Veränderung in der Verdauung,
- Müdigkeit und Erschöpfung,
- emotionale Schwankungen und Veränderungen.

Vielleicht überrascht es Sie zu lesen, dass auch emotionale Schwankungen und Veränderungen dazu gehören. Aber wir arbeiten ja nicht nur auf der körperlichen Ebene, wenn wir entgiften und ausleiten, sondern auch auf der emotionalen und mentalen. Detox bringt oft auch alte Emotionen hoch, „giftige" Erinnerungen sozusagen, während wir physische Schadstoffe aus dem Körper ausscheiden. Außerdem arbeiten wir unmittelbar mit unseren Gefühlen. Es kann hilfreich sein, während des Programms ein Tagebuch über die emotionalen Veränderungen zu führen.

Ein gesunder Mensch besitzt gute Instinkte und kann sich gut an die äußere Umgebung anpassen. Um herauszufinden, wie gesund Sie sind, denken Sie einfach darüber nach, wie leicht (oder schwer) es Ihnen fällt, sich an die Umwelt anzupassen. Wenn Sie in sich ruhen, werden Ihnen Dinge wie schlechtes Wetter, ein verständnisloser Blick, ein arroganter Verkäufer zum Beispiel wenig ausmachen. Sie lassen sich von den alltäglichen Irritationen dann viel weniger aus der Ruhe bringen. Wenn die Energien um Sie herum sich verändern, ändern Sie sich mit ihnen. Machen Sie sich aber nichts daraus, wenn Sie sich schlecht anpassen können. Wenn Sie dieses Detox-Programm abgeschlossen haben, werden Sie einen deutliche Veränderung zum Besseren feststellen können.

Falls Sie noch nie ein Detox-Programm gemacht haben oder Angst haben, es nicht zu schaffen

Manche Menschen können sich einfach noch gar nicht vorstellen, dass sie ein Gesundheitsprogramm erfolgreich absolvieren. Andere Leute führen ihr Leben auch voller Vertrauen darauf, dass sich in der Zukunft Dinge wie magisch und von selbst schon ändern werden. Bis dahin versuchen sie einfach sich von einem Tag zum anderen zu hangeln. Ich glaube, dass Heilung nur dann stattfindet, wenn Ihre Aufmerksamkeit und Bewusstheit auf die Gegenwart gerichtet ist.

Falls das oben Gesagte auf Sie zutrifft (und es gilt für viele von uns), dann gibt es eine Technik, die Sie üben können, bevor Sie sich zur Durchführung dieses Detox-Programms entscheiden. Dabei handelt es sich um die alte Technik der Wechselatmung, die Sie sofort mit der *Sushumna* verbindet, dem zentralen Energiekanal der Gegenwart.

- Tragen Sie lockere Kleidung und sitzen Sie mit aufrechtem Rücken, die Beine nicht überkreuzt.
- Schließen Sie Ihr rechtes Nasenloch mit Ihrem rechten Daumen, und atmen Sie durch das linke Nasenloch aus.
- Atmen Sie durch das linke Nasenloch ein, während Sie gedanklich bis 4 zählen.
- Schließen Sie das linke Nasenloch mit Ringfinger und kleinem Finger der rechten Hand, während Zeigefinger und Mittelfinger der Hand auf dem Nasenrücken ruhen und beide Finger auf die Stelle zwischen den Augenbrauen drücken. Halten Sie die Luft an, bis Sie gedanklich bis 16 gezählt haben.
- Öffnen Sie Ihr rechtes Nasenloch wieder und atmen Sie aus. Versuchen Sie dabei, die Lungen ganz zu entleeren, und zwar während Sie bis 4 zählen.
- Atmen Sie durch das rechte Nasenloch aus, bis 4 gezählt, und dann verschließen Sie es, halten die Luft an und lassen beide Nasenlöcher bis auf 16 gezählt geschlossen.
- Öffnen Sie Ihr linkes Nasenloch und atmen Sie aus, nun bis auf 8 gezählt.

– Beginnen Sie erneut und wiederholen Sie die gesamte Abfolge mindestens 10 Male: bis 4 ein, den Atem bis 16 anhalten, auf 8 ausatmen.
– Hören Sie jederzeit auf, wenn Sie sich schwindlig fühlen.

1. Woche: Vorbereitung

In der Vorbereitungswoche sind sieben Faktoren für jeden einzelnen Tag wichtig.

1 Ernährung
2 Warme Hydrotherapie und Hautbürsten
3 Heilerde-Wasser
4 Energieübung: Die Energie der Angst vor der Zukunft auflösen
5 Kleidung
6 Übung mit dem „Inneren Lächeln"
7 Meditation „Gesunde Lebensweise" (Siehe „Tunings" im Anhang)

Ernährungsplan

Das Ziel der Ernährung in der Vorbereitungswoche ist, die Verschleimung im Körper zu lockern. Die Nahrungsmittel in dieser Zeit verursachen auch keine zusätzliche Belastung für die wichtigsten Organe und den gesamten Organismus. Hier sind die wichtigsten Elemente der Ernährung in der Vorbereitungswoche:
– Essen Sie organisch, das heißt, Bioprodukte. Falls Sie Mühe haben, solche Lebensmittel zu finden, schauen Sie im Teil Acht nach, wo im Kapitel über Verjüngung Hinweise stehen, wie Sie Schadstoffbelastungen in Ihrer Nahrung weitgehend beseitigen können.
– Versuchen Sie, den Hauptteil Ihres Eiweißbedarfs mit Getreide zu decken (vor allem aus Körnern, die Sie haben sprießen lassen, weil sie deutlich weniger Schleim erzeugen), Nüssen, Samen und Hülsenfrüchten.
– Tiefseefisch ist eine zusätzliche Eiweißquelle. Tiefseefische sind meistens weniger mit giftigen Industrieabwässern und Schwermetallen belastet. Vermeiden Sie jedoch Hering, Makrelen und Thunfisch, die alle besonders stark Schwermetalle speichern. Zuchtlachs wird oft mit künstlichen Farbstoffen gefüttert, um sein Fleisch rosa

zu färben; das sollten Sie natürlich auch vermeiden, während Wildlachs in Ordnung ist.

- Essen Sie reichlich rohes Gemüse und Obst.
- Nehmen Sie viel Faserstoffe zu sich. Zu den besten Faserlieferanten zählen Gemüsesprossen, Kohl, Karotten und Hirse.
- Trinken Sie reichlich Wasser. Wenn Sie in Flaschen abgefülltes Wasser trinken, benutzen Sie lieber Glas- als Plastikflaschen, da Bakterien sich schneller in Plastikgefäßen vermehren. Halten Sie es kühl und trinken Sie es rasch aus, am besten an dem Tag, an dem Sie es öffnen. Vermeiden Sie kohlensäurehaltiges Wasser, weil es Blähungen verursacht.
- Verwenden Sie kaltgepresstes Öl in Salatsoßen und an Getreide. Nehmen Sie zum Kochen nur kaltgepresstes Olivenöl.
- Vermeiden Sie alle Produkte mit E-Nummern, besonders E249, E250, E251 und E252, die Stoffe bezeichnen, die zum Konservieren benutzt werden. Versuchen Sie ganz ohne raffinierte und weiterverarbeitete Produkte auszukommen, ohne gefärbte Nahrungsmittel, Geschmacksverstärker und künstliche Süßstoffe.
- Vermeiden Sie schleimbildende Nahrungsmittel.
    - Milchprodukte bilden den meisten Schleim; dazu gehören nicht nur Milch, sondern auch Butter, Käse, Joghurt und so fort. Ziegen- und Schafsmilch erzeugt deutlich weniger Schleim, aber auch sie sollten nur wenig verwendet werden.
    - Rotes Fleisch, Geflügel, Eier.
    - Sojabohnen erzeugen unter den Pflanzen den meisten Schleim. Viele Menschen verwenden Sojamilch als Ersatz für Kuhmilch, um so die Verschleimung zu vermindern. Das ist ein großer Irrtum. Benutzen Sie stattdessen Hafer- oder Reismilch.
- Vermeiden Sie große Mengen an Zucker, vor allem an raffinierten Zucker. Verwenden Sie stattdessen Ahornsirup, Apfeldicksaft, Dattelsirup und Honig. Wenn Sie ein starkes Bedürfnis nach Zucker haben, probieren Sie einmal aus, Ihre Zunge am Morgen sanft mit einem Teelöffel abzuschaben, da das die Sucht nach Süßigkeiten und sauren Dingen verringert.
- Reduzieren Sie die Menge an Salz, die Sie verwenden. In den östlich-

sten Landesteilen Russlands gibt es reichlich Algen, die man auch Seekohl nennt. Wenn man sie getrocknet isst, sind sie ein guter Ersatz für Salz und sie enthalten auch Jod, von dem man weiß, dass es den Stoffwechsel anregt. Sie können auch eine der zahlreichen japanischen Meeresalgen benutzen, die es in Naturkostläden gibt.

- Trinken Sie keinen Alkohol. Keinen Tee und keinen Kaffee. Keine Stimulantien! Sie können Kräutertees trinken, so viel Sie mögen, oder eines der Getränke ausprobieren, die weiter unten genannt werden.
- Essen Sie nicht in der Nacht. Nehmen Sie Ihre letzte Mahlzeit etwa 2 bis 3 Stunden vor dem Zubettgehen ein. Wenn Sie überlegen, ob Sie essen sollten oder nicht: Tun Sie es nicht!

Alternativen zu Tee und Kaffee

Gewürzgetränk

4 Kardamomkörner
4 Pfefferkörner
3 Gewürznelken
Zimt (nach Geschmack)

Sie mahlen Sie die Zutaten, geben sie in einen Topf, gießen 0,3l Wasser darauf und lassen das 20 min lang köcheln. Bevor Sie den Herd abstellen, können Sie eine Prise grünen Tee hinzufügen. Wenn Sie das warme Gewürzwasser trinken, können Sie etwas Honig dazugeben.

- Sie können auch Trockenfrüchte in warmem Wasser einweichen. Geben Sie Honig nach Geschmack zu, um einen angenehmen, süßen Trank zu erhalten.
- Sie können sich aus der riesigen Vielfalt von Kräutertees, die aus Blättern, Früchten und Beeren hergestellt werden, nach Belieben aussuchen. Zur Erinnerung: Keinen Zucker dazugeben.
- Sie können auch *Sbitin*, das wunderbare russische Honiggetränk trinken, so oft Sie wollen (seihe Seite 263).

Den Körper von Schleimüberschuss mit Meerrettichsaft befreien
Sie haben bemerkt, dass ich empfehle, Nahrungsmittel zu vermeiden, die Schleim produzieren. Es gibt auch eine spezielle Mischung von geriebenem Meerrettich und Zitronensaft, die enorm dabei helfen kann, Schleim in bestimmten Körperteilen zu lockern und auszuleiten, wo er sich staut (zum Beispiel im Verdauungstrakt, den Nebenhöhlen, im Hals und den Atmungsorganen.) Diese Mischung wirkt auch harntreibend. Sie nehmen diese Mischung vor Ihren Morgen- und Abendmahlzeiten zu sich.

- Nehmen Sie 150g geriebenen Meerrettich und den Saft von drei Zitronen.
- Vermischen Sie beides, bis Sie eine Konsistenz wie bei festem Joghurt haben.
- Nehmen Sie 3x täglich ½ Teelöffel vor dem Frühstück, dem Mittag- und dem Abendessen. Den Rest der Mischung bewahren Sie in einem verschlossenen Glas im Kühlschrank auf.

Warme Hydrotherapie und Hautbürsten

Da warme Hydrotherapie hilft, Verschleimung zu lösen, ist sie auch ein wichtiger Aspekt in der Vorbereitungswoche. Am besten wäre es, wenn Sie täglich irgendeine Form dieser Wasseranwendungen durchführen. Wenn Sie in der Nähe einer Sauna oder eines Dampfbads wohnen, ist das wunderbar. Falls nicht, finden Sie im 7. Kapitel Alternativen. Sie sollten bitte, wenn es irgend möglich ist, zumindest einmal während dieser Vorbereitungswoche in ein Dampfbad gehen, weil das den Schleim wirklich wunderbar wirkungsvoll lockert.

Vor jeder warmen Hydrotherapie sollten Sie fünf Minuten lang Ihre Haut bürsten. Dazu finden Sie ebenfalls unterschiedliche Techniken im 7. Kapitel. Widerstehen Sie der Versuchung, das zu überspringen. Bürsten ist hochwirksam, um Schleim abzusondern und andere Schadstoffe auszuleiten, welche das Lymphsystem und die Lymphknoten belasten. Bürsten ist ein wesentlicher Teil des systematisch aufgebauten Programms.

Heilerde-Wasser

Tonerde bzw. Heilerde ist für unser Reinigungsprogramm sehr wesentlich. Heilerde absorbiert toxische Stoffe, stabilisiert das elektromagnetische Feld und stellt den richtigen pH-Wert wieder her. Sie nehmen die Heilerde früh am Morgen, vor dem Frühstück zu sich. Sie können Tonerde-Wasser entweder vorher „aufsetzen“ oder es kurz vor dem Trinken zubereiten; das hängt ganz von Ihnen ab. Die Anleitungen dazu sind auf Seite 86.

Energieübung: Die Energie der Angst vor der Zukunft auflösen

Als praktisch arbeitende Heilerin sehe ich großen Nutzen darin, körperliche Heilarbeit mit emotionaler Heilung zu verbinden. Deshalb setzen wir in jeder Woche unseres Detox-Programms eine andere Energieübung ein, die belastende und giftige Emotionen auflöst. Wir beginnen mit einer Energiemeditation, um die Angst vor der Zukunft aufzulösen.

Wenn Sie Ihren Körper darauf vorbereiten, sich von Verschleimung und physischen Toxinen zu lösen, müssen Sie sich selbst auch emotional und mental vorbereiten, offener zu werden. Sie müssen offen für die Zukunft und das sein, was sie mit sich bringt. Sie sollten in der Lage sein, Ihre Sichtweise zu erweitern, neue Vorschläge und neue Leitlinien anzunehmen. Falls Sie Angst vor der Zukunft haben, neigen Sie dazu, in alten Mustern festzustecken und Sie werden womöglich vor Angst wie gelähmt. Sie können Ihr Leben im Hier und Jetzt nicht genießen, weil sich Ihre ganze Energie auf die Zukunft richtet in Sorge über etwas, was noch gar nicht geschehen ist und was vielleicht überhaupt nie passiert.

Die folgende Übung befreit Sie von dieser Angst und hilft Ihnen, Raum für das Neue zu schaffen. Sie gibt Ihnen den Anstoß, Ihr Leben in ein neues Muster zu bringen. Farben wirken auf unsere Chakras ein; zu viel oder zu wenig von einer Farbe kann uns aus dem Gleichgewicht bringen. Wir hatten das im Zusammenhang mit Aura und Chakras schon besprochen. Die Angst vor der Zukunft manifestiert sich in einem Übermaß der Farbe Blau. Deshalb spielt diese Farbe (sowie die Komplementärfarbe Orange) bei der folgenden Übung eine Rolle. Wir führen auch eine körperliche Handlung aus, weil auf diese Weise beide Gehirnhälften angesprochen werden und die Übung wirksamer wird. Ich habe auch festgestellt, dass das Auswringen eines Handtuchs eine Aktion darstellt, die der Neigung moderner Menschen, möglichst aktiv zu sein, sehr entgegen kommt.

Sie sollten diese Übung in der Vorbereitungswoche täglich ausführen. Es ist nicht wichtig, wann Sie das machen, aber vergewissern Sie sich, dass Sie genügend Muße finden und Ruhe haben, um der Übung wirklich Ihre volle Aufmerksamkeit zu schenken. Viele meiner Klienten finden, dass der Abend dafür besonders geeignet ist. Das Zimmer, in dem Sie die Übung machen, sollte gut gelüftet sein und ein Fenster sollte mindestens eine halbe Stunde vor Beginn bereits offen stehen.

Atmen Sie frei und natürlich, strengen Sie sich nicht an. Sie brauchen für die Übung eine große Schüssel und ein Leinentuch bzw. Handtuch.

- Durchnässen Sie das Tuch gründlich und legen Sie es in die Schüssel. Setzen Sie sich auf einen Stuhl mit gerader Rückenlehne, die Beine etwas auseinander gespreizt, die Füße schulterbreit am Boden. Stellen Sie die Schüssel zwischen Ihre Füße. Ihr Rücken sollte sanft gerundet sein, wobei Sie Ihren Bauch einziehen (als ob Sie Ihren Bauchnabel zurück an das Rückgrat bringen wollten).
- Strecken Sie Ihre Arme gerade vor sich aus mit den Handflächen nach oben. Zwischen Ihren Händen sollten etwa 10 Zentimeter Abstand sein. Legen Sie das Handtuch über die Finger der nach oben geöffneten Hände. Stellen Sie sich vor, dass das Tuch eine tiefblaue Farbe hätte.

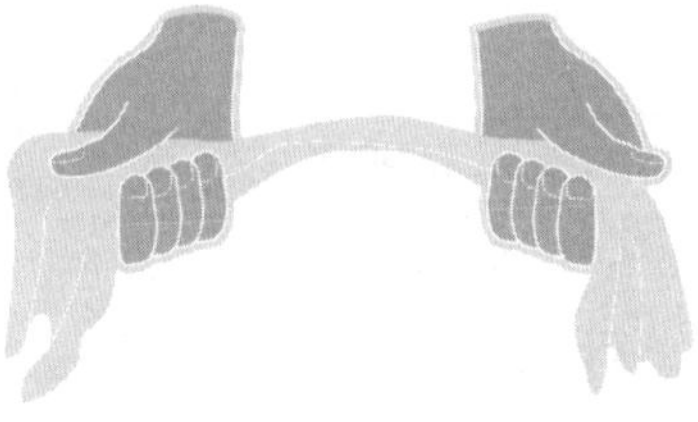

- Konzentrieren Sie sich auf den Raum zwischen Ihren Handgelenken. Atmen Sie tief durch die Nase ein und halten Sie die Luft einige Sekunden lang an. Dann entspannen Sie sich, atmen aus und wringen das Tuch aus. Während Sie das Restwasser tatsächlich aus dem Handtuch auswringen, setzen Sie Ihre Imagination ein und stellen sich vor, dass Sie jedes Tröpfchen blaue Farbe aus dem Tuch auswringen.

– Atmen Sie erneut tief ein, halten Sie die Luft an, atmen Sie tief aus und wringen Sie noch mehr Blau aus dem Handtuch.
– Dann leeren Sie die Schüssel aus und wiederholen Sie das Ganze, aber dieses Mal wringen Sie ein leuchtendes Orange aus dem Tuch aus. Während Sie das tun, tönen Sie den Klang „L-l-l-l", als einen weichen, anhaltenden Ton. Falls Sie sich mit Musik auskennen, dann wäre die Tonhöhe etwa wie „so", also ein „G".
– In diesen Momenten sollten Sie versuchen, so intensiv wie möglich zu spüren, wie alle Angst vor der Zukunft von Ihnen weicht und sich auflöst. Prägen Sie sich dieses Gefühl der Gelöstheit und Befreiung im Gedächtnis gut ein.

Der Nahrungsplan, dem Sie in dieser Vorbereitungswoche folgen, wird Ihnen ebenfalls helfen, sich von Zukunftsängsten zu lösen. Bei bestimmten Nahrungsmitteln weiß man, dass sie Angst fördern, vor allem Kaffee, Tee und andere Dinge, die Koffein enthalten, wie Schokolade, Colagetränke und gewisse Softdrinks. Auch Zucker vermehrt Angst. Also sollte man all das meiden. Vergessen Sie nicht, dass Zucker oft ein versteckter Inhaltsstoff ist, und das bei vielen, wirklich sehr vielen Nahrungsmitteln. All diese Dinge führen dazu, sich ständig müde und tief unzufrieden mit sich selbst zu fühlen.

Kleidung

Als Unterstützung sollten Sie einige kleinere orangefarbene Accessoires tragen, zum Beispiel Schal, Krawatte, Gürtel oder Hüfttuch. Es fördert eine ganze Reihe positiver Gefühle wie Freude, Glück und Inspiration.

Übung „Das innere Lächeln"

Das ist eine meiner Lieblingsübungen. Wenn Sie dieses „innere Lächeln" besitzen und sich darauf so oft als möglich einstimmen, wird das Ihren Astralkörper, den Körper Ihrer Emotionen, wirklich heller und leichter machen. Der Grund dafür ist einfach. Wenn Sie lächeln oder lachen (sei es äußerlich sichtbar oder einfach im Inneren), sind Sie den Kräften von negativen Emotionen und Energien deutlich weniger ausgesetzt. Wenn Sie leicht und gern lächeln, werden nicht nur

Ihre Astralschwingungen leichter, sondern Ihre Aura wird damit auch besser geschützt. Die folgende einfache Meditationsübung hilft, dieses innere Lächeln zu entwickeln. Führen Sie die Übung durch, nachdem Sie morgens aufgewacht sind.

– Wenn Sie aufgewacht sind, drehen Sie sich so, dass Sie auf dem Rücken liegen; die Beine und Arme sind lang und entspannt.
– Atmen Sie tief ein und atmen Sie nach und nach aus, so dass all die abgestandene Nachtluft aus Ihrem Körper entweichen kann. Wiederholen Sie das 3 Mal.
– Bewegen Sie nun einige Male die Zehen an Ihrem rechten Fuß – Ihre großen Zehen recken sich dabei in die Höhe, während die anderen Zehen sich leicht nach unten wenden. Wiederholen Sie das beim linken Fuß.
– Bewegen Sie nun Ihre Finger und Hände. Nehmen Sie die Daumenspitze Ihrer linken Hand und schütteln Sie den Daumen etwas aus. Wiederholen Sie das mit Ihrem rechten Daumen.
– Lächeln Sie sich selbst zu – das lässt Ihren Morgen und den ganzen Tag jetzt schon zu einer Feier werden, während Sie noch im Bett liegen!
– Atmen Sie tief ein, füllen Sie Ihre Lungen ganz, und dann erlauben Sie dem Atem, noch tiefer zu gehen, in den Bauch hinein. Halten Sie die Luft dann einige wenige Sekunden an und atmen Sie in umgekehrter Reihenfolge aus, also zuerst vom Bauch und dann von den Lungen her.
– Legen Sie eine kleine Pause ein und wiederholen Sie dann diese Tiefenatmung. Sie sollten bis jetzt etwa 2 Minuten mit dieser Übung zugebracht haben.
– Fahren Sie mit der Tiefenatmung fort, aber anstatt Ihre Luft anzuhalten, lächeln Sie nun. Sie atmen also ein, halten inne und lächeln, und dann atmen Sie wieder aus. Sie sollten so lächeln, dass rund um Ihre Augen winzig kleine Lachfältchen auftauchen.
– Dann lächeln Sie richtig aus ganzem Herzen. Ihre Augen sollten dabei entspannt sein; Sie können sich vorstellen, in den Himmel voller Sterne zu blicken.
– Fahren Sie fort zu lächeln und visualisieren Sie die Farbe Rosa.

– Atmen Sie sehr tief ein, sodass die Farbe Rosa Ihre Lungen und den gesamten Körper füllt.
– Rosa ist die Energie der Liebe, die Ihr ganzes Wesen erfasst. Jede Zelle Ihres Körpers strahlt die Farbe Rosa aus.
– Vergessen Sie dieses Lächeln nicht! Während Sie lächeln, sagen Sie zu sich selbst: „Was ich verloren habe, bedauere ich nicht. Der Weg in die Zukunft ist frei. Ich bin ein neuer, befreiter Mensch." Das müssen Sie 5 bis 10 Male sagen, überzeugend und mit ganzer Kraft.

Das ist eine wunderbare Meditation und je häufiger Sie sie durchführen, desto mehr Vorteile daraus werden Sie entdecken. In der Vorbereitungswoche ist sie ein wesentlicher Bestandteil, aber Sie können diese Meditationsübung auch während des ganzen Programms durchführen, um noch bessere Ergebnisse zu erzielen.

Ihr Tagesplan für die Vorbereitungswoche

Es sieht so aus, als ob Sie viel zu tun haben. Aber in Wirklichkeit ist das nur halb so schlimm. Ein normaler Tag in der ersten Woche sieht so aus:
– Aufwachen: Üben Sie „Das innere Lächeln" noch im Bett; danach trinken Sie Ihr Heilerde-Wasser.
– Bürsten Sie Ihre Haut, bevor Sie duschen oder ein warmes Bad nehmen.
– Frühstück: Nehmen Sie erst die Meerrettich-Antischleim-Mischung zu sich, dann das Frühstück.
– Auf dem Weg zur Arbeit: Meditation mit dem Tuning „Gesunde Lebensweise"
– Mittagessen
– Abendessen: Nehmen Sie erst die Meerrettich-Antischleim-Mischung, bevor Sie essen.
– Energie-Übung
– Warme Hydrotherapie (falls Sie das nicht am Morgen gemacht haben)

Meditation mit dem Tuning „Gesunde Lebensweise“

Sie sollten jeden Tag das Tuning „Gesunde Lebensweise“ praktizieren. Sie finden es im Anhang. Es ist in Ordnung, wenn Sie diese Einstimmungen chanten, zum Beispiel nach der Arbeit am Abend. Wenn Sie es jedoch aufnehmen, können Sie es jederzeit und an vielen Orten abspielen, auf dem Weg zur Arbeit, in Ihrer Mittagspause oder im Bett.

11.
Darmreinigung in der Praxis

Diese zweite Phase des Programms dauert auch wieder eine Woche. Nachdem Sie Körper, Geist und Gefühle auf Erfolg vorbereitet haben, können Sie nun zu dieser tiefen Reinigung übergehen. Müssen Sie Ihren Darm überhaupt reinigen? Ja, ja, ja! Es gibt keinen einzigen Menschen, der von dieser Reinigung nicht profitieren würde. Nach meiner Erfahrung gibt es nur sehr selten Menschen, die keinen irgendwie verstopften Darm haben. (Hier ist vor allem der Dickdarm gemeint.)

Sie können kein Wohlbefinden erwarten, solange das Hauptorgan, das für die Ausscheidung von Schadstoffen zuständig ist, nicht gut genug arbeitet. Wenn der Darm durch die Ernährung gereizt wird, oder durch Stress, Drogen, Chemikalien und andere Substanzen, versucht er sich davor zu schützen, indem er mehr Schleim produziert. Dieser Schleim bindet unverdaute raffinierte Nahrungsmittel und lagert sich an den Wänden in dicken Schichten verhärteter Fäkalstoffe ab. Das verengt nicht nur den Durchfluss des Darms, sondern bildet auch einen idealen Nährboden, auf dem sich pathologische Mikroorganismen entwickeln können.

Darmreinigung ist der erste, entscheidende Schritt in meinem Gesundheits- und Entgiftungsprogramm. Ich kann mir eine Verjüngung schlicht nicht vorstellen, solange gleichzeitig der Dickdarm noch mit Giftstoffen belastet und verstopft ist. Mit der Darmreinigung wollen wir folgende Ziele erreichen und Vorgänge regulieren:

- Gründliche Darmreinigung
- Regulierung der peristaltischen Bewegungen
- Wiederaufbau einer gesunden Flora in den Gedärmen; damit sind nützliche Bakterien gemeint

Damit wird die Hauptquelle für Schadstoffbelastungen unseres Körpers beseitigt und als Folge davon eine deutliche Entlastung der anderen Entgiftungs-, Reinigungs- und Ausscheidungsorgane und –systeme des Körpers erreicht.

2. Woche: Darmreinigung

Die ersten drei Elemente für unsere tägliche Routine in dieser Woche sind die gleichen wie in der Vorbereitungswoche, die Sie gerade abgeschlossen haben. Hier eine kurze Wiederholung.

Ernährungsplan

Fahren Sie mit dem Ernährungsplan fort, den Sie bereits in der ersten Woche befolgt haben. Sie können kleinere Verbesserungen vornehmen, um eine noch bessere Balance zu erzielen. Ich mache Ihnen später Vorschläge für ein ideales Frühstück für dieses Stadium der Reinigung. Bitte trinken Sie täglich nicht weniger als 2 Liter Wasser. Trinken Sie nie zum Essen. Am besten wäre es, wenn Sie eine halbe Stunde vor den Mahlzeiten trinken, oder zwei Stunden danach. So werden Sie nicht in die Funktion der Magensäfte eingreifen.

Heilerde-Wasser

Beginnen Sie jeden Morgen damit, dass Sie Heilerde-Wasser trinken, wie in der Vorbereitungswoche.

Warme Hydrotherapie und Hautbürsten

Auch diese Routine führen Sie so fort wie in der vergangenen Woche.

Die nächsten drei Elemente sind Ihnen auch vertraut, nämlich Energieübung, Kleidung und Tuning. In dieser zweiten Woche gibt es hier jedoch einige Veränderungen.

Energieübung: Die Energie der Vergangenheit reinigen

Wie in der Vorbereitungswoche, werden Sie auch in dieser Woche nicht nur etwas für den Körper tun, sondern auch an Ihren Emotionen arbeiten. Dieses Mal geht es darum, die Energien der Vergangenheit zu reinigen. Ich fände es gut, wenn Sie diese Übung jeden Tag ausführen. So wie wir beginnen, physikalische Schadstoffe und Belastungen zu lösen, die sich in unserem Darm festgesetzt haben, so fangen wir an, negative Emotionen loszulassen, die an unseren Seelen kleben. Viele unter uns halten das ganze Leben lang an früheren Verletzungen fest und spüren noch Jahre nach einem Ereignis Groll in sich. Nach meiner Erfahrung neigen Menschen, die unter Verstopfung und Darmproblemen leiden, dazu, an der Vergangenheit festzuhalten. Wenn wir das tun, dann werden wir stark an die Vergangenheit gefesselt und sind völlig unfähig, in unserem Leben vorwärts zu gehen.

Um die Energien der Vergangenheit zu klären, müssen Sie alten Groll und altes Leid loslassen. Und zwar sofort! Ich schlage Ihnen hier Techniken vor, die sehr wirkungsvoll sind. Sie haben schon vielen Menschen geholfen. Deshalb bitte ich Sie, diese Methoden ernsthaft auszuprobieren. Sie werden vermutlich überrascht sein!

Wenn es jemanden gibt, der Sie stört oder gestört hat, versuchen Sie Folgendes:

- Beginnen Sie damit, sich an den Menschen zu erinnern. Bringen Sie die Person in vielen Einzelheiten vor Ihr geistiges Auge. Wie sah er bzw. sie aus? Nehmen Sie Körper und Körpersprache wahr, hören Sie seine bzw. ihre Stimme und den Tonfall.
- Sobald Ihnen dieses Bild klar vor Augen steht, stellen Sie sich vor (so schwer das auch fallen mag), dass diese Person glücklich ist und lächelt. Irgendetwas Gutes ist geschehen, etwas, worauf diese Person schon gewartet oder was sie angestrebt hat. Diese Person ist wirklich glücklich. Versuchen Sie, dieses Bild ein bis zwei Minuten in Ihrem Bewusstsein zu halten.
- Vor dem geistigen Auge malen Sie nun einen rosafarbenen Kreis, einen Kreis der Liebe, rund um diese Person. Und dann brechen Sie diesen Kreis sehr langsam und sanft und lösen das Bild dieser Person wieder auf. Während Sie das tun müssen Sie versuchen, nicht nur die Loslösung und Befreiung von dieser Energie der Vergangenheit zu spüren, sondern auch Glück zu fühlen aufgrund der Tatsache, dass Sie gerade miterlebt haben, wie diese Person von Freude erfüllt wird. Prägen Sie sich diese Empfindungen ein und festigen Sie sie in Ihrem Gedächtnis.

– Es kann sein, dass Sie sich ab und zu an Orten befinden, an denen dieser Mensch wohnt oder arbeitet, und dass dann erneut unangenehme Gefühle auftauchen. Machen Sie sich nichts daraus. Lächeln Sie einfach, während Sie sich die Empfindungen wieder in Erinnerung rufen, die Sie gespürt haben, als Sie den rosafarbenen Kreis aufgelöst haben. Sagen Sie zu sich selbst: „Ich fühle nichts. Dir ist vergeben worden. Du bist befreit."

Wenn Sie andererseits wissen, dass Sie jemanden in der Vergangenheit verletzt haben, müssen Sie um Vergebung bitten, aus ganzem Herzen – und das laut und vernehmlich. Sagen Sie:

– „Ich bitte ... *(Namen der Person einsetzen)*, mir zu vergeben, dass ich Dich / Sie verletzt habe."
– „Ich bitte mich, mir selbst zu vergeben, dass ich zugelassen habe, dass ich ... *(Namen der Person einsetzen)* verletzt habe. Ich vergebe mir selbst."
– „Ich bitte mich selbst um Vergebung für mein Verhalten gegenüber ... *(Namen der Person einsetzen)*, was in der Folge meine Gesundheit gestört hat."
– „Ich bitte mich, mir selbst zu vergeben, dass ich alten Groll gehegt und an der Vergangenheit festgehalten habe.. Ich vergebe mir selbst."
– „Ich bitte meinen Körper, mir selbst zu vergeben, dass ich ihm durch unbedachtes Verhalten Schaden zugefügt habe."

Kleidung

Fügen Sie Ihrer Kleidung in dieser Woche rote Farbtupfer hinzu. Sie müssen sich nicht von Kopf bis Fuß rot kleiden, sondern können einen roten Schal verwenden, roten Schmuck oder eine rote Krawatte.

Meditation mit dem Tuning „Gesunder Geist"

In dieser Woche verwenden Sie das Tuning „Gesunder Geist" (siehe Anhang). Es ist ein langes Tuning, aber lassen Sie sich davon bitte nicht abschrecken. Manchmal gibt es einfach keine einfache, kurze Lösung für ein Problem. Sie können das so betrachten: Sie haben bisher Ihr ganzes Leben lang ungesunde Muster in sich aufgebaut und gefestigt, so dass es unwahrscheinlich ist, sie mit einem einzigen Satz auszulöschen. Ich schlage auch hier vor, dass Sie sich dieses Tuning am besten aufnehmen und es dann abspielen, wenn Sie Zeit dafür haben. Sie sollten beim Sprechen einen eher monotonen Klang und Rhythus benutzen. Die Satzgestaltung wirkt manchmal vermutlich etwas seltsam, aber geben Sie sich die Erlaubnis, die Sätze so zu akzeptieren, wie sie da stehen.

Neben diesen Elementen gibt es ganz spezielle, hoch wirksame Reinigungstechniken für den Darm, die ich Ihnen nun beschreibe.

Russisches Detox-Rezept

Ein sehr effektives Rezept. Sie sollten in dieser Woche jeweils 1 Esslöffel dieser Mischung vor jeder Mahlzeit zu sich nehmen.

- Schneiden Sie 3 Zitronen (mit Schale; natürlich vorher waschen und am besten Biozitronen) in kleine Stücke.
- Reiben Sie 3 Knoblauchzehen ganz fein und geben Sie 3 Esslöffel Honig dazu. Geben Sie die gehackten Zitronen und die Knoblauch-Honig-Mixtur in 3 Liter vorher abgekochtes, jetzt kühles Wasser, in dem Sie es gut verrühren.
- Lassen Sie dieses Wasser in einem Glaskrug mit einer Abdeckung darauf 3 Tage lange stehen. Danach ist es fertig zum Gebrauch.

Frühstück mit Weizenkleien

Zum Frühstück empfehle ich Weizenkleie, die unseren Verdauungstrakt sehr nachhaltig reinigt. Eine entscheidende Eigenschaft von Kleiefasern besteht darin, Wasser zu absorbieren. Ein Gramm Weizenkleie kann bis zu fünf Gramm Wasser aufnehmen. Kleine Kleiefasern im Verdauungstrakt helfen, den Stuhl weicher und lockerer zu machen und beschleunigen somit den Durchgang durch den Darm.

Kurz nach der nuklearen Katastrophe in Tschernobyl bekamen die Arbeiter 20 bis 30 Gramm Weizenkleie als Teil ihrer täglichen Nahrung, und das führte dazu, dass nachweislich deutlich weniger freie Radikale[3] vom Verdauungstrakt in den Blutkreislauf gelangten. Das ist eine zweite wertvolle Eigenschaft von Kleie: ihre Fähigkeit, das Blut zu reinigen und freie Radikale herauszuspülen.

---

[3] Freie Radikale: Schädliche Moleküle, die Sauerstoff im Organismus binden und damit den Zellen entziehen. (Anm.d.Ü.)

Weizenkleie-Rezept

- Weichen Sie über Nacht 2 Esslöffel Weizenkleie in genügend Wasser ein, sodass die Kleie davon bedeckt wird. Ich empfehle, Aprikosen (ungeschwefelt), Trockenpflaumen, Rosinen und nach Belieben auch feine Haferflocken dazu zu geben.
- Am nächsten Morgen können Sie nach Wunsch noch Nüsse hinzufügen. Dann essen.

Darmreinigungsübungen

Täglich vor dem Frühstück sollten Sie bitte bestimmte Übungen ausführen, um die Peristaltik[4] des Darms anzuregen. Achten Sie darauf, dass Sie eine richtige Technik dabei anwenden, um Ihren Nacken und Ihren Rücken nicht zu belasten. Machen Sie die Übungen langsam und sehr achtsam – es geht hier nicht um einen Wettbewerb.

Knie überkreuz anziehen

- Sie liegen auf Ihrem Rücken, Ihr Kopf etwas angewinkelt auf der rechten Hand; Sie blicken zur Decke.
- Ziehen Sie Ihren Bauch ein, als ob Ihr Bauchnabel versuchen würde, das Rückgrat zu berühren. Ziehen Sie Ihre Beckenbodenmuskeln „hoch" bzw „an", und halten Sie sie angespannt.
- Atmen Sie ein. Dann, während Sie ausatmen, beugen Sie Ihr rechtes Knie zur Brust hin und Sie heben den Oberkörper gleichzeitig leicht an, so dass Ihr linker Ellenbogen das rechte Knie berührt.
- Atmen Sie erneut ein und gehen Sie in die Ausgangsposition zurück. Wechseln Sie die Hand, die den Kopf etwas stützt.
- Atmen Sie wieder aus, und nun bringen Sie das linke Knie und den rechten Ellenbogen sanft zusammen.
- Wiederholen Sie das mindestens 12 Male.

Beide Knie anziehen

- Sie liegen wieder wie oben.
- Sie ziehen Ihren Bauch genauso ein und spannen den Beckenboden an.

[4] Peristaltik: Langsame Eigenbewegungen des Darms, die den Speisebrei vorwärtsschieben. (Anm.d.Ü.)

– Sie atmen ein. Beim Ausatmen bringen Sie nun beide Knie zu den Ellenbogen. Dabei sollten Sie weiter in einem Winkel zur Decke schauen, der Ihnen keine Belastung des Nackens verursacht. Führen Sie das langsam und achtsam durch.
– Halten Sie die Berührung zwischen Knien und Ellenbogen 3 bis 6 Sekunden lang. Atmen Sie langsam ein, während Sie kontrolliert wieder in die Ausgangsposition zurückgehen.
– Wiederholen Sie das mindestens 12 Male. Achten Sie darauf, dass Sie Ihre Atmung auf die Bewegungen abstimmen.

Hüftdrehung

– Sie liegen flach am Boden, auf dem Rücken, beide Arme zur Seite gestreckt.
– Bringen Sie, während Sie einatmen, Ihr linkes Knie nach oben, so dass es im rechten Winkel zum Körper ist.
– Halten Sie Ihre Schultern flach, drehen Sie die Hüfte und bringen Sie Ihr Bein zur rechten Seite, während Sie ausatmen. Halten Sie es dort 3 Sekunden lang.
– Atmen Sie ein, während Sie Ihr Bein wieder in die Höhe heben.
– Atmen Sie aus, während Sie das Bein in die Ausgangslage bringen.
– Nun machen Sie das Gleiche mit dem anderen Bein.
– Führen Sie diese Übung mindestens 12 Male durch.

Radfahren

Das ist eine weitere gute Übung, weil es den Darm massiert, während Ihre Schenkel abwechselnd Druck auf den aufsteigenden und den absteigenden Darm ausüben. Sie liegen auf dem Rücken und fahren mit Ihren Beinen in der Luft Fahrrad.

Darmtiefenreinigung

Es gibt grundsätzlich zwei Methoden, wie Sie Ihrem Darm helfen können, festgebackene Verschleimung und Fäkalstoffe zu lockern und auszuscheiden. Die erste besteht in einem traditionellen russischen Rezept, in dem einige bewährte Abführmittel zum Einsatz kommen. Die zweite Methode verwendet Flohsamen (Psyllium). Forschungen haben gezeigt, dass aufgequollener Flohsamen sich mit Toxinen und

Schleim verbindet, die sich an den Darmwänden und in den Zwischenräumen (Darmzotten) festgesetzt haben, und sie bei der Ausscheidung mit hinausbefördert. Flohsamen sind die Samen des Sandwegerichs bzw. des Flohsamen-Wegerichs, die geschrotet bzw. gemahlen werden. In Wasser oder anderen Flüssigkeiten nehmen sie ein enormes Volumen an; als weiches Mittel stärken sie die Peristaltik des Darms, ohne ihn zu stark zu belasten. Die Schalen der Flohsamen sind wirkungsvoller als der Samen selbst.

Methode 1: Rezept für russisches Abführmittel

Nehmen Sie an jedem Abend in dieser Woche vor dem Zubettgehen 1 Esslöffel dieser Mischung zu sich:

- 100g fein gehackte Aprikosen, Backpflaumen, Rosinen
- 70g Honig (ideal wäre Manuka-Honig, Honig von neuseeländischen Manuka-Büschen; anderer organischer Biohonig ist genauso gut)
- 30g gehackte Walnüsse
- 100g Sennes (Sennesblätter)

Diese Mischung können Sie mit lauwarmem Wasser mischen. Bewahren Sie den nicht verbrauchten Rest in einem geschlossenen Glas auf.

Methode 2: Flohsamen

Nehmen Sie 1 Teelöffel Flohsamen (bzw. Flohsamenschalen) und rühren Sie ihn in einem Glas mit Wasser verdünntem Saft ein. Trinken Sie, bevor der Flohsamen aufquillt. Trinken Sie ein großes Glas Wasser hinterher. Falls Sie Flohsamen nicht auf diese Weise einnehmen möchten, können Sie auch Kapseln kaufen. (Beides erhältlich in Naturkostläden und Reformhäusern, Apotheken und Drogerien.)

Intensive Darmreinigung mit Einläufen

Einläufe sind in Russland die am weitesten verbreitete Methode, um den Darm zu reinigen. Manche Menschen genieren sich, wenn es um Einläufe geht, aber sie finden nichts dabei, große Haufen verwester Abfälle in ihrem Körper abzulagern. Im Westen gibt es inzwischen eine Reihe von Naturheilpraxen und Kliniken, die Colon-Hydrotherapie (Darmreinigung mit Wasser) anbieten. Das ist ein schneller und effektiver Weg, um verhärtete Fäkalstoffe zu lockern und Giftstoffe auszuwaschen. Das ist sehr hilfreich, wenn Sie tiefgreifende Detox-Programme absolvieren wie meines hier.

Einläufe funktionieren so: Eine sterile Plastiktülle wird in das Rektum eingeführt, und gefiltertes Wasser durchspült den Dickdarm. Ein Ausleitungsschlauch beseitigt das Wasser wieder und wäscht Schadstoffe, Verschleimungen und Fäkalstoffe aus, die sich unter Umständen schon seit Jahren angesammelt und festgesetzt haben. Der Prozess ist völlig schmerzfrei und erfolgt ganz privat. Wenn Sie sich dazu entschließen, folgen Sie den Anweisungen Ihres Behandlers bzw. Ihrer Behandlerin.

Sie können auch eine modifizierte Form des Einlaufs bei sich zu Hause durchführen mit einem speziellen Heimset. Das ist eine gute Methode, um Toxine zu beseitigen, allerdings erreicht das Wasser meistens nur durch den Mastdarm bis zum absteigenden Darm und dem sogenannten S-Darmteil. Die Heimmethode ist nicht so intensiv und weitreichend wie eine Colon-Hydrothreapie.

Heimsets für Einläufe bekommt man in Apotheken und manchen Drogerien sowie in Sanitätshäusern. Sie bestehen aus einem Gummibeutel, der etwa zwei Liter fasst, einem Schlauch von über einem Meter Länge mit einem Klammerverschluss sowie einem Einlaufstutzen, der rund fünf Zentimeter lang ist.

Die beste Zeit für eine Darmspülung ist entweder morgens zwischen 5 und 7 Uhr früh, oder am Abend zwischen 20 und 21 Uhr.

! *Das ist normalerweise völlig sicher. Dennoch möchte ich Sie bitten, vor Anwendung mit Ihrem Arzt zu sprechen, um sicher zu sein, dass keine Umstände vorliegen, die eine Kontraindikation anzeigen.*

Einlauf zu Hause

– Schließen Sie den Klammerverschluss und setzen Sie den kürzeren Einlaufstutzen auf den Schlauch. Füllen Sie Wasser mit Körpertemperatur in den Gummibehälter. Verwenden Sie am besten stilles Mineralwasser[5].

- Lösen Sie einen Teelöffel Salz und einen Teelöffel Backpulver in einer halben Tasse warmen Wassers gründlich auf. Geben Sie diese Mischung in den Gummibeutel und vermischen Sie alles gut.
- Öffnen Sie den Klammerverschluss und lassen Sie alle Luft aus dem Wasserbeutel heraus; dann schließen Sie wieder.
- Schmieren Sie den Einlaufstutzen mit Olivenöl ein.
- Hängen Sie den Wasserbeutel in Ihrem Bad an die Türklinke.
- Legen Sie sich auf Ihre linke Seite auf den Fußboden des Badezimmers (oder auf alle Viere), und führen Sie das eingeölte Ende am Schlauch sanft in das Rektum ein.
- Öffnen Sie langsam den Klammerverschluss. Wenn Sie zwischendurch das Gefühl bekommen, ganz voll zu sein, dann schließen Sie den Verschluss wieder, warten fünf bis zehn Sekunden, und öffnen Sie ihn dann erneut. Der Darm will nicht gehetzt werden, und auf diese Weise können Sie ihn vermutlich mit mehr Wasser füllen.
- Im Idealfall sollten Sie in der Lage sein, fast den gesamten Inhalt des Wasserbeutels im Darm aufzunehmen; aber vielleicht kann er beim ersten Mal nur ein Viertel oder die Hälfte aufnehmen.
- Um die Darmreinigung zu unterstützen, atmen Sie durch die Nase

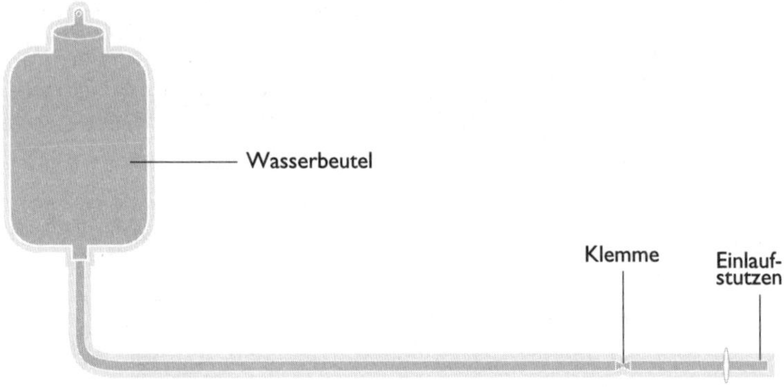

Einlaufset

[5] Das gilt zumindest dort, wo im Leitungswasser Chlorgaben beigemengt sind, weil Chlor nützliche Bakterien im Darm zerstören kann.

und führen beim Ein- und Ausatmen rhythmische, pumpende Bewegungen mit Ihrem Bauch durch, den Sie dabei einziehen und loslassen.

- Wenn Sie sich voll fühlen, drehen Sie den Klammerverschluss wieder ab; dann nehmen Sie den Einlaufstutzen heraus und setzen sich auf die Toilette, um das Wasser auszuscheiden, während Sie das durch sanfte Massage um Ihren Bauchnabel im Uhrzeigersinn fördern.
- Schütten Sie mögliche Wassererste im Beutel fort, spülen Sie den Beutel und den Schlauch sowie den Stutzen aus und verschließen Sie den Beutel wieder.

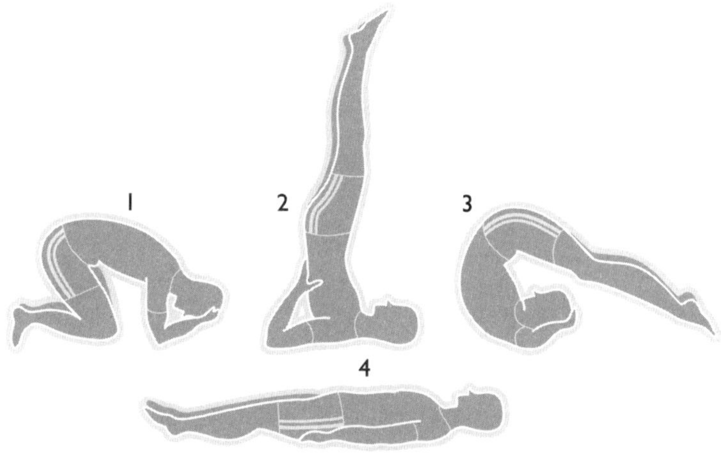

Eine Übungsfolge, die Sie nach dem Einlauf durführen können, bevor Sie das Wasser ausscheiden

Wochenplan für Einläufe

1. Tag: Füllen Sie den Einlaufbeutel mit ½ Liter Wasser.
2. Tag: Füllen Sie ihn mit 1 Liter Wasser.
3. Tag: Pause; kein Einlauf.
4. Tag: Füllen Sie den Beutel 1½ Liter.
5. Tag: Pause; kein Einlauf.
6. Tag: Pause; kein Einlauf.
7. Tag: Füllen Sie den Beutel mit 2 Liter Wasser.

Alternative Methode (für erfahrene Entgifter)

Falls Sie früher schon Einläufe gemacht haben oder ein zweites oder wiederholtes Mal mein Gesundheitsprogramm durchführen, können Sie 2 Liter Wasser im Beutel verwenden.

Falls Sie Erfahrungen mit Einläufen haben und sich außerdem im Yoga gut geübt haben, können Sie den Prozess eines Einlaufes noch verstärken, indem Sie *Asanas* (Yogahaltungen) ausführen, während Sie das Wasser im Darm halten. Fangen Sie damit an, auf dem Rücken zu liegen. Dann gehen Sie zunächst in den Schulterstand über, danach in den Pflug.

! *Bitte wenden Sie diese Methode nicht an, es sei denn, dass Sie bereits regelmäßig Yoga praktizieren.*

Der „Salat-Besen“

Dieser „Besen“ funktioniert wirklich so, wie sein Name verspricht: Ihr Darm wird richtig gut ausgefegt. Es ist eine Gemüsemischung, die als wunderbarer Katalysator wirkt, um die Peristaltik des Darms anzuregen und zu helfen, gestaute Verdauungsreste auszuscheiden. Es wäre am besten, organisches Biogemüse dafür zu verwenden. Während der beiden Darm- und Leberreinigungswochen wird das Ihr tägliches Mittagessen sein.

- Mischen Sie frisch geraspelten Kohl, Karotten und Rote Bete im Verhältnis von 3:1:1.
- Zerdrücken Sie die Mischung zwischen Ihren Händen, um etwas Saft herauszupressen.
- Geben Sie ein wenig Zitronensaft dazu und machen Sie das Gemüse mit Leinsamenöl an.
- Geben Sie vier oder fünf Dörrpflaumen dazu, die Sie zuvor ungefähr zwei Stunden lang in Wasser leicht eingeweicht haben.

Ballon-Übung, um die Vergangenheit loszulassen

Das ist eine sehr wirksame Übung, die Ihnen hilft, alte Sachen in Ihrem ganzen System loszuwerden – gleich, ob es sich um physische oder metaphysische Dinge handelt. Sie wird tiefsitzende emotionale Blockaden lösen und auch Ihrem Körper erlauben, seine Durchgänge und Ausgänge zu öffnen, um Schlacken und Giftstoffe auszuscheiden. Sie brauchen ein Päckchen Luftballons, egal in welcher Größe und Farbe, und eine Nadel.

- Blasen Sie den Ballon langsam und achtsam auf. Mit jedem Ausatmen in den Ballon, atmen Sie auch alle unangenehmen Gefühle und Erinnerungen in ihn hinein, die Sie aus Ihrem System loswerden möchten.
- Wenn der Ballon ganz aufgeblasen ist und voll mit Ihrem alten „Zeugs", verknoten Sie ihn.
- Nehmen Sie nun den Ballon in eine Hand und die Nadel in die andere. Schließen Sie die Augen, atmen Sie ganz natürlich und versuchen Sie, sich eine Situation in Erinnerung zu rufen, die Ihnen viel Leid gebracht hat oder Sie sehr belastet. Sie sollten sich das so lebendig wie möglich vorstellen, bis Ihre emotionale Anspannung fast unerträglich geworden ist. Warten Sie auf den Augenblick wenn Sie davon fast überwältigt werden und dann erst, aber nicht vorher, lassen Sie den Ballon platzen.

Überlegen Sie nicht vorher, wann Sie den Ballon platzen lassen. Sie sollten es vielmehr wie von selbst geschehen lassen, ganz spontan. Wenn Sie das hinbekommen, werden Sie eine sehr eindrucksvolle Reaktion spüren. Der plötzliche (und eben nicht geplante) Knall des platzenden Ballons wird negative Energien lösen und die Blockade aus Ihrer Aura drücken.

Ihr Tagesplan für die Darmreinigungswoche

So etwa sieht ein typischer Tag in Ihrer zweiten Woche aus:

Beim Aufwachen:
– Übung „Inneres Lächeln" (nach Wunsch) (Seite 103)
– Darmübungen
– Darmreinigung (Einlauf optional)
– Heilerde-Wasser
– Hautbürsten und warme Hydrotherapie
Vor dem Frühstück:
– russisches Detox-Mittel (Seite 111)
Frühstück:
– Weizenkleie, Haferflocken
Auf dem Arbeitsweg (oder zu beliebiger Zeit):
– Tuning „Gesunder Geist"
Vor dem Mittagessen:
– russisches Detox-Mittel
Mittagessen:
– „Salat-Besen"
Vor dem Abendessen:
– Darmreinigung (Einlauf, falls nicht am Morgen)
– russisches Detox-Mittel
Abendessen:
– nach Ihrer Wahl entsprechend den Leitlinien
Abend:
– Energieübung Vergangenheit klären
Vor dem Zubettgehen:
– Wenn Sie keine Einläufe machen wollen, nehmen Sie entweder das russische Abführmittel oder Flohsamen zur Darmreinigung (Seite 114).

Sie können die Ballonübung, um die Vergangenheit loszulassen, so oft praktizieren, wie Sie mögen.

12.
Leberreinigung in der Praxis

Nun gehen wir in den dritten Abschnitt der Entgiftung über. Er schließt sich unmittelbar an die Woche der Darmreinigung an und dauert ebenfalls eine Woche lang.

Die Leber ist unsere Abfallentsorgungseinheit. Wenn sie reibungslos funktioniert, entsorgt sie Umweltgifte und Abfallprodukte des Körpers auf die richtige Weise. Zu den Aufgaben der Leber zählen auch die Speicherung und Filtrierung des Blutes, die Bildung von Gallenflüssigkeit sowie weitere Stoffwechselfunktionen, wozu auch die Umwandlung von Zucker in Glykogen gehört. Die Leber spielt für den Fettstoffwechsel eine entscheidende Rolle und dafür, dass Fett oxidiert, um Energie zu erzeugen. Die Leber bildet zwischen 1 und 1,5 Liter Gallenflüssigkeit pro Tag, die an die Gallenblase weiter geleitet wird. Galle transportiert zahlreiche Stoffe, die von der Leber deaktiviert und neutralisiert wurden: Medikamente und Drogen, Hormone und Abfallprodukte des Stoffwechsels. Die Gallenblase stößt die Gallenflüssigkeit in die Gedärme, von wo aus sie ausgeschieden werden.

Am besten wäre es, wie bereits erwähnt, im Frühling zu entgiften. Für die Leberentgiftung ist der Frühling deshalb besonders geeignet, weil die Leber dann energetisch am stärksten und aktivsten ist. Wenn der Frühling nicht möglich ist, sollten Sie zumindest den Herbst auf jeden Fall vermeiden, weil dann die Leber am schwächsten ist und der Reinigungsprozess sie noch weiter schwächen könnte. Ich stelle Ihnen unterschiedliche Formen der Leberreinigung vor, darunter auch besonders sanfte. Wenn Sie zum allerersten Male eine Leberreinigung durchführen, sollten sie die sanfte Entgiftungsmethode anwenden.

3. Woche: Sanfte Leberentgiftung

Es gibt wieder mehrere Bausteine für Ihre Entgiftung.

Ernährungsplan

Die Grundernährung ist dieselbe wie in der Vorbereitungswoche. Jetzt sollten Sie jedoch den Anteil an Gemüse, den Sie zu sich nehmen, deutlich erhöhen und soweit wie möglich zu einer vegetarischen Ernährung übergeben. Dabei sollten Sie schleimbildende Nahrungsmittel wie Milchprodukte und Soja meiden. Essen Sie vor allem gelbe Lebensmittel, wie getrocknete Aprikosen, Sharon-Frucht (eine Art Kaki aus Israel), Nüsse, Zitronen, Brot mit einem hohen Faserstoffanteil und so fort.

Löwenzahntee sollte man in dieser Woche reichlich trinken. Löwenzahn wirkt für die Leber wie eine sanfte Reinigungs- und Entgiftungskur, die hilft, die Bildung von Gallenflüssigkeit zu unterstützen. Ein weiteres für die Leber sehr nützliches Heilkraut ist die Mariendistel (Silymarin). Es gibt eindrucksvolle wissenschaftlich geprüfte Forschungsergebnisse über die Eigenschaften der Mariendistelfrucht, welche die Leber schützen und Entgiftungsprozesse über dieses Organ verstärken. Die Mariendistel kann die Bildung neuer Leberzellen vermehren, die alte, abgestorbene ersetzen. Man kann Mariendistel als Nahrungsergänzungsmittel in Kapselform oder als Tonikum in Apotheken, manchen Drogerien und Naturkostläden bekommen.

Haferschleim

In dieser Woche sollten Sie als Frühstück vorzugsweise nur Porridge, also Haferschleim, zu sich nehmen.

- Weichen Sie 5 Esslöffel Haferflocken über Nacht in kaltem Wasser ein. Verwenden Sie Bio-Haferflocken. Das Wasser sollte 5 Zentimeter über den Flocken stehen.
- Am nächsten Morgen erwärmen Sie den Haferschleim, kochen ihn aber nicht. Nach Geschmack geben Sie etwas Honig dazu.

Buchweizen

Wenn Sie das lieber mögen, können Sie Buchweizen essen, der mit der russischen Ofentechnik für Getreide so zubereitet wird, wie es im Kapitel 24 auf Seite 248 beschrieben wird. Wenn Sie eine Art Puff-

Buchweizen vorziehen (ähnlich wie Puffreis oder Popcorn), dann finden Sie den in manchen Naturkostläden. Bitte verwenden Sie weder Kuhmilch noch Sojamilch; Mandel- oder Reismilch sind besser.
Eine Alternative wäre, Kascha-Reinigung mit Buchweizen nach einem russischen Rezept. Das regt die Bildung von Gallenflüssigkeit sehr an.
- Weichen Sie 1 Tasse Buchweizen in kaltem Wasser 2 oder 3 Stunden lang ein.
- Seihen Sie das Wasser ab und gießen Sie es fort.
- Geben Sie 3 Tassen frisches Wasser hinzu und lassen Sie alles aufkochen; dann 10 bis 15 Minuten köcheln lassen.
- Nehmen Sie das Kascha vom Herd und lassen Sie es einige Minuten lang stehen.
- Sie können nach Geschmack etwas Öl dazu geben, aber kein Salz.

Saft zur Leberspülung

Am 4., 5., 6. und 7. Tag der Leberreinigungswoche nehmen Sie den Saft zur Leberspülung gleich morgens auf nüchternen Magen zu sich.
- Geben Sie ¼ Liter frisch gepressten Zitronensaft und Mineralwasser in einen Safter.
- Geben Sie 1 Knoblauchzehe dazu, 1 Esslöffel kaltgepresstes Bio-Olivenöl und 1 cm frische, in Streifen geschnittene Ingwerwurzel.
- Lassen Sie alles einige Augenblicke vom Rührwerk durcharbeiten, bis es eine homogene Flüssigkeit bildet.
- Trinken Sie diesen Saft langsam.
- Sie können organischen Apfelsaft statt Zitronensaft verwenden, wenn dieser Ihnen zu intensiv schmeckt, und nur ein paar Spritzer Zitrone dazugeben.
- Auf jeden Fall können Sie danach Apfelsaft trinken, um den Nachgeschmack des Saftes zur Leberspülung zu beseitigen: ¼ Stunde später trinken Sie eine Tasse heißen Pfefferminztee.

Heilerde-Wasser

Fahren Sie fort, Heilerde-Wasser zu nehmen wie in den Wochen zuvor.

Meerrettich-Antischleim-Mischung

Sie verwenden auch diesen Meerrettichsaft wieder, wie in der ersten

Vorbereitungswoche (Zubereitung siehe Kapitel 10 Seite 100). Jetzt wird dieser Saft die Leber anregen. Nehmen Sie ihn vor dem Frühstück am 1., 2. und 3. Tag (also nicht vom 4. bis zum 7. Tag, weil Sie dann ja den Saft zur Leberspülung nehmen), und an allen Tagen vor dem Abendessen.

„Salat-Besen"

Sie fahren auch mit dem „Salatbesen" zum Mittagessen fort, wie er im Kapitel 11 beschrieben wurde (siehe Seite 118). In dieser Leber-woche können Sie ihn jedoch nur als einen Teil Ihres Mittagessens einnehmen, damit es Ihnen nicht zu eintönig wird.

Warme Hydrotherapie

Fahren Sie in dieser Leberwoche mit dem Bürsten der Haut fort und wenden Sie die warme Hydrotherapie an. Nun benutzen wir jedoch Nadelholzöle bei der Hydrotherapie. Sie können also weiterhin ins Dampfbad oder in die Sauna gehen und Pinien-, Zypressen- oder Zedernöl als Aufguss auf den heißen Steinen oder Ihrem Handtuch verwenden. Alternativ geben Sie einige Tropfen davon in Ihr Badewasser.

! *Vermeiden Sie Pinienöl, falls Sie eine sehr empfindliche Haut haben, die leicht allergisch reagiert. Vermeiden Sie Zypresse und Zeder während der Schwangerschaft. Falls Sie schwanger sind, sollten Sie, wie bereits erwähnt, ohnehin keine Entgiftungskuren durchführen!*

Energieübung: Die Energie von Ärger und Wut klären

Ärger und Zorn werden oft mit der Leber in Verbindung gebracht. Wut zeigt sich meistens als ein Übermaß an roter Farbe in der Aura. Ich empfehle diese Übung für den Morgen. Setzen Sie dafür ¼ Stunde Zeit an, nicht mehr. Sie müssen diese Übung auch nicht jeden Morgen durchführen, es sei denn, Sie wissen, dass Sie ein Problem mit Ärger haben. Das Zimmer, in dem Sie diese Übung durchführen, muss gut gelüftet sein und ein Fenster sollte mindestens ½ Stunde lang offen stehen, bevor Sie beginnen. Atmen Sie während der Übung frei und natürlich. Sie brauchen eine große Schüssel und ein Baumwollhandtuch.

– Durchnässen Sie das Handtuch gründlich und legen Sie es in die Schüssel. Sie sitzen dann auf einem Stuhl, mit aufrechtem Rücken, die Schüssel ist zwischen Ihren Füßen. Atmen Sie einige Male ruhig und langsam durch die Nase ein, halten Sie den Atem 2 oder 3 Sekunden lang an, und dann atmen Sie wieder durch die Nase aus. Wiederholen Sie das einige Minuten, bis Sie sich ruhig und zentriert fühlen.
– Nehmen Sie das nasse Handtuch aus der Schüssel. Ihre Beine stellen Sie etwa schulterweit auseinander, Ihr Rücken ist sanft gerundet, Sie ziehen Ihren Bauch ein, so als ob Sie mit dem Nabel das Rückgrat berühren wollten. Halten Sie Ihre Arme nach vorne gestreckt, mit den Handflächen nach oben. Zwischen Ihren Händen sollten 10 Zentimeter Abstand sein. Legen Sie das Handtuch über die Finger der Hände, die nach oben gerichtet sind.
– Nun richten Sie Ihre Aufmerksamkeit auf das Handtuch und stellen sich vor, dass es dunkelrot geworden sei. Atmen Sie tief durch die Nase ein und halten Sie den Atem an. Pressen oder „quetschen" Sie Ihren Bauch und fangen Sie an, das Handtuch richtig auszuwringen; stellen Sie sich dabei vor, dass Sie alle rote Farbe aus ihm in die Schüssel hineinpressen. Machen Sie das so kräftig, wie es Ihnen möglich ist. Während Sie das Handtuch auswringen, tönen Sie eine lang gezogenes „Oooo" durch Ihre Zähne. Der Klang entspricht etwa dem Musikton *Do*, also dem C.
– Wiederholen Sie diesen Schritt so lange, wie Ihnen das nötig erscheint, bis in Ihrer Vorstellung alles Rot aus dem Handtuch verschwunden ist und sich in der Schüssel darunter befindet. Sie sollten nun eine Gefühl der Erleichterung empfinden, und als ob alle negativen Emotionen, die Sie in der Vergangenheit hatten, aufgelöst sind. Stellen Sie sich vor, dass Sie nicht nur Feuchtigkeit auswringen, sondern all den Groll, die Klagen, Missverständnisse, Gemeinheiten, Beleidigungen und Grobheiten, die Sie ausgeteilt oder empfangen haben. Prägen Sie sich dieses Gefühl der Erleichterung gut ein.
– Wenn Sie spüren, dass es soweit ist, dann gießen Sie das Wasser in der Schüssel fort. Falls Sie sich noch immer nicht ruhig fühlen, machen Sie das Handtuch wieder gut nass und Sie wiederholen die Übung. (Manche von uns müssen eine Menge loslassen!)

– Beenden Sie die Übung, indem Sie einfach still und ruhig atmen wie am Anfang. Dann stehen Sie auf und dehnen und strecken sich richtig.

Benutzen Sie dieses Handtuch, um sich morgens das Gesicht abzutrocknen. Stellen Sie sich dabei vor, dass es dabei alle überschüssige rote Energie in Ihnen absorbiert.

Kleidung

Wenn Sie mit der roten Energie von Zorn arbeiten, sollten Sie hellgraue Kleidung tragen, mit etwas Grün darin, um die Energie auszugleichen.

Tuning „Gesunder Geist"

In dieser Woche verwenden Sie das Tuning „Gesunder Geist". Sie können das auch mit Ihrem Partner bzw. mit Ihrer Partnerin oder der Familie durchführen. Entweder sprechen Sie alle gemeinsam das Tuning, oder Sie sprechen es den anderen vor. Es ist für alle Menschen nützlich, auch wenn Sie keine Entgiftungskur machen.

Intensiv-Entgiftung: Alternative 3-Tage-Methode

Wenn Sie mein gesamtes Programm einmal durchlaufen haben und es dann zu einem späteren Zeitpunkt, im folgenden Jahr zum Beispiel, wiederholen möchten, dann können Sie die folgende intensivere Leberentgiftung ausprobieren. Die beste Zeit dafür ist während der Vollmondwoche.

! *Machen Sie diese Kur nicht, falls Sie an Gallensteinen leiden, wenn Sie chronische oder akute Leber- oder Gallenblasenbeschwerden haben, und auch nicht dann, wenn Entgiftung allgemein kontraindiziert ist (Schwangerschaft, etc.)*

Dieses Programm dauert nur 3 Tage. Während dieser Zeit sollten Sie nur Gemüse und Obst essen. Zusätzlich trinken Sie unbegrenzt Saft und Brühe, wie ich sie weiter unten beschreibe.

Ihr Tagesplan für die Leberreinigungswoche

Diese Woche bringt wieder eine Menge. So könnte ein durchschnittlicher Tag aussehen:

Beim Aufwachen:
– Übung „Inneres Lächeln“ (nach Wunsch)
– Heilerde-Wasser
– Hautbürsten und warme Hydrotherapie
– Leberreinigungssaft (nur vom 4. bis zum 7. Tag)
Vor dem Frühstück: Meerrettich-Antischleim-Saft (nur vom 1. bis zum 3. Tag)
Frühstück:
– Porridge oder Buchweizen-Kascha
– Mariendistel-Tonikum oder -Kapseln
Auf dem Weg zur Arbeit (oder wann es passt): Tuning
Vor dem Mittagessen: Meerrettich-Antischleim-Saft (Achtung: auf S. 103 steht nur morgens und abends)
Mittagessen: Gemüse und Getreide plus „Salat-Besen“
Vor dem Abendessen: Meerrettich-Antischleim-Saft
Abendessen: Gemüse, Obst
Abend: Energieübung „Ärger klären“ (nach Bedarf)
Bettzeit: Falls Sie spüren, dass Ihr Darm immer noch träge ist, können Sie Flohsamen oder das russische Abführmittelrezept anwenden (Seite 114)
Während des ganzen Tages: Löwenzahntee

Rote Bete- und Apfelsaft

1 Teil Rote Betesaft auf 4 bis 5 Teile Apfelsaft. Ideal sind saure Apfelsorten. Achtung: Weichen Sie die Roten Bete immer über Nacht ein, bevor Sie Saft daraus machen.

Haferbrühe

- Nehmen Sie 3 Esslöffel Haferkörner und Haferflocken und vermischen Sie diese mit ½ Liter Wasser.
- Lassen Sie das bei kleiner Flamme aufkochen und 2 bis 3 Minuten köcheln.

– Seihen Sie es ab; die Brühe ist fertig. Falls Sie zu dick ist, können Sie etwas kochendheißes Wasser dazu geben.

Das ist ein phantastisches Getränk zur Blutreinigung und zur Regulierung des Stoffwechsels.

Alternativen

Während dieses Intensivprogramms können Sie den „Salat-Besen" anwenden und auch das Tuning und die Energieübung durchführen. Wenn Sie sich für dieses 3-Tage-Programm entscheiden, ist es wichtig, dass Sie täglich warme Hydrotherapie anwenden und Einläufe machen. Der Kaffeeeinlauf ist dafür gut geeignet.

Kaffee-Einlauf

Die Kaffeelösung hält man eine gewisse Zeit im Darm, um die Entgiftung der Leber zu unterstützen.

– Geben Sie 3 Esslöffel gemahlenen Kaffee (keinen löslichen!) in ¼ Liter Wasser.
– Kochen Sie das 3 Minuten lassen Sie die Lösung 20 Minuten weiter köcheln.
– Seihen Sie den Kaffee ab und lassen Sie die Flüssigkeit auf Körpertemperatur abkühlen.
– Folgen Sie dann den Anweisungen für Einläufe, die im Darmreinigungsprogramm gegeben wurden und benutzen Sie nun statt Wasser die Kaffeelösung.
– Lassen Sie die Flüssigkeit langsam in den Darm einsickern; geben Sie dem Drang, sie wieder auszustoßen, nicht nach.
– Versuchen Sie, die Flüssigkeit 10 Minuten lang zu halten; dann geben Sie sie wieder frei.

Wenn es Ihnen lieber ist, können Sie statt eines Kaffeeinlaufs den durchführen, der im 11. Kapitel beschrieben wird.

INTENSIV-ENTGIFTUNG: ALTERNATIVE 7-TAGE-METHODE

Das ist nur etwas für erfahrene Entgifter. Diese Kur dauert eine Woche. Sie können in diesen Tagen wieder die Tunings und Energieübungen des gesamten Programms anwenden.

1. und 2. Tag

- Essen Sie während der ersten beiden Tage nur Gemüse und Obst, hauptsächlich saure Äpfel. Die Fruchtsäure in Äpfeln macht Gallensteine weicher und löst sie auf und fördert die Leberentgiftung. Verwenden Sie nur Bio-Äpfel.
- Trinken Sie reichlich eine Mischung aus Rote Bete- und Apfelsaft.
- Machen Sie Wassereinläufe und wenden Sie die warme Hydrotherapie an.

3. Tag

- Beginnen Sie den Tag mit einem Kaffeeeinlauf und warmer Hydrotherapie.
- Trinken Sie vorwiegend Apfelsaft und essen Sie praktisch nichts bis 19 Uhr.
- Um 18 Uhr 30 legen Sie eine Wärmflasche auf die rechte Vorderseite Ihres Körpers, über die Leber.
- Gegen 19 Uhr trinken Sie diese Mischung: 200 ml frisch gepresster Zitronensaft und 200 ml kaltgepresstes Bio-Olivenöl. Alle 15 Minuten nehmen Sie 3 Esslöffel dieser Mischung zu sich. Saugen Sie die Flüssigkeit durch einen Strohhalm ein. Die beiden Flüssigkeiten werden sich voneinander trennen, was aber nichts ausmacht. Achten Sie nur darauf, dass Sie abwechselnd einen Schluck Zitronensaft und einen Schluck Olivenöl zu sich nehmen. Es sollte ungefähr 2 Stunden dauern, bis Sie die gesamten 400 ml getrunken haben.
- Ungefähr 1 oder 1½ Stunden, nachdem Sie begonnen haben, diese Mischung in kleinen Schlucken zu trinken, führen Sie folgende Atemübung durch. Sie hilft, die Leberenergie anzuregen. Sie sitzen aufrecht und verschließen Ihr linkes Nasenloch mit Watte oder Ihrem Daumen. Atmen Sie durch das rechte Nasenloch einige Minuten lang ein, oder solange es sich für Sie angenehm anfühlt. Legen

Sie Ihre rechte Hand auf die Leber (unter dem Rippenbogen auf der rechten Seite). Wenn Sie mögen, können Sie auch ein bisschen Chili auf die Spitze Ihrer Zunge legen. Das alles erzeugt Wärme und stimuliert die Lebertätigkeit

– Gehen Sie mit einer Wärmflasche ins Bett, die Sie auf die rechte Seite legen, wo die Leber ist.

4. Tag

– Am Morgen werden Sie wahrscheinlich mit dem Stuhlgang große Mengen an teerähnlichen Fäkalien ausscheiden. Wenn sich kein natürlicher Stuhlgang ergibt, sollten Sie mit einem Wassereinlauf nachhelfen.
– Machen Sie eine warme Hydrotherapieanwendung.
– Die erste Mahlzeit besteht aus 3 bis 4 Esslöffeln gekochtem Reis. Am Rest des Tages essen Sie vegetarisch.

5.-7. Tag

Setzen Sie die vegetarische Ernährung fort.

13.
Nierenreinigung in der Praxis

Wir sind in der vierten Woche unseres Entgiftungsprogramms angekommen und Sie sollten inzwischen schon gewaltige Fortschritte und Vorteile spüren. Dieser Abschnitt der Nierenreinigung dauert zwischen 3 und 7 Tagen, abhängig von der Jahreszeit, in welcher Sie sie durchführen. Gesunde Nieren scheiden Abfallprodukte unseres Stoffwechsels, überschüssiges Salz, Wasser sowie fremde und toxische Stoffe aus unserem System aus. Die Nieren regulieren auch die Blutzusammensetzung und tragen zur Stabilität des innerlichen Körpermilieus bei.

Nachdem Sie Ihren Darm und Ihre Leber gereinigt haben, werden Sie sich schon sehr viel kräftiger und gesünder fühlen. Deshalb sollte die Nierenreinigung nun sehr glatt verlaufen. Sie können Ihre Nieren in fast jeder Jahreszeit reinigen, sogar im Winter, aber Sie müssen das Programm entsprechend der Jahreszeit anpassen. Sie werden sicher froh sein zu hören, dass diese Woche viel weniger Elemente enthält und viel einfacher vonstatten geht. Sie müssen nur diese vier Dinge beachten.

1. Ernährungsplan: Das hängt von der Jahreszeit ab, aber vermeiden Sie auf alle Fälle Salz und Honig.
2. Wasseranwendungen: warme Hydrotherapie
3. Energieübung: Klärung von Schuldgefühlen und Groll
4. Meditation: Tuning „Gesunder Geist“

4. Woche: Nierenreinigung im Frühling oder Sommer

Diese beiden Jahreszeiten sind für die Nierenreinigung am besten geeignet.

Ernährungsplan für Frühling oder Sommer

- In den ersten 3 Tagen sollten Sie den Ernährungsplan aus der Vorbereitungswoche befolgen, aber Eiweiß ganz weglassen oder reduzieren.
- Sie sollten auch reichlich Saft trinken, mindestens 1 Liter pro Tag, und zwar nach Ihrer Wahl eine dieser beiden Mischungen:
- Karotten, Rote Bete, Gurken: 10 Teile Karotten zu jeweils 3 Teilen Rote Bete und Gurken
- Karotten, Sellerie, Petersilie: 9 Teile Karotten, 5 Teile Sellerie, 2 Teile Petersilie
- Im Rest der Woche essen Sie Roggen- oder Vollweizenbrot, einfach oder getoastet (ohne Butter oder Aufstrich), sowie Wassermelonen (bis zu 3 kg pro Tag). Achten Sie bei den Wassermelonen darauf, die Schale und den unreifen Teil darunter wegzuschneiden, um Nitratbelastungen zu vermeiden. Falls Sie die Kombination von Brot und Wassermelonen einfach zu schwierig finden, können Sie auch Gemüse und anderes Obst dazu nehmen.
- Kein Salz. Ich habe Sie während des gesamten vierwöchigen Programms gebeten, kein Salz zu verwenden. Ich möchte erklären, warum das während der Nierenreinigung einfach entscheidend ist. Salz bewirkt nicht nur, dass Sie Wasser speichern, sondern es wird auch von Gefühlen der Trauer, des Kummers und der Melancholie begleitet. Menschen, die zu viel Salz zu sich nehmen, neigen dazu, die Welt als einen sehr dunklen Ort zu betrachten. Häufig hegen sie alte Schuldgefühle. Versuchen Sie also, Salz ganz zu meiden. Wenigstens sollten Sie Ihr Salzfässchen vom Tisch nehmen. Sie können Salz durch folgende Kräutermischung gut ersetzen.
- Mischen Sie getrockneten Dill und Petersilie, Meerrettich und Knoblauch. Das können Sie über Ihr Essen streuen, wie Sie es sonst mit Salz machen würden.
- Wenn Sie kochen, geben Sie etwas Zitronensaft oder Apfelessig statt Salz dazu.
- Sellerie schmeckt von Natur aus leicht salzig; probieren Sie auch das aus.
- Keinen Honig. Honig lässt den Körper Wasser speichern, was während der Nierenreinigung nicht wünschenswert ist.

Warme Hydrotherapie

Nehmen Sie täglich ein warmes Bad, immer zu derselben Zeit zwischen 1 Uhr und 21 Uhr, da die Nierenenergie in diesen Stunden am stärksten arbeitet. Sie können jede Art von Bad anwenden, das ich im Abschnitt über warme Hydrotherapie beschreibe (siehe Seite 72). Ätherische Öle, welche die Nieren unterstützen und stärken, sind zum Beispiel Kamillen-, Zedern- und Wacholderöl. Ätherische Öle, die diuretisch (entwässernd) wirken, sind ebenfalls nützlich. So könnte man die genannten drei Öle zum Beispiel kombinieren mit Zypressen-, Eukalyptus, Fenchel-, Weihrauch-, Geranien- oder Rosmarinölen. Denken Sie bitte daran, vor dem Bad Ihre Haut gut zu bürsten.

! *Sie sollten während der Schwangerschaft kein Zedernöl verwenden. Menschen mit Epilepsie sollten Fenchel und Rosmarin meiden.*

Energieübung: Die Energie von Schuldgefühlen und Groll klären

Schuld und Schuldgefühle sind in unserer Gesellschaft weit verbreitete Emotionen. Viele unter uns verschwenden ihre Energie auch damit, an altem Groll festzuhalten und über längst vergangene Dinge immer noch zu hadern. Beide negativen Emotionen zeigen sich in unserer Aura als ein Übermaß an gelber Farbe. Praktizieren Sie diese Energieübung zur Klärung nicht nur während der Nierenreinigungswoche, sondern auch immer dann, wenn Sie vermuten, durch Schuldgefühle, Kummer und alten Groll blockiert zu sein.

Führen Sie die Übung in einem gut gelüfteten Raum durch. Lassen Sie das Fenster mindestens eine halbe Stunde vor Beginn offen stehen. Atmen Sie während der ganzen Übung frei und natürlich. Sie brauchen eine große Wasserschüssel und ein Handtuch.

– Durchnässen Sie das Handtuch gründlich. Sie sitzen mit Ihren beiden Füßen so, dass diese schulterbreit auseinander stehen. Ihr Rücken ist rund, Ihren Bauch ziehen Sie ein (als ob Sie damit Ihr Rückgrat berühren wollten). Sie halten die Arme ausgestreckt vor sich hin mit den Handflächen nach oben; die Hände in etwa 10 Zentimeter Abstand zueinander. Das nasse Handtuch liegt über den

Fingern der ausgestreckten Hände. Die Schüssel befindet sich unter dem Handtuch.

- Konzentrieren Sie sich auf das Handtuch. Stellen Sie sich vor, dass es tief gelb geworden ist. Atmen Sie tief durch die Nase ein und halten Sie Ihren Atem an. Dann entspannen Sie sich wieder, atmen aus und stellen sich vor, dass Sie die gelbe Farbe aus diesem Handtuch auswringen. Wringen Sie das Handtuch tatsächlich mit Ihren Händen aus und stellen Sie sich dabei vor, dass das Wasser, was herunter in die Schüssel tropft, tiefgelb wäre. Während Sie das Handtuch auswringen, tönen Sie den Ton „Ah" langsam und stetig. Er entspricht der Musiknote „fa" bzw. dem F. Lassen Sie den Ton richtig schwingen.
- Wiederholen Sie diesen Schritt, bis Sie spüren, dass Sie alles Gelb aus dem Handtuch ausgewrungen haben.
- Sie sollten während dieser Übung fühlen, wie sich alle ihre früheren Probleme, wie sich aller alte Groll und unangenehme Erinnerungen lösen. Erinnern Sie sich an dieses Gefühl der Befreiung davon und prägen Sie sich dieses Gefühl gut in Ihr Gedächtnis ein.
- Stellen Sie sich nun vor, dass die Schüssel voll von gelbem Wasser ist, das Sie aus Ihrem Handtuch ausgewrungen haben. Gießen Sie das Wasser fort und strecken und dehnen Sie sich richtig.

Wenn Sie sich in der Zukunft irgendwann einmal traurig fühlen, wenn Sie an früher denken, oder wenn alte Schuldgefühle hochkommen, oder Sie sich daran erinnern, von jemandem beleidigt worden zu sein, dann rufen Sie sich sofort ebenfalls wieder in Erinnerung, wie Sie sich am Ende dieser Übung gefühlt haben. Diese einfache Übung und die Erinnerung daran werden Ihnen helfen, alle negativen Emotionen von früher loszulassen.

Tuning „Gesunder Geist"

Diese meditative Übung führen Sie an allen Tagen Ihrer Nierenreinigung durch.

Alternativen für andere Jahreszeiten

Sie können Nierenreinigung in jeder Jahreszeit vornehmen, auch im

Winter. Sie werden Ihre Ernährung dabei etwas anpassen müssen. Alle anderen Elemente des Programms bleiben dieselben.

Ernährungsplan für den Herbst

Während der Herbstes empfehle ich eine kürzere Kur mit Wassermelonen, nämlich nur 3 Tage lang. Das entspricht dem zweiten Teil der Frühlings- bzw. Sommerkur.

– Essen Sie 3 Tage lang Roggen- oder Vollweizenbrot, einfach oder getoastet (ohne Butter oder Aufstrich), sowie Wassermelonen (bis zu 3 kg pro Tag). Achten Sie bei den Wassermelonen darauf, die Schale und den unreifen Teil darunter wegzuschneiden, um Nitratbelastungen zu vermeiden. Falls Sie die Kombination von Brot und Wassermelonen einfach zu schwierig finden, können Sie auch Gemüse und anderes Obst dazu nehmen.

Ernährungsplan für den Winter

In dieser Jahreszeit nehmen Sie Gemüse und Obst zu sich (falls Sie Wassermelonen bekommen, können Sie diese damit kombinieren). Auch hier im Winter handelt es sich um eine kürze Kurdauer, nämlich 3 statt 7 Tage. Trinken Sie reichlich Quellwasser, mindestens 2 Liter täglich.

Außerdem sollten Sie das folgende Tonikum trinken, das nach einem russischen Rezept hergestellt wird, und zwar an den beiden ersten Tagen.

– 1 Esslöffel Leinsamen wird über Nacht in einer Thermosflasche mit einem Glas abgekochtem Wasser eingeweicht.
– Am Morgen seihen Sie die Leinsamen ab und geben dem Trunk ½ Glas abgekochtes Wasser zu.
– Trinken Sie diese Mischung 3 x pro Tag. Wenn Sie den Geschmack als unangenehm empfinden, geben Sie etwas Zitronensaft dazu.

Nach dem Detox-Programm

Nach diesem Gesamtprogramm der Entgiftung, Ausleitung und Regeneration sollten Sie sich absolut wundervoll fühlen, und sowohl körperlich als auch emotional klarer und leichter. Lassen Sie sich also bitte nicht verlocken, geradewegs wieder in schlechte alte Gewohnheiten zu verfallen. Ihre Intuition wird sicherlich jetzt schon sehr gut funktionieren, so dass Sie keineswegs daran denken, sich auf fett gebratene Sachen zu stürzen oder bei Saufgelagen mitzumachen. Ich denke jedoch, dass Sie sich darauf freuen, wieder einer weniger disziplinierten Ernährungsweise zu folgen und zu normaleren Gewohnheiten zurückzukehren. Meine Empfehlung an Sie lautet: Halten Sie sich an die Grundlagen einer gesunden Ernährung, wie ich sie im Teil 8 über Methoden zur Verjüngung beschreibe. Dabei können Sie sich an einem großen Spektrum von frischen, lebensfördernden Lebensmitteln erfreuen, die der jeweiligen Jahreszeit entsprechen.

Wenn Sie mögen, können Sie einige Elemente des Detox-Programms beibehalten; Ihr Körper und Ihr Geist werden es Ihnen danken! Das Bürsten der Haut ist ein solches Element. Es dauert 5 Minuten am Tag, die sich lohnen, um Ihre Gesundheit und vor allem Ihr Immunsystem zu fördern. Wenden Sie, wenn möglich, 1 x pro Woche warme Hydrotherapie an, oder immer dann, wenn Sie einen Energiekick brauchen.

Ich schlage Ihnen vor, dass Sie mit den Tunings und den Energieübungen fortfahren, bis Sie den vollen Nutzen daraus spüren. Ihre Intuition wird Ihnen sagen, wenn Sie das ausreichend geübt haben. Dann können Sie darauf zurück kommen, wenn Sie spüren, dass Sie diese beiden Elemente wieder gut gebrauchen könnten.

Fahren Sie nicht mit den Einläufen oder den Entgiftungsrezepten nach dem Ende des Programms fort. Es wäre auch gut, die Einnahme von Heilerde zu unterbrechen.

Teil 5
Geheimnisse der emotionalen und mentalen Energie

14.
Negative Emotionen in unserem Astralkörper

Meinen herzlichen Glückwunsch an Sie, dass Sie das physische Entgiftungs- und Reinigungsprogramm abgeschlossen haben. Das ist eine wirklich große Leistung und ein wunderbares Geschenk an Ihren Körper. Sie haben ebenfalls bereits wertvolle Grundlagen erarbeitet für den nächsten Abschnitt in meinem Programm für umfassende Gesundheit, nämlich emotionale und mentale Energien zu reinigen und zu entgiften. Ich hatte anfangs erklärt, dass der Schlüssel zur körperlichen Gesundheit und zur seelischen Harmonie in den sieben Körpern liegt, die unsere Aura bilden sowie in den Energienzentren (Chakras) und den Energiekanälen (Meridianen) in unserem Körper.

Ich kann es nicht oft genug sagen: Es macht nicht viel Sinn, die physischen Symptome zu lindern, wenn man die Ursachen unbeachtet lässt. Die Symptome können durchaus eine Weile lang unterdrückt werden und verschwinden, aber sie werden fast immer wieder zurückkommen. Alle wahre Heilung beginnt auf der Ebene der Energien.

Sicher haben Sie inzwischen erfasst, wie komplex unser Energiekörper ist. Genauso wie in unseren physischen Körpern viele Dinge schief laufen können, so sind auch unsere Energiekörper auf vielfältige Weise empfindlich und verletzlich.

Sie erinnern sich, dass der Astralkörper auch als unser Emotionalkörper bezeichnet werden kann. Es ist also nicht überraschend, dass negative Emotionen wie Zorn oder Angst unsere Aura schädigen können. Das Gleiche gilt für negative Bindungen an andere Menschen. Es gibt sogar so etwas wie „Energie-Vampire". Keine Panik: die tragen keine spitzen Zähne und haben auch keine blutroten Augen! In diesem Teil des Buches erkläre ich Ihnen, wie es zu Disharmonien in Aura und Chakras kommt und zeige Ihnen einfache Techniken, wie Sie wieder ins Gleichgewicht gelangen.

Ich werde Ihnen zwar eine Fülle an Techniken, Meditationen und Ritualen vorstellen, das bedeutet jedoch nicht, dass ich erwarte, dass Sie alle gleichzeitig praktizieren. Ich bestehe zwar sehr darauf, dass man dem körperlichen Entgiftungsprogramm buchstäblich folgt (weil es sonst nicht annähernd die erwünschte Wirkung zeitigen kann), aber von jetzt an bin ich nicht mehr so streng. Denn aufgrund des physischen Detox-Programms wird Ihre Intuition klarer sein und Sie sind mehr in Verbindung mit Ihrem wahren Selbst. Sie werden jetzt viel leichter feststellen, was Sie brauchen und was nicht. Ich fände es schön, wenn Sie all die Übungen zumindest einmal ausprobieren. Wenn ich meine, dass Sie wirklich entscheidend für den Erfolg sind, weise ich Sie darauf hin. Aber vertrauen Sie im wesentlichen Ihrem eigenen Selbst, wann und wie oft Sie diese Übungen ausführen.

Negative Gefühle im Emotionalkörper

Denken wir zunächst über eine wichtige Ursache von Problemen nach, nämlich unsere negativen Gefühle. Negative Emotionen üben eine starke Wirkung auf uns aus. Unterdrückte negative Gefühle wirken besonders störend und bringen uns aus dem Gleichgewicht.

Sie müssten schon eine Heilige bzw. ein Heiliger sein, um keine negativen Emotionen zu haben. Es ist nur allzu menschlich, sich zu ärgern, Ängste zu haben und ab und zu neidisch zu sein. Ich schlage also keineswegs vor, dass Sie ein völlig emotionsloses Leben führen sollten. Positive und negative Gefühle sind Teil unseres normalen psychischen Zustands. Negative Emotionen sind für unsere Evolution und unser Überleben unglaublich entscheidend gewesen. Sie helfen unserem Körper, sich an äußere Umstände anzupassen. Sie erlauben es uns, rasch ungute oder unvorteilhafte Bedingungen zu erfassen. Wir sehen zum Beispiel etwas Gefährliches und bekommen Angst. Jemand bedroht uns, und wir fühlen Wut aufsteigen. In der Vergangenheit hätten wir die Emotion gespürt und sofort entsprechend gehandelt – das ist die bekannte Reaktion des Kampf- oder Fluchtimpulses. Diese Reaktion war für unser Überleben als menschliche Rasse lebensnotwendig. Es war wichtig, sofort auf potentiell riskante Veränderungen in unserer Umgebung reagieren zu können. Deshalb werden negative Emotionen meistens von physiologischen Veränderungen im Körper begleitet: Blut fließt in die Muskeln, der Herzschlag beschleunigt sich, und so fort. Sie brauchen vor Ihren negativen Gefühlen keine Angst zu haben.

Es ist jedoch wichtig, dass Sie erkennen, dass es gar nicht die schlechten Gefühle an sich sind, die uns schaden oder gefährden. Negative Emotionen können uns vielmehr, wenn wir sie richtig handhaben, einen wunderbaren Impuls vermitteln, kreative Lösungen für Probleme und Lebensfragen zu finden. Was die Gefahr für uns darstellt, was das Ungleichgewicht in uns verursacht, ist der Umstand, dass wir Emotionen unterdrücken oder verdrängen und so tun, als ob nichts Schlimmes passiert wäre! Riskant ist, wenn wir auf unseren Gefühlen hocken und sie nicht wahrnehmen wollen.

Wir müssen also damit aufhören, unsere schlechten Gefühle zu dämonisieren und uns stattdessen auf unsere Haltung ihnen gegenüber konzentrieren. Das Problem ist, dass Sie aller Wahrscheinlichkeit nach sich Ihrer eigenen Emotionen gar nicht recht bewusst sind. Wir sind so an unsere Stimmungen und Gefühle gewöhnt, an unsere Reaktionsmuster, dass sie sich stark eingeprägt haben und so etwas wie eine Zone der Annehmlichkeit darstellen. Wir meinen vielleicht, wir wären gelassen, oft sind wir jedoch nicht wirklich ruhig, sondern befinden uns in einem Zustand, den ich passiv-defensiv nenne, in dem sich immer mehr negative Emotionen ansammeln. Wir halten meistens noch nicht einmal inne, um zu versuchen zu verstehen, warum wir überhaupt schlechte Situationen für uns kreieren bzw. uns dort hinein begeben, und noch viel weniger wissen wir meistens, wie wir solche Spannungszustände wieder auflösen.

In fast allen Heilsystemen werden Sie Hinweise darauf finden, dass es notwendig sei, einen Zustand innerer Freiheit zu erzeugen, eine Methode, um sich harmonisch mit der Welt auszutauschen. Eine solche Harmonie kann allerdings nur dann entstehen und aufrechterhalten werden, wenn Sie einerseits Ihre Gefühle nicht unterdrücken und Sie andererseits auch nicht zum Opfer Ihrer Wünsche und Leidenschaften werden, mit all deren schlechten Aktionen und Reaktionen, die automatisch folgen.

Klingt das hart? Stimmt. Einen harmonischen Zustand kann man jedoch erreichen, wenn Sie einer Regel folgen:
Sie müssen sich Ihrer Gefühle völlig bewusst sein und sie umfassend verstehen; Sie müssen Ihre Emotionen lenken und neu einstimmen können.

Falls Sie das können, und nur dann, werden Sie ein Gefühl innerer Freiheit und Erleuchtung erleben. Wenn Sie diesen Zustand erreichen können, werden Ihre Gefühle und Emotionen Ihrer Intuition dienen. Sie werden Ihnen dann die Energie und Kraft vermitteln, um ein befreites und weises Leben zu führen und sich an allen Aspekten Ihres Lebens ganz zu erfreuen.

Den meisten Menschen mangelt es an Kontrolle über ihr Emotionalleben. Sie sind allen äußeren Einflüssen, die sich ergeben, schutzlos ausgesetzt. Ihre Emotionen werden zu einem Teil ihres Innenlebens, den sie nicht handhaben können – sie können einfach gar keine Beziehung zu ihren Gefühlen aufbauen und mit ihnen bewusst umgehen.

Mit innerem Unbehagen klarkommen

Schauen wir uns an, was normalerweise passiert, wenn wir schlechte Gefühle haben. Wir spüren eine Emotion, und das ist uns unbehaglich. Da wir uns von diesem Gefühl des Unwohlseins so schnell wie möglich befreien wollen, wenden wir gewöhnlich eine der drei folgenden Methoden an.

1. Wir werfen die Emotion gleich zurück. Anders gesagt: Wir verlieren die Nerven, treten gegen die Tür, brechen in Tränen aus.
2. Wir leiten die Emotion ab, indem wir unsere Aufmerksamkeit auf etwas anderes richten, zum Beispiel Frustessen, Alkohol trinken, Fernsehen.

3. Wir unterdrücken bzw. verdrängen die Emotion in der Hoffnung, dass die Zeit schon heilen werde.

Bei allen drei Vorgehensweisen lassen wir unser Leben weiterlaufen, ohne dass die Emotionen gelöst wurden.

Wir erlauben äußeren Umständen, gleich wie groß oder klein sie sein mögen, unsere emotionalen Reaktionen zu beherrschen. Das führt zu tiefgreifenden inneren Konflikten und Unbehagen. Natürlich können äußere Umstände bestimmte Emotionen auslösen und auftauchen lassen, aber sie sollten nie unsere Reaktionsweise darauf bestimmen. Ich denke keineswegs, dass wir ohne irgendeine emotionale Reaktion wie Zombies durch das Leben wanken sollten.

Wir brauchen unsere Gefühle und Reaktionen, weil wir ja sonst nur ein rein mechanisches Leben führen würden, das keine Freude und keinen Genuss kennt. Unsere emotionalen Reaktionen sollten allerdings nie so extrem sein, dass sie auf der persönlichen Ebene zu einem Ungleichgewicht und zu einer Störung führen. Alle emotionalen Probleme erzeugen eine enorme innere Spannung und führen zu Dysfunktion in der Aura. Negative Emotionen, die nicht aufgelöst werden und auf die wir noch nicht einmal reagieren, verursachen häufig Blockaden in unserer emotionalen und mentalen Energie. Das verschlechtert das Ungleichgewicht in unserer Aura noch mehr. Jedes Mal, wenn wir verschiedene Szenarien aus der Vergangenheit gedanklich wieder ablaufen lassen und unsere Reaktionen darauf, schwächen wir unsere Aura noch mehr. Machen Sie sich bewusst, wie oft Sie Dinge aus der Vergangenheit wieder „hochkochen"?

Unsere Emotionen bestimmen, wie wir die Welt wahrnehmen. Wenn Sie jemand sind, der oft guter Dinge ist, wird die Welt in Ihren Augen schön und fröhlich aussehen. Falls Sie jedoch jemand sind, der in Angst und Ablehnung lebt, dann wird Ihnen die Welt dumpf und dunkel erscheinen.

Solange wir negative emotionale Energien nicht aus dem Körper lösen, werden sich diese Energien in unserer Aura vor allem auf der Astralebene ansammeln, wo sie unsere Schwingungsfrequenzen stören. Der Astralkörper ist eng mit dem physischen Körper verbunden, und infolge dessen werden Ihre Emotionen die Schwingungsfrequenzen Ihres Körpers beeinflussen und schließlich sogar zur Manifestation von Krankheiten führen.

Sieben emotionale Faktoren

Die chinesische Medizin lehrt, dass es sieben emotionale Faktoren gibt, welche jeweils bestimmte Organe schwächen können, falls die Emotionen nicht im Gleichgewicht sind. Es sind Ärger, Angst, Erschrecken, Trauer, Schmerz, Nachdenklichkeit und Freude. Manche überschneiden sich und eine Emotion, Freude, scheint nicht hierher zu passen. Ich möchte das näher erklären.

- Ärger (auch Widerwillen, Nervosität, Frustration): Wirkt auf die Leber. Ein Übermaß bzw. Ungleichgewicht kann zu Kopfschmerzen, Schwindelgefühlen, hohem Blutdruck und Magen- bzw. Milzproblemen führen.
- Angst und Erschrecken: Beeinflusst die Nieren und kann auch Ohrenprobleme verursachen.
- Trauer und Schmerz: Schlägt auf die Lungen.
- Nachdenklichkeit (also zu große Ernsthaftigkeit, zu starke mentale Anstrengung): Geht auf die Milz. Das kann zu Sorgen, Ermüdung und Konzentrationsschwäche führen.
- Freude (hier ist ein Übermaß gemeint, eine zu große Aufregung vor lauter Freude): Wirkt auf das Herz. Kann Aufregung, Schlaflosigkeit und Herzrasen hervorrufen.

Sie merken sicher schon, warum die emotionale Reinigung genauso wichtig ist wie die physische. Wenn wir die Emotionen reinigen, entgiften und klären, dann kann das eine Katalysatorwirkung für den Körper haben. Umgekehrt haben Sie vielleicht festgestellt, dass negative Emotionen aufgetaucht sind, die Ihre Aufmerksamkeit gefordert haben, als Sie mit dem körperlichen Detox-Programm begonnen haben. Das ist gut so, denn dann haben Sie genügend Stoff, den Sie bearbeiten können.

Gemäß des spirituellen Gesetzes der Transformation, verschwinden negative Emotionen nicht einfach spurlos, wenn wir sie unterdrücken oder verdrängen, sondern sie verwandeln sich innerlich in etwas Negatives. Wir reagieren auf schlechte Gefühle unterschiedlich, und jedes unserer Reaktionsmuster kann ganz verschiedene Folgen nach sich ziehen. Sehen wir uns nach unserer zuvor doch recht einfachen Betrachtungsweise Reaktionen auf negative Emotionen jetzt genauer an.

Wie man auf negative Emotionen reagieren kann

Nehmen wir als Beispiel das Gefühl von Ärger, Wut und Zorn und überlegen wir verschiedene Reaktionsmuster darauf.

- Sie fühlen sich vom Ärger zwar völlig überwältigt, zeigen das aber nicht. Sie spüren Zorn, unterdrücken ihn aber. Ein solches Reaktionsmuster führt mit Sicherheit früher oder später zu Krankheiten.
- Sie sind echt sauer, aber Sie tun so (gegenüber anderen und sich selbst), dass Sie nicht ärgerlich sind. Sie tun so, als ob alles in Ordnung wäre, innerlich kochen Sie aber. Das scheint auf den ersten Blick besser zu sein als stumm zu leiden und die Emotion einfach so auszuhalten, ist jedoch eine Illusion, weil Sie das Problem nur maskieren. Diese Reaktionsweise führt zu einer Krankheit der Aura.
- Sie ärgern sich und Sie verleihen dem Ausdruck. Wenn jemand Sie sauer macht, schreien Sie. Jemand gibt Ihnen einen Stoß, und Sie stoßen ihn zurück. Das ist mit Sicherheit besser, als den Zorn zu unterdrücken, allerdings wird ein solches unbeherrschtes Verhalten Sie spirituell schwächen.
- Sie ärgern sich. Sie erkennen die Emotion und akzeptieren sie. Sie fragen sich selbst, warum Sie sich ärgern und entscheiden sich, an der Ursache des Ärgers zu arbeiten. Auf diese Weise nehmen Sie alle Ereignisse in Ihrem Leben an und gehen gelassen mit ihnen um, einschließlich negativer Emotionen. Sie betrachten sie als gottgesandt, als eine wertvolle Lektion. Das führt Sie zu besserer Gesundheit und Weisheit.
- Sie beobachten die Emotion, den Ärger, auf eine entfernte, passive Weise. Die Übungen, die Sie im nächsten Kapitel kennen lernen, werden Ihnen dabei wirkungsvoll helfen. Das ist ebenfalls ein gutes Reaktionsmuster, um mit negativen Gefühlen zurecht zu kommen,

da passive Beobachtung alle negativen Emotionen vermindern und auflösen bzw. Ihnen helfen wird, die beste Reaktionsmöglichkeit bewusst auszuwählen.

Wie ein Holzwurm sich durch die Fundamente eines Holzhauses durchfrisst, gefährden blockierte Emotionen die Entwicklung und Strahlkraft Ihres Astralkörpers. Jede Emotion trägt eine bestimmte Schwingung, und wenn diese Emotion negativ ist und zusätzlich auch keinen Ausdruck findet, wird sie sich einnisten und die Aura blockieren. Dann zieht sie nach und nach immer mehr negative Schwingungen an.

Ich hoffe sehr, dass Sie erkennen, wie wichtig es ist, dass wir die negativen Emotionen auflösen, die bereits in der Aura gespeichert sind und dass wir lernen, wie wir in der Zukunft vermeiden, unsere Aura damit zu verstopfen. In den nächsten Kapiteln beschreibe ich verschiedene Methoden, wie man Gefühle und Gedanken lenken und kontrollieren kann, und wie Sie Astral- und Mentalkörper von vielleicht schon jahrelang angesammelten negativen Energien befreien können.

15.
Unseren Astralkörper reinigen

In diesem Kapitel lade ich Sie dazu ein zu lernen, Ihre Emotionen zu kontrollieren. Kontrolle ist ein Thema, mit dem wir es ein ganzes Leben hindurch zu tun haben. Als Kinder lernen wir, Blase und Darm zu beherrschen; wir beginnen, unsere Muskeln zu kontrollieren und zu gehen, zu laufen und zu greifen. Wir lernen, unsere Hände und Finger zu beherrschen, und zwar auf sehr feine Weise, damit wir richtig und schön schreiben können. Irgendwie schaffen wir es aber nie, dass wir unsere Gefühle meistern. Wir lernen, oft sehr früh schon, wie wir sie unterdrücken: Schrei nicht! Ärgere Dich nicht! Du brauchst keine Angst zu haben! Es ist nicht nett, neidisch zu sein! Keiner bringt uns jedoch bei, wie wir unsere Gefühle natürlich und gefahrlos zum Ausdruck bringen. Das ist eine Schande, weil emotionale Kontrolle so entscheidend ist.

Wie ich schon zuvor erwähnt hatte, sind alle Emotionen, einschließlich der negativen, für unsere spirituelle Gesundheit sehr wichtig. Wenn wir ihnen jedoch eine übertriebene Bedeutung geben, können sie sich in eine sehr zerstörerische Kraft verwandeln. Angst kann ein wertvolles Alarmzeichen darstellen, das uns vor einer nahenden Gefahr warnt. Wenn Sie Ihrer Angst jedoch zuviel Bedeutung beimessen, wird die Angst Sie lähmen. Sie werden dann einfach gar nicht mehr handeln können.

Nehmen wir ein anderes Beispiel. Ärger ist ein kraftvolles Werkzeug, um Ihre Energieressourcen zu aktivieren. Wenn Sie jedoch von Wutanfällen heimgesucht werden, verlieren Sie Ihre Beherrschung und geistige Klarheit und das provoziert Sie oft dazu, schlechte Entscheidungen zu treffen. Wenn man scharf antwortet, wenn man angegriffen wird, ist das eine kurzfristig wirksame Reaktion, um die Aura zu schützen. Damit errichten wir mit Sicherheit einmal unsere Grenzen.

Eine lange Zeit hindurch zu schmollen oder trotzig zu sein führt jedoch zu Hass, und das wird die natürliche Schutzschicht in eine Panzerung verwandeln. Sie sollten wirksamere Methoden beherrschen, um mit sich und negativen Emotionen umzugehen.

Der „neutrale Zustand“

Ein sehr machtvolles Instrument, um unsere Emotionen zu kontrollieren, ist das, was man den „neutralen energetischen Zustand“ nennt. Sie können lernen, wie Sie diesen Zustand erzeugen. Ich beschreibe einige Methoden weiter unten.

Der neutrale Zustand schützt Ihre Energie und erhält sie aufrecht. Sie lernen damit etwas ganz Wichtiges, nämlich das Verhalten anderer Menschen nicht zu beurteilen. Jeder von uns hat das Recht, selbst zu entscheiden, wie er energetisch auf andere Menschen und die Umwelt reagiert. Dieses Recht müssen wir achten. Ein solcher Ansatz wirkt sehr befreiend. Denken Sie einmal darüber nach: Sie selbst können nur dann wahrhaft frei sein, wenn Sie anderen Menschen deren Freiheit zugestehen. Diese Freiheit muss bedingungslos sein. Sicherlich bedeutet das, dass die Leute manchmal Fehler machen, aber das ist ja deren Entscheidung. Wenn Sie aufhören, Menschen zu beurteilen und beginnen, sie so zu nehmen, wie sie sind, werden Sie viel emotionale Energie sparen.

Es ist gar nicht so schwer, „zuzumachen“. Es ist viel schwerer, „geschlossen“ zu bleiben und einen neutralen Zustand beizubehalten. Sehr oft glauben wir, dass wir doch „geschlossen“ seien, senden in Wirklichkeit aber das energetische Äquivalent von Dornen aus. Wir realisieren einfach nicht, dass wir uns gegenüber unserer Umgebung passiv-aggressiv verhalten.

Es gibt mehrere wirkungsvolle Meditationen, um einen echten neutralen Zustand zu erreichen. Falls Sie das beunruhigen sollte: Ich kann Ihnen versichern, dass Sie nicht die Verbindung mit der Realität abbrechen oder verlieren, wenn Sie in einen neutralen Zustand eintreten. Sie gehen nur weniger wahllos mit Ihrer emotionalen Energie um und verschwenden sie weniger. Wenn es um unseren physischen Körper geht, schützen wir uns sehr. Wir würden doch nicht zulassen, dass uns Menschen ohne unser Einverständnis berühren, und schon gar nicht auf intime Weise! Und doch sind wir nur allzu bereit, unseren Emotionalkörper allen möglichen Leuten zur Verfügung zu stellen. Nun also einige Meditationsmethoden, um einen neutralen Zustand zu erreichen.

Mittlere Aufmerksamkeit

Sie können bei dieser Übung sitzen oder stehen, je nachdem, was für Sie bequemer ist. Sie können sich die Anleitungen auch auf Tonband oder CD aufnehmen und sie dann zur Übung abspielen, damit Sie mehr Freiraum haben, sich zu konzentrieren und zu visualisieren. Wählen Sie einen Platz aus, an dem Sie nicht gestört werden. Nehmen Sie sich einige Augenblicke Zeit, um sich einzurichten und zu entspannen. Beobachten Sie Ihre Atmung, ohne sie dabei zu verändern. Vermutlich wird sich die Atmung von selbst und auf ganz natürliche Weise verlangsamen. Jetzt sind Sie bereit, mit der Übung zu beginnen.

- Stellen Sie sich vor, dass in Ihrem Kopf ein kleiner Mensch wäre, ein kleines Sie selbst. Dieses kleine Sie ist klein genug, dass es leicht durch Ihr größeres, normales Sie absteigen kann. Nehmen Sie Ihr Bewusstsein in das kleine Sie.
- Langsam und allmählich sinken Sie an einem Fallschirm in den Kopf des großen Sie. In Ihrem Kopf schweben Sie weiter durch Wolken nach unten. Die können wie dichter Nebel oder wie dunkle Haufenwolken sein. Vielleicht sehen Sie viele Blitze durch den Himmel zucken und hören Donner.
- Nun stellen Sie sich Sonnenstrahlen vor, die durch die Wolkendecke brechen, während Sie sehr langsam weiter nach unten sinken.
- Sie gelangen zum Hals und Nacken Ihres größeren Selbst und schweben nun durch einen blauen Himmel. Es geht langsam weiter nach unten durch Ihren Halsbereich hinein in Schultern und Brustraum.
- Auf der Ebene des Bauches landen Sie auf dem Boden und fühlen dessen Weichheit und Wärme. Die frischen grünen Kräuter um sie herum duften gut und entspannen Sie. Dann schweben Sie weiter hinab.
- Gerade unter dem Bauchnabel kommen Sie zu einem wunderschö-

nen stillen See, an dessen Ufer ein kleines Boot auf Sie wartet. Sie steigen ins Boot und fahren hinaus auf das stille Gewässer.

– Sie blicken in das Wasser und die Wasserlilien, die darauf schwimmen. Haben Sie schon einmal den unvergleichlichen Anblick von Wasserlilien genossen, deren Blütenblätter sich öffnen? Die Blüten verdienen, dass Sie noch ein Weilchen länger in diesem Anblick verharren; Sie brauchen an nichts anderes sonst zu denken.
– Bleiben Sie in Ihrer inneren Welt; verweilen Sie in der Welt Ihres Selbst. Beobachten Sie Ihren Atem.
– Sie atmen fast durch den Scheitel. Durch Ihren Kopf oben atmen Sie Luft aus der Umgebung, Luft von höheren Ebenen, die frei ist von der Energie anderer Menschen. Es ist fast so, als ob auf Ihrem Kopf ein hohes Rohr stünde, das hell und leicht ist und durch welches Sie Luft aus den höheren Schichten der Atmosphäre atmen können.
– Mit der Luft nehmen Sie Licht in sich auf. Gestatten Sie Ihrem kleinen Selbst, das so schön in Ihnen ruht, dieses wunderbare Licht als ein kostbares Geschenk anzunehmen.

In einem solchen Zustand können Sie gut leben, arbeiten und mit anderen Menschen umgehen. Die Leute um Sie herum werden feststellen, dass sich etwas verändert hat. Allerdings werden sie meistens nicht genau wissen, was das denn ist. Sie spüren vielmehr, dass Sie schlicht Harmonie ausstrahlen! Tief in ihrem Unterbewusstsein werden Sie sich sicher und wohl in Ihrer Gegenwart fühlen. Es ist so schön, dass Sie in diesen neutralen Zustand leicht, einfach durch Willensentscheidung, eintreten können, wenn Sie ihn erst einmal erlebt und eingeübt haben. Der neutrale Zustand schützt Sie, verjüngt Sie und wird allen psychischen Druck, unter dem Sie vielleicht stehen, ablenken. Ich empfehle, dass Sie diese Übung mehrfach durchführen, bis Sie willentlich in diesen neutralen Zustand eintreten können.

Periskop

Diese Übung führt gleichfalls sehr gut in einen neutralen Zustand hinein. Ich empfehle Ihnen, beide Übungen auszuprobieren und herauszufinden, welche Ihnen am besten passt.

– Stellen Sie sich vor, dass Sie aus Ihrem Kopf ein Periskop herausziehen (durch das Kronenchakra nach oben), bis es einen Meter über Ihren Scheitel ragt.

- Aus dieser Höhe schauen Sie durch Ihr Periskop und beobachten die Außenwelt. Sie werden sicher feststellen, dass Sie durch diese Höhe eine ganz andere Perspektive gewinnen.
- Jedes Mal, wenn Sie nun in eine schwierige Situation geraten, ziehen Sie rasch Ihr imaginäres Periskop heraus und betrachten, was sich eigentlich abspielt. So werden Sie die Situation viel einfacher lösen können, weise und gelassen.

Nutzen Sie die Perspektive des Periskops von Zeit zu Zeit auch wenn Sie nicht in einer problematischen Situation sind, einfach um einen besseren Überblick über Ihr Leben und die Umgebung zu gewinnen.

Weitere Reinigungsübungen für die Emotionen

Sobald Sie den neutralen Zustand gemeistert haben, werden Sie feststellen, dass das Leben viel leichter wird! Nun möchte ich Ihnen einige andere Techniken vorstellen, um mit speziellen Situationen oder mit unangenehmen Gefühlen umzugehen. Probieren Sie diese Techniken bitte aus; sie sind sehr effektiv.

Loslass-Ritual

Diese Übung eignet sich besonders dann, wenn Sie eine sehr schwierige Emotion loswerden möchten. Vielleicht bemerken Sie, dass ein bestimmtes Gefühl, gleich wie sehr Sie sich auch bemühen, eine neutralen Zustand aufrecht zu erhalten, immer und immer wieder auftaucht. In Russland nennen wir diese Übung „Loslass-Ritual". Sie funktioniert.

- Sie brauchen eine feuerfeste Schüssel, aus Stein, Metall oder Pyrex, in der Sie Papier verbrennen. Als Alternative können Sie Papier in einem offenen Kamin verbrennen.
- Zünden Sie ein Stück Holzkohle über einer Kerze oder mit einem Feuerzeug an. Legen sie es auf einen feuerfesten Glasteller. Die Holzkohle wird eine Zeit lang kleine Funken sprühen. Warten Sie, bis die Holzkohle hellgrau geworden ist.

- Geben Sie nun etwas Weihrauch oben auf die Holzkohle. Sie darf einige Minuten lang heiß werden.
- Tragen Sie den Teller im Raum herum, damit sich die Rauchschwaden verteilen können. Ab und zu müssen Sie etwas Weihrauch nachlegen.
- Zünden Sie eine schlichte Bienenwachskerze an. Setzen Sie sich gegenüber der Kerze mit einigen kleinen Blättern oder Stückchen Papier und einem Stift hin. Die Schüssel steht neben Ihnen.
- Schreiben Sie auf jedes Stückchen Papier jetzt ein Gefühl, das Sie daran hindert, frei und glücklich zu leben. Zum Beispiel: „Ich fühle mich oft schuldig." „Ich werde oft beleidigt." „Ich kann nicht vergeben." Und so weiter.
- Schauen Sie eine Weile lang still in die Kerzenflamme. Dann verbrennen Sie ein Papier nach dem anderen. Sie halten es in die Flamme der Kerze, lassen es Feuer fangen, und legen es in die vorbereitete Schüssel. Sie werden sofort spüren, wie Sie freier und glücklicher werden und Sie werden sich am Ende ganz erleichtert fühlen.
- Wenn Sie das abgeschlossen haben, spülen Sie die Asche und die Überreste vom Räucherteller in der Toilette fort.

Die Aura auskämmen

Das war im alten Russland ein Ritual, das man immer anwandte, wenn ein Mensch etwas besonders Schlimmes erlebte hatte, emotional sehr verletzt war und sich selbst einfach nicht von den üblen Gefühlen befreien konnte.

Die betroffene Person nahm einen großen Holzkamm und bürstete sich ihr Haar durch, während sie geradewegs im Spiegel in die eigenen Augen blickte. Während die Person ihr Haar kämmte, konzentrierte sie sich auf das Problem und die Emotion. Damit bürstete sie symbolisch und energetisch diese Schwierigkeiten mit dem Haarkämmen aus ihrem ganzen System heraus. Dann nahm man den Holzkamm in den Wald und vergrub ihn in der Erde, oft vor einer Zitterpappel. Im russischen Volksglauben spürt man, dass die Zitterpappel (oder Espe) negative Energie und Geister abwehrt. Nach diesem Ritual haben die Menschen meist erlebt, dass sie aus der Tiefe heraus befreit waren.

Für uns im Westen ist das eigentlich auch eine ganz vertraute Sache. Wenn man sich gereizt oder gestört fühlt, streicht man automatisch mit der Hand über oder durch die Haare, als ob man alle Sorgen fortkämmen würde.

Ich möchte Ihnen eine abgewandelte Form des russischen Aurakämmens vorschlagen, die Sie täglich ausführen können oder immer dann, wenn Sie spüren, dass bestimmte negative Gefühle Sie belasten.

- Bevor Sie beginnen, reinigen Sie Ihren Raum mit ätherischen Ölen von Sandelholz und Wacholder. Alternativ können Sie einige wenige Tropfen davon auf Ihren Puls und Ihre Handgelenke geben.
- Setzen Sie sich hin. Atmen Sie tief ein und aus und entspannen Sie sich.
- Stellen Sie sich vor, dass Ihre Hände und Finger ein Kamm sind. Versuchen Sie sich vorzustellen, dass Ihre Finger ein paar Zentimeter länger wären, damit sie noch besser als „Kamm" funktionieren.
- Kämmen Sie durch Ihre Aura, von außen zum Körper hin; Sie beginnen am Kopf und streifen nach unten bis zu den Füßen. Berühren Sie dabei Ihren Körper jedoch nicht.
- Fahren Sie damit einige Minuten fort. Sie sollten sich nach und nach klarer und leichter fühlen, während sich Blockaden auflösen.
- Nach dem Aurakämmen sollten Sie sofort Ihre Unterarme unter kaltem fließenden Wasser über dem Waschbecken oder der Badewanne abspülen.

Einen schlechten Tag loswerden

Falls Sie gerade einen wirklich schlechten Tag gehabt haben oder sich mit jemandem gestritten haben, dann gibt es eine andere Technik, die Sie anwenden können und sollten, damit Sie diese negativen Energien nicht auf Freunde und liebe Menschen übertragen.

- Gehen Sie in einen anderen Raum (zum Beispiel das Badezimmer) und schütteln Sie Ihren Körper, als ob Sie ein Hund wären, der das Wasser aus seinem Fell ausschüttelt. Schütteln Sie sich wirklich richtig durch.
- Dann bürsten Sie mit Ihren Fingern über Ihren Körper, als ob Sie

Spinnenweben beseitigen würden – fangen Sie oben am Kopf an und gehen Sie ganz hinunter bis zu den Füßen.

- Waschen Sie Ihre Hände dann unter kaltem fließendem Wasser und lassen Sie das Wasser dabei von Ihren Ellenbogen aus die Unterarme und Hände hinunter laufen. Dann trocknen Sie sich ab.
- Jetzt machen Sie mit der Reinigung weiter. Dazu arbeiten Sie sich vom Kopf bis zu den Füßen mit der Vorstellung nach unten, dass Sie einen eng anliegenden Nylonstrumpf abziehen würden. Das steht symbolisch für das „Abpellen" aller schlechten Schwingungen, die Sie während des Tages angesammelt haben.

Wenn Sie diese Übung unmittelbar nach der schlechten Erfahrung durchführen, werden Sie feststellen, dass sich nicht nur Ihre Einstellung zur Situation geändert hat, sondern dass Sie auch keinen so starken Drang mehr spüren, Ihre Frustrationen abzulassen. Das spart Ihnen eine riesige Menge an wertvoller emotionaler Energie und Familie und Freunde müssen nicht unter den Ausbrüchen negativer Energien leiden. Das ist für alle Beteiligten fair!

Unreinheiten abschütteln

Hier noch eine Übung, mit deren Hilfe Sie die Schwingungen Ihrer Aura heller und leichter machen können, um alle energetischen Verunreinigungen loszuwerden.

- Legen Sie sich auf den Rücken.
- Heben Sie Ihre Arme und Beine so nach oben, dass sie sich in einem Winkel von 45 Grad zu Ihrem Körper befinden. Schütteln Sie gleichzeitig Ihre Beine und Arme, als ob Sie Wasser davon abschütteln wollten.

Auch die folgende Übung dient dazu, schlechte Gefühle loszuwerden. Wenn Sie sich ärgern und wütend sind, atmen Sie ein, und beim Ausatmen ballen Sie Ihre Fäuste so stark, dass sie vor Anspannung zittern. Halten Sie diese Anspannung während des gesamten Ausatmungsvorgangs aufrecht. Wiederholen Sie das zehn Mal hintereinander, bis Sie sich erschöpft fühlen. Die unangenehme Emotion wird durch diese physische Anspannung und das Zittern der Fäuste regelrecht ausgelöscht und verschwindet.

Das „innere Lächeln"

Das wird Ihnen inzwischen ja vertraut sein, da Sie es während des körperlichen Reinigungsprogramms regelmäßig geübt haben. Das ist eine Übung, die Sie auch dann regelmäßig und so oft wie möglich durchführen sollten, wenn Sie keine Entgiftungskur machen, weil sie Ihnen wirksam hilft, Ihren Astralkörper lichter zu machen. Der Grund dafür ist einfach. Wenn Sie (innerlich oder äußerlich) lachen oder lächeln, sind Sie viel weniger negativen Kräften und Energien ausgesetzt. Wenn Sie lächeln, werden die astralen Schwingungen nicht nur heller, sondern Ihre Aura wird auch besser geschützt.

Es dauert nur kurz, und Sie beginnen Ihren Tag damit auf eine wunderbare Weise. Wenn wir zum Teil 8 der Verjüngungsmethoden kommen, zeige ich Ihnen, wie Sie diese Übung mit anderen Techniken verbinden können, und sich dann deutlich jünger fühlen und auch so aussehen werden!

Kunst als Hilfe für Ihre emotionale Energie

Wenn Sie wirklich etwas tun wollen, um Ihren Astralkörper zu nähren, so sollten Sie Ihre emotionale Intelligenz entwickeln. Dazu verhilft Kunst wie Theaterbesuche, Musikgenuss, Museums- und Galeriebesuche, wo Sie wunderschöne Gemälde betrachten oder das Lesen eines schönen Buches. Wenn Sie gerne tanzen, singen, zeichnen oder ein Musikinstrument spielen, sollten Sie daraus eine regelmäßige Gewohnheit machen. Je mehr Sie das dann ausüben, desto „glücklicher" wird sich Ihre Aura fühlen. Immer wenn Sie Ihre kreative Energie ansprechen, öffnen Sie Ihren Körper für frische Energie aus dem Universum. Die menschliche Lebenskraft und Kreativität hängen unmittelbar voneinander ab. Vermittels Ihrer Kreativität können Sie sich besser für Ihre Intuition öffnen und der Erleuchtung näher kommen. Wir treten dabei in einen Strom universeller Energie ein und können uns mit deren göttlicher Energiefrequenz wieder aufladen. Es ist ja bekannt, dass begabte Künstler in einen anderen Bewusstseinszustand eintreten, in eine Art von Ekstase, die es Ihnen möglich macht, das durch sich hindurch zu lassen, was mit Ihrem innersten Wesen übereinstimmt. Das kann jedoch jeder! Sie brauchen kein „guter“ Künstler oder Musiker zu sein; es geht dabei nicht um Kunstfertigkeit. Vielmehr handelt es sich darum, dass Sie sich auf Ihr kreatives Selbst auf der Ebene und mit solchen Mitteln einlassen, wie das für Sie persönlich am besten passt. Befreien Sie sich von Begrenzungen und folgen Sie einfach Ihrer Muse.

Wenn Sie die Wirkung von Kunst auf Ihren Astralkörper maximal verstärken möchten, können Sie diese Meditation durchführen.

Kunstmeditation

– Setzen Sie sich bequem vor ein Kunstwerk; ein Gemälde, einen Druck, ein Foto, eine Zeichnung – das spielt keine Rolle. Es sollte aber etwas sein, was Sie positiv anspricht.
– Entspannen Sie sich und gönnen Sie Ihrem Geist eine Ruhepause.
– Finden Sie das wichtigste Detail des Kunstwerks und lösen Sie es dann nach und nach in den Raum hinein auf, als ob das ganze Bild seinen Rahmen verlässt und ins Leben tritt. Es kann helfen, sich zunächst auf einen einzigen Punkt zu konzentrieren, wenn Sie das machen.
– Bewegen Sie Ihre Augen von den wichtigsten Aspekten des Bildes zu den weniger wichtigen, ohne dabei Ihre Augen vom Bild zu lösen.
– Danach wenden Sie sich nacheinander Kontrasten zu: Erde, Wasser; oben, unten; links, rechts und umgekehrt.
– Nun richten Sie Ihre Aufmerksamkeit von den Details, die nah und groß sind, zu jenen, die im Hintergrund und klein sind, und umgekehrt.
– Konzentrieren Sie Ihr linkes Auge auf den linken Teil des Bildes und Ihr rechtes auf den rechten Teil, während Sie dabei leicht „schielen“. Das braucht etwas Übung, wird dann aber ein sehr plastisches Bild erzeugen.
– Schließen Sie Ihre Augen und versuchen Sie sich vorzustellen, dass Sie das Bild durch Ihre Augenlider sehen können. Fokussieren Sie Ihren Blick immer mehr in die Tiefen des Bildes.
– Vielleicht spüren Sie einen gewissen Schwindel und die Neigung, sich näher an das Bild heran zu beugen.

– Es könnte auch sein, dass Sie sich sehr leicht und fast gewichtslos fühlen.
– Schließlich werden Sie es so empfinden, als ob Sie fast selbst im Bild wären. Sie werden fast das Gefühl von Räumlichkeit und einer weiteren Ausdehnung des Bildes über den Rahmen hinaus haben.

Um die Wirkung noch weiter zu verstärken, können Sie während dieser Übung Musik hören. Wenn Sie eine Landschaft anschauen, hören Sie vielleicht Debussy. Wenn Sie ein Bild vom Meer betrachten, eignet sich Rimskij-Korsakow sehr gut. Jedes Mal, wenn Sie ein Bild ansehen, werden Sie vermutlich spüren, welcher Rhythmus und welche Melodien dazu am besten passen würden. Vertrauen Sie bei der Musikauswahl Ihrer Intuition.

Wenn Sie eine Kunstgalerie oder eine Ausstellung besuchen oder Ihre Bilder zu Hause betrachten, setzen Sie sich einfach still vor ein Gemälde und führen Sie diese Übung aus. Sie werden ganz neue Kunsterlebnisse haben, die Ihren Astralkörper stärken.

Familien-Spassübung, um schwere Energie leichter zu machen

Diese wunderschöne Übung ist eigentlich ein Kinderspiel, aber ich finde, es ist etwas, worüber sich die ganze Familie freuen kann. Sie ist dann besonders nützlich, wenn die Energie in einer Familie aus irgendeinem Grund schwer geworden ist, sozusagen wenn die Atmosphäre gestört ist, und besonders nach einem großen Streit.

Die Übung ist sehr einfach. Jeder liegt auf dem Boden, so dass ein Kreis gebildet wird, und zwar mit dem Kopf auf dem Bauch der nächsten Person. Einer fängt an und sagt dreimal ein kräftiges „Ha". Die nächste Person schließt rasch an und sagt dreimal „Ha! Ha! Ha!". Dann der nächste, und so weiter. Während die Köpfe auf den Bäuchen hin und her hüpfen, wird aus dem „Ha, ha, ha" schnell ein echtes Lachen.

Liebesmeditation mit Partner

Eine wunderbare Methode, um Liebe zum Partner bzw. zur Partnerin oder zu den Kindern zu entwickeln, auszutauschen und aufrecht zu erhalten. Die Kinder können das auch untereinander machen. Diese Übung nährt das Herzchakra und stellt wieder den Frieden in Familien her. Diese Übung hilft Ihnen auch, die Schwingungen Ihres Astralkörpers auszugleichen.

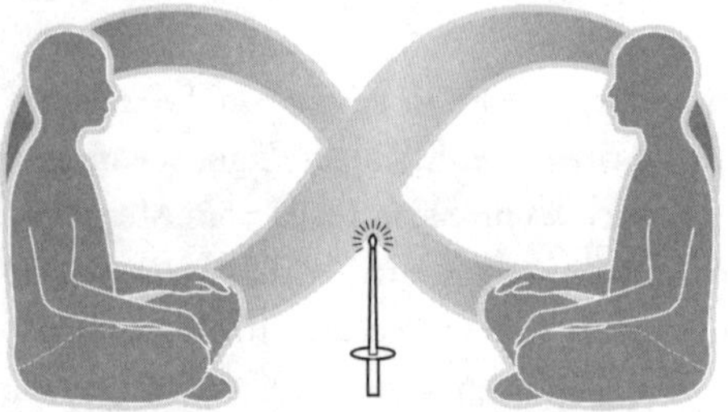

– Setzen Sie sich gegenüber, mit einer Kerze zwischen sich.
– Wenn Sie beide bequem sitzen und entspannt sind, senden Sie sich gegenseitig liebevolle Energien. Denken Sie einfach etwas Schönes und Liebes über die andere Person.
– Zur Erinnerung: Es geht jetzt um bedingungslose Liebe, nicht um Sexualität.
– Stellen Sie sich vor, dass Sie sehen, wie die Energie zwischen Ihren beiden Herzchakras in Form einer Acht fließt.

16.
Mit den Chakras arbeiten

Jetzt ist es Zeit, unsere Chakras näher zu betrachten. Das sind die sieben sich drehenden bioenergetischen Kreise oder Spiralen, die sich vom unteren Ende des Rückgrats bis über den Kopf erstrecken. Die Chakras zeigen genau an, wie unser physischer, emotionaler und mentaler Zustand ist. Jedes Chakra dreht sich bzw. schwingt mit einer unterschiedlichen Frequenz. Wenn Ihre Chakras ausgeglichen sind, werden Sie Gesundheit und Wohlbefinden ausstrahlen. Wenn eines oder mehrere aus dem Gleichgewicht geraten, werden Sie anfangen, Probleme und Beschwerden zu spüren.

Unausgeglichene Chakras

Sie brauchen nicht medial zu sein, um herauszufinden, welches Chakra unter Stress steht oder nicht in Harmonie ist. Da jedes Chakra mit unterschiedlichen Organen und Systemen im Körper in Beziehung steht, sowie mit verschiedenen Emotionen und Gedankenmustern der Psyche, ist es normalerweise ziemlich einfach, herauszuarbeiten, wo es Probleme gibt. Antworten Sie auf die folgenden Fragen, um festzustellen, wie Ihre Chakras funktionieren.

1. Fühlen Sie sich mit Ihrem Körper wenig verbunden, als ob Sie gar nicht richtig in ihm drin steckten?
2. Fühlen Sie sich unsicher und als ob Sie ständig mit Gefahren zu tun hätten?
3. Ist Ihr Energieniveau niedrig, fühlen Sie sich oft müde, erschöpft oder ohne echten Anlass ausgelaugt?
4. Haben Sie entweder starkes Übergewicht oder deutliches Untergewicht?
5. „Flüchten“ Sie in Alkohol, Drogen oder Essen?
6. Haben Sie ein Trauma erlebt zwischen Ihrer Empfängnis und

Ihrem 5. Lebensjahr?

7. Leiden Sie unter Verdauungs- oder Darmbeschwerden; Problemen mit den Knochen oder Zähnen, Essstörungen, Problemen mit den Beinen, Füßen, Knien, dem Steißbein oder dem Gesäß?
8. Haben Sie Angst vor Veränderungen?
9. Mögen Sie gesellschaftliche Anlässe nicht und fühlen Sie sich dabei unwohl?
10. Ist Ihr Sexualtrieb ziemlich schwach oder haben Sie ganz allgemein Probleme mit Ihrem Sexleben?
11. Neigen Sie dazu, eher Beziehungsphantasien zu haben als sich für eine richtige Beziehung zu entscheiden?
12. Neigen Sie dazu, sich selbst Genüsse und Freuden nicht zu gönnen?
13. Haben Sie im Alter zwischen 5 und 8 irgendein Trauma erlebt?
14. Leiden Sie unter Menstruationsbeschwerden, Störungen der Geschlechtsorgane und der Harnorgane, Mangel an Appetit, sexueller Dysfunktion, Mangel an Beweglichkeit im unteren Rücken und den Knien, Verlust der Geschmacksfähigkeit?
15. Sind Sie ein bisschen aggressiv und dominant? Vielleicht sogar kontrollierend?
16. Müssen Sie das letzte Wort haben?
17. Fühlen Sie sich frustriert, weil Sie, gleich wie schwer Sie arbeiten, nicht Ihr wahres Potential erreichen?
18. Fühlen Sie sich manchmal machtlos? Sind Sie manchmal ein bisschen so etwas wie ein Opfer?
19. Machen Sie einfach mit der Masse mit, oder gehen Sie einfach Ihren eigenen Weg, ohne darüber nachzudenken, was das für andere Menschen bedeutet?
20. Haben Sie emotionale Einschnitte im Alter zwischen 8 und 12 erlebt?
21. Leiden Sie unter Verdauungs- oder Essstörungen, Magengeschwüren, chronischer Müdigkeit, großer Anspannung, Magen-, Bauchspeicheldrüsen-, Gallenblasen- oder Leberproblemen, Diabetes oder Unterzucker?
22. Sind Sie sehr kritisch – sich selbst oder anderen gegenüber?
23. Sind Sie oft depressiv, pessimistisch oder einsam?

24. Haben Sie Probleme mit Beziehungen? Sind Sie möglicherweise zu fordernd, anhänglich, eifersüchtig oder abhängig? Oder opfern Sie sich zu oft und geben den Märtyrer?
25. Stellen Sie fest, dass Sie sich zu häufig in das Leben anderer Menschen einmischen?
26. Haben Sie im Alter zwischen 12 und 16 traumatische Ereignisse erlebt?
27. Leiden Sie unter Beschwerden des Herzens, der Lunge, der Brust oder der Arme; unter Asthma oder Atmungsbeschwerden; Kreislaufproblemen; Immunschwäche; Brustschmerzen; Spannung zwischen den Schulterblättern?
28. Haben Sie Angst, sich klar und deutlich zu äußern? Sind Sie schüchtern?
29. Haben Sie Angst oder sind Sie nervös, wenn Sie Ihrem Gefühl Ausdruck verleihen sollen?
30. Haben Sie Probleme mit dem Hören oder dem Sprechen? Können Sie Musiknoten nicht unterscheiden oder einem Rhythmus nicht folgen?
31. Tratschen Sie viel und unterbrechen Sie andere gern? Sprechen Sie mehr als dass Sie zuhören?
32. Haben Sie das Gefühl, dass Ihre Kreativität abgewürgt oder blockiert ist? Oder meinen Sie, dass Sie überhaupt keine Kreativität besitzen?
33. Haben Sie im Alter zwischen 16 und 21 traumatische Erfahrungen gemacht?
34. Leiden Sie unter Spannungen in Ihrem Kiefer, Problemen mit Hals, Ohren, Stimme, Nacken oder Schilddrüse?
35. Fällt es Ihnen schwer, sich an Ihre Träume zu erinnern, oder meinen Sie, dass Sie ohnehin gar nicht träumen? Oder leiden Sie unter häufigen Albträumen?
36. Haben Sie ein schlechtes Gedächtnis?
37. Fühlen Sie sich manchmal schuldig daran, dass Sie nicht glücklich sind?
38. Haben Sie das Gefühl, dass Sie in Ihrem Leben feststecken und sehnen Sie sich nach Freiheit? Finden Sie es schwer, sich die Zukunft auszumalen?

39. Stellen Sie fest, dass es schwierig ist, ein Gleichgewicht zu finden in Ihrer Stimmung, Ihrer Körpertemperatur, Ihrem Hormonsystem?
40. Haben Sie zwischen 21 und 28 unter einem traumatischen Erlebnis gelitten?
41. Leiden Sie unter Kopfschmerzen, Migräne oder Sehstörungen?
42. Sind Sie zynisch?
43. Sind Sie sehr intellektuell und neigen Sie dazu, ganz „verkopft" zu leben?
44. Haben Sie sehr starre Glaubensmuster und machen Sie sich über alles lustig, was nicht in Ihre Muster passt?
45. Neigen Sie dazu, skeptisch im Hinblick auf spirituelle Dinge zu sein, oder alternativ völlig in der Spiritualität aufzugehen, so dass Ihr Alltagsleben darunter leidet?
46. Sind Sie geizig, habgierig oder materialistisch eingestellt?
47. Sind Sie apathisch, verwirrt oder „ausgeflippt"?
48. Leiden Sie unter Migräne oder Vergesslichkeit?

Teilen Sie Ihre Antworten in sieben Gruppen auf:

Fragen 1-7:	Wurzelchakra
Fragen 8-14:	Sexualchakra
Fragen 15-21:	Solarplexuschakra
Fragen 22-27:	Herzchakra
Fragen 28-34:	Halschakra
Fragen 35-41:	Augenchakra
Fragen 42-48:	Kronenchakra

Je mehr Ja-Antworten Sie haben, desto wahrscheinlicher ist es, dass das betreffende Chakra unausgeglichen ist. Seien Sie bitte nicht überrascht oder gar deprimiert, wenn Sie viele Ja-Antworten verzeichnen. Das ist weit verbreitet. Ich zeige Ihnen genügend Möglichkeiten, wie Sie die Chakras wieder in ihr Gleichgewicht bringen können.

Das Gleichgewicht der Chakras wieder herstellen

Manchmal sind es ganz einfach Alltagstätigkeiten, die Sie ausüben können, um Ihre Chakras wieder auszugleichen. Hier sind die wirksamsten.

Wurzelchakra

Sie müssen sich so gut wie nur möglich wieder mit Ihrem Körper verbinden. Beginnen Sie mit so viel Bewegung, Gymnastik und Sport wie nur möglich – das kann Tanzen sein, Areobic, Laufen, Schwimmen und so fort. Probieren Sie Massagen aus; suchen Sie einen professionellen Masseur oder Aromatherapeuten auf, oder bitten Sie eine Freundin oder Ihren Partner, Sie zu massieren. Yoga wäre ausgezeichnet, weil es alle Chakras heilt und ausgleicht. Gärtnern und Töpfern sind ebenfalls gut erdende Tätigkeiten, wenn Sie einen Mangel an Energie in Ihrem Wurzelchakra haben.

Von der psychologischen Ebene aus sollten Sie die Beziehung zu Ihrer Mutter betrachten. Sprechen Sie mit ihr darüber, wenn das möglich ist. Wenn das zu leidvoll wäre, suchen Sie einen Therapeuten oder psychologischen Berater auf.

Auf der praktischen Ebene schaffen Sie Ordnung in Schränken, Truhen und Regalen. Decken Sie den Frühstückstisch vor dem Schlafengehen. Zahlen Sie Ihre Rechnungen pünktlich. Nehmen Sie an Seminaren teil, deren Thema Fürsorge für sich selbst ist. Schließen Sie mit Ihrer Familie Frieden. Lernen Sie Ihre Nachbarn kennen. Führen Sie Alltagsroutinen ein, die Ihnen ein sicheres Gerüst für Ihr Leben geben. Düfte, welche dieses Chakra stärken, sind unter anderem Zeder, Myrrhe und Patchouli. Sie können entsprechende Duftkerzen oder Räucherstäbchen besorgen oder Öle mit diesen ätherischen Essenzen im Bad oder zur Massage verwenden.

Sakralchakra

Wenn dieses Chakra aus seinem Gleichgewicht geraten ist, müssen Sie (wieder) lernen, Ihren Sinnen zu vertrauen und sich an ihnen zu erfreuen. Beginnen Sie damit, Struktur und Beschaffenheit von Dingen um sich herum zu erspüren. Hören Sie auf neue Musikstücke und Klänge. Betrachten Sie die Natur und Kunstwerke. Schmecken Sie verschiedene Gerichte und Getränke. Auch Tanz kann helfen, dieses Chakra zu befreien, genauso wie Körperarbeit. Versuchen Sie, auf sanfte Weise mit Ihren Gefühlen in Berührung zu gelangen, wenn nötig, mit professioneller Unterstützung, um alte Emotionen der Verwundung, des Zorns und der Schuld loszulassen. Hören Sie sinnliche Musik. Umgeben Sie sich mit Duftkerzen. Lassen Sie ein wunderschönes, strahlendes Foto von sich machen und stellen Sie das in einem hübschen Rahmen auf. Gehen Sie ins Theater und zu Tanzshows. Lassen Sie sich im Rahmen von Wellness-Programmen verwöhnen. Tragen Sie die besten Stoffe, die Sie sich leisten können. Organisieren Sie eine Party für sich selbst, oder laden Sie sich zu einem romantischen Abendessen mit dem Menschen ein, den Sie lieben. Kaufen Sie sich sexy Unterwäsche. Jasmin, Rose und Sandelholz sind Essenzen, welche dieses Chakra fördern.

Solarplexuschakra

Wenn Sie an diesem Chakra einen Mangel haben, müssen Sie lernen, Risiken einzugehen. Sie brauchen auch Erdung und emotionale Wärme. Wenn Sie andererseits hier überschüssige Energie erfahren, sollten Sie sich mit Stressmanagementmethoden wie Meditation, Biofeedback und so fort beschäftigen oder Tiefenentspannung üben. Wer Probleme bei diesem Chakra hat, wird auch von Bauchübungen profitieren, welche die Bauchmuskeln stärken. Judo oder Tai Chi wären auch sehr gut. Psychotherapie kann Ihnen helfen, psychische Stärke zu gewinnen, um Zorn entweder loszulassen oder zu beherrschen und Sie in Ihrer Autonomie verankern. Schreiben Sie für Ihr Leben ein „Mission Statement“ nieder, eine Lebensphilosophie und Lebensziele. Machen Sie sich selbst und anderen reichlich Komplimente. Bewundern Sie lieber andere Menschen als sie neidisch zu betrachten. Lesen Sie Bücher über Zeitmanagement und Führungseigenschaften sowie Biographien von Leuten, die Sie bewundern. Wiederholen Sie Ihren Namen laut immer wieder, bis Sie fühlen, dass er ganz der Ihre ist. Teilen Sie Ihre Pläne mit anderen, von denen Sie wissen, dass Sie unterstützt werden. Nehmen Sie an einem Marathon teil oder laufen Sie zugunsten eines wohltätigen Zweckes. Zu den Düften für dieses Chakra gehören Vetiver, Ylang Ylang und Bergamotte.

Herzchakra

Atemübungen helfen Menschen, die Probleme mit dem Herzchakra haben. Schreiben Sie sich zu einem Yoga- oder Qi Gong-Kurs ein, in dem auch Atemübungen durchgeführt werden. Praktizieren Sie auch die Atemübungen, die ich Ihnen in diesem Buch vorgestellt habe. Fangen Sie an, Tagebuch zu führen und schreiben Sie alle Ihre Gefühle und Gedanken ganz ehrlich auf. Schauen Sie sich Ihre Beziehungen an und versuchen Sie, sich von unterdrücktem Kummer oder Verlustgefühlen zu befreien, wenn nötig mit professioneller Unterstützung. Beginnen Sie damit, sich selbst so anzunehmen wie Sie sind. Lesen Sie Gedichte oder humorvolle Bücher. Berühren Sie Menschen, die Sie lieben. Schreiben Sie dem Menschen, der etwas Positives in Ihrem Leben bewirkt hat, einen Dankesbrief. Unterhalten Sie sich wieder einmal mit einem alten Freund bzw. einer alten Freundin aus Ihrer Kinderzeit. Üben Sie sich in Vergebung. Ätherische Duftöle für das Herzchakra sind zum Beispiel Rose und Melisse.

Halschakra

Wenn Ihr Halschakra zu wenig Energie hat, sollten Sie Ihre Stimme mehr einsetzen: Singen, Chanten, Summen, Schreien – alles was hilft, um Ihre Stimme zu befreien. Klangtherapie oder Stimmarbeit wären wunderbar. Falls Sie zu viel Energie an diesem Chakra haben, üben Sie sich in der Kunst der Stille und konzentrieren Sie sich darauf, was andere Menschen zu sagen haben. Zur Behandlung von Problemen an diesem Chakra eignen sich Körperarbeit und Massagen, welche die Spannung in Nacken und Schultern lösen, oder probieren Sie die Alexander-Technik oder Pilates aus. Schreiben Sie Ihre Gedanken und unausgesprochenen Gefühle in einem Tagebuch nieder; schreiben Sie Briefe an Menschen, mit denen Sie in einer problematischen Beziehung stehen (die Briefe müssen ja nicht abgeschickt werden!). Atmen Sie, bevor Sie sprechen und während Sie zuhören. Üben Sie, das vorher schon einmal auszusprechen, was Sie später sagen möchten. Schreiben Sie Briefe an Menschen, mit denen Sie in Verbindung treten oder mit denen Sie etwas abschließen möchten. Praktizieren Sie jeden Tag 10 Minuten Schweigen und Stille. Schreien Sie in ein Kissen oder singen Sie im Auto mit ganzer Lungenkraft ein Lied. Achten Sie darauf, einen Tag lang weder sich selbst noch andere zu kritisieren. Zu geeigneten Düfte für dieses Chakra zählen Kamille und Myrrhe.

Augenchakra

Malen oder zeichnen Sie. Nehmen Sie die Materialien und Farben, die Ihnen gefallen, und malen Sie, was Ihnen in den Sinn kommt (es muss nicht künstlerisch wertvoll sein). Schauen Sie sich Ihre Bilder an und beobachten Sie, welche Gefühle aufsteigen. Notieren Sie sich Ihre Träume und arbeiten Sie mit ihnen – Sie können sie malen, darüber etwas schreiben oder sich ausmalen, was als Nächstes passieren könnte. Was bedeuten Ihnen die Symbole und Menschen in Ihren Träumen? Verlassen Sie sich dabei bitte nicht auf so genannte Traumlexika, denn Träume sind immer sehr individuell, und sie enthalten sehr persönliche Botschaften. Probieren Sie Meditation oder autogenes Training. Geführte Phantasiereisen können nützlich sein, auch „Hypnotherapie" (mit einem seriösen und qualifizierten Experten). Erfinden Sie ein Rezept, bereiten Sie es zu und servieren Sie es auf Ihrem besten Geschirr. Verändern Sie Ihr „Image", Ihr Aussehen und Ihre Kleidung. Machen Sie mit Ihren Kindern (oder Nachbarskindern) Fingermalereien und hängen Sie Ihre Kreationen an die Wand. Stellen Sie Ihr Wohnzimmer um. Geben Sie alte Kleidungsstücke weg. Besuchen Sie ein Kunstmuseum oder eine Galerie. Visualisieren Sie, wie Sie in allen Bereichen des Lebens, die Sie interessieren, Erfolg haben. Zu den Duftölen für dieses Chakra gehören Rose, Geranie und Hyazinthe.

Kronenchakra

Falls Ihr Kronenchakra gestört ist, sollte Meditation Ihnen wirklich gut tun. Seien Sie offen für neue Ideen und neue Informationen. Lehnen Sie nichts ab, bevor Sie es nicht ausprobiert haben. Öffnen Sie sich für Spiritualität und lassen Sie jegliche zynischen Neigungen einmal weg. Überprüfen Sie Ihre Einstellung zu Spiritualität und Religion. Falls Sie andererseits ein Übermaß an Energie am Kronenchakra haben, dann sind Sie vermutlich ziemlich „ausgeflippt" und müssen sich mehr mit Ihrem Körper und der Erde verbinden. Üben Sie körperliche Bewegung aus, lassen Sie sich massieren und gärtnern Sie. Achten Sie auf Recycling. Vermeiden Sie Abfall und Umweltverschmutzung.

Spenden Sie etwas für wohltätige Zwecke. Kreieren Sie eine eigene Meditation, bei der es um ein schönes Erlebnis in Ihrem Leben geht und begleiten Sie das mit einer Musik, die Ihnen etwas bedeutet. Seien Sie sich selbst und anderen gegenüber freundlich und gütig – als Teil einer spirituellen Praxis sozusagen. Übernehmen Sie die Patenschaft für ein Kind in einem Entwicklungsland. Düfte sind Lavendel, Weihrauch und Rosenholz.

Ernährungsplan für die Chakras

Wenn Sie mit Ihren Chakras arbeiten, empfehle ich Ihnen, zusätzlich auf die richtige Ernährung zu achten. Die Lebensmittel, die wir zu uns nehmen, sind reine Energie. Energie ist nicht statisch, sondern sie schwingt mit bestimmten Frequenzen. Jede Art von Obst und Gemüse, jedes Eiweiß, Kohlehydrat und Fett besitzt seinen eigenen Energiecharakter. Eines der Geheimnisse, wie Sie Ihre Chakras strahlend gesund erhalten können, besteht darin, sie energetisch mit der richtigen Nahrung zu versorgen.

Ich schlage Ihnen vor, dass Sie Ihre Lebensmittel vor allem nach deren Farbe und Schwingung auswählen. Auf diese Weise essen Sie, was dem Chakra entspricht, an dem Sie gerade arbeiten. Es wäre wirklich gut, wenn Sie jede Woche oder jeden Tag nacheinander mit einem anderen Chakra arbeiten. Oder Sie arbeiten jeweils mit dem Chakra, von dem Sie wissen oder spüren, dass es aus dem Gleichgewicht geraten ist.

1. Chakra

Verstärken Sie Ihre Ernährung mit Obst und Gemüse, die rote Haut oder rotes Fleisch haben; zum Beispiel Tomaten, rote Paprika, rote Äpfel, Kirschen, Radieschen, und so weiter. Da es sich um das Wurzelchakra handelt, sollten Sie mehr Eiweiß (Proteine) zu sich nehmen (Fleisch, Geflügel, Fisch sowie Hülsenfrüchte, Tofu, etc.). Ich empfehle auch, mehr gekochtes Essen mit kräftigem Aroma zu sich zu nehmen, da das erste Chakra auch für den Geruchssinn zuständig ist.

2. Chakra

Vermehren Sie die Aufnahme von orangefarbenen Früchten und

Gemüsen wie Karotten, Satsumas, Orangen, Süßkartoffeln, Kürbis u.ä. Die Energie in diesem Kraftzentrum ist mit dem Element Wasser verbunden und dem Geschmackssinn. Deshalb rate ich, mehr Suppen zu essen und mehr Wasser zu trinken. Achten Sie darauf, dass Ihr Essen nicht fade schmeckt, sondern dass Sie Ihren Geschmacksnerven Abwechslung bieten. Sie sollten auf jeden Fall deutlich weniger Salz verwenden, weil Salz das Wasser im Körper hält und stagnieren lässt.

3. Chakra

Nehmen Sie reichlich gelbe Nahrungsmittel zu sich wie Bananen, Melonen, gelbe Papirka, Getreide wie Weizen, Mais, Buchweizen, Hafer und Samenfrüchte. Dieses Chakra hat mit Feuer zu tun. Deshalb müssen Sie mehr Lebensmittel essen, die während der Stoffwechselprozesse eine Menge an Energie freisetzen, wie zum Beispiel komplexe Kohlehydrate in Form von Vollwertgetreide. Dieses Chakra hat mit Ihrem Gesichtssinn zu tun; deshalb sollten Sie Ihr Essen sehr kreativ aufdecken.

4. Chakra

Sie sollten viel grünes Gemüse und Obst zu sich nehmen wie Brokkoli, Zucchini, grüne Äpfel, grüne Paprika, Spinat, grüne Bohnen, Salat, und so weiter. Die Energie dieser Gemüsearten ist neutral und trägt die Energie von Erde und Sonne in sich. Dieses Chakra ist mit dem Tastsinn verbunden. Wenn Sie Ihre Lebensmittel auf dem Markt aussuchen, spüren Sie, welche Ihnen gut tun und wenn Sie später das Essen zubereiten, erfassen Sie die Oberflächenstruktur des Gemüses und des Obstes, oder „füttern" Sie Ihren Partner mit den Händen.

5. Chakra

Nehmen Sie mehr rotblaue Gemüse und Früchte zu sich wie Auberginen, Heidelbeeren, dunkle Feigen, Rosinen, Pflaumen, blaue Bohnen, blauen Mais, blau-rote Zwiebeln, Rote Beete, Rotkohl, Oliven und so fort. Dieses Chakra hat mit dem Gehörsinn zu tun; Sie könnten während des Essens schöne Musik spielen.

6. und 7. Chakra

Diese beiden Chakras bringen Sie mehr in Verbindung mit Ihrer Intuition, geistigen Klarheit und dem höheren Selbst. Diese Chakras besitzen sehr feine und helle Schwingungen. Wenn Sie auf dieser Ebene arbeiten, sollten Sie Ihren Organismus nicht mit zu viel Nahrungsmitteln belasten. Wenn Sie fasten können, wäre das der richtige Zeitpunkt, während Sie mit diesen beiden Chakras arbeiten. Wenn Sie ein leichtes Essen zu sich nehmen, sollten die Farben blau und violett vorherrschen. Es wird Ihnen auch helfen, wenn Sie das Essen zu einer Art von Meditation gestalten. Zünden Sie Kerzen in Ihrem Esszimmer an, essen Sie schweigend und kauen Sie lang und gut. Es wäre gut, wenn Sie Ihren Tisch in den beiden genannten Farben decken.

Chakraausgleich

Nachdem wir uns sehr spezielle praktische Möglichkeiten angesehen haben, um die Chakras auszugleichen, möchte ich Ihnen nun einige Meditationsformen vorstellen in Form einer Reise durch die Chakras.

Meditationsreise durch die Chakras

Ich mag die folgende Meditation besonders gern, weil sie sich mit ihren wunderbaren Bildern nicht nur an die rechte Gehirnhälfte, sondern mit ihren starken Affirmationen auch an die linke wendet. Diese Meditation wird Ihren Astralkörper in eine perfekte Balance bringen. Sie wird auch Ihren Mentalkörper ausgleichen. Je öfter Sie diese Meditation durchführen, desto bessere Ergebnisse werden Sie erzielen. Sie duschen sich ja jeden Tag ein oder zwei Mal, um Ihren physischen Körper zu waschen. Genauso können Sie diese Meditation als Reinigung für Ihre Energiekörper betrachten!

Das Beste ist, die folgenden Schritte selbst zu sprechen und aufzunehmen, damit Sie sie für Ihre Meditation abspielen können und die Meditation nicht unterbrechen müssen, um die Anleitung für den nächsten Schritt nachzulesen.

Suchen Sie sich einen Platz, an dem Sie bequem sitzen oder liegen können – schlafen Sie aber bitte nicht ein. Nehmen Sie sich einige Minuten lang Zeit, um sich einzustimmen, richten Sie die Aufmerksamkeit auf Ihre Atmung und entspannen Sie sich. Dann fangen Sie mit der Meditationsreise an.

Ich atme alle Spannungen in meinem Körper aus und entspanne mich. Ich weiß, dass ich meine Energie auf bessere Weise nutzen kann. Ich stelle mir vor, dass meine Wirbelsäule wie ein Stiel ist, der vom Ende meines Rückgrats bis tief in die Erde hinein reicht und mich so geerdet hält. Das andere Ende des Stiels richtet sich auf einen strahlenden hellen Lichtpunkt über meinem Kopf.

Ich richte meine Aufmerksamkeit auf mein erstes Chakra, das Wurzelchakra am Perinäum unterhalb des Steißbeins. Mein Wurzelchakra ist wie eine sich drehende Spirale, die sich zur Erde hin öffnet. Ich atme in das Wurzelchakra und stelle mir eine vibrierende rote Blüte vor, die sich jetzt öffnet. Ich spüre, wie sich die Energie in diesem Zentrum verstärkt. Ich richte meine Aufmerksamkeit nun auf die Ausatmung und ich atme alle Gefühle der Unsicherheit aus. Ich atme alle Gefühle der Unsicherheit aus. Ich sage zu mir:

> „Ich bin Teil des lebendigen Universums. Ich erkenne meine Verbindung mit allen lebenden Wesen. Ich bin ganz und gar lebendig und hier in meinem Körper. Ich habe alles, was ich brauche."

Jetzt lenke ich meine Aufmerksamkeit auf das zweite Chakra, das Sakral- oder Wasserzentrum. Es ist gerade unter meinem Nabel. Ich atme Orange in dieses Chakra ein, es öffnet sich wie eine Blüte. Dann richte ich meine Aufmerksamkeit auf die Ausatmung. Ich atme alle Gedanken im Hinblick auf meine Sexualität aus, die ich nicht mehr länger brauche. Ich atme alle Gefühle aus, die nicht schöpferisch sind. Ich atme alte Bilder und Erinnerungen an Beziehungen aus, die in diesem Chakra festsitzen und die ich nicht mehr länger brauche. Diese Gedanken und Gefühle begrenzen mich. Ich atme sie aus und sage nun zu mir selbst:

> „Ich besitze die Kraft der Kreativität. Ich bin fähig, etwas Neues in dieses Leben zu bringen. Ich vertraue meiner Sexualität und meinen Beziehungen mit anderen Menschen."

Ich richte meine Aufmerksamkeit auf das dritte Chakra, den Solarplexus, mein Machtzentrum. Ich atme gelbe Farbe, ein wunderschönes Sonnengelb in dieses Chakra hinein. Ich spüre, wie sich die Energie in diesem Zentrum verstärkt und es sich wie eine Blüte öffnet. Dann wende ich meine Aufmerksamkeit der Ausatmung zu und atme alle Gefühle aus, dass ich vollkommen sein müsste. Ich atme alle Gefühle aus, ein Opfer oder in bestimmten Situationen ohnmächtig zu sein, alle Sorgen darüber, was andere über mich denken und allen Widerwillen gegen Autoritäten. Ich atme all das aus meinem Solarplexus aus und sage zu mir:

„Ich habe Kontrolle über meine eigene Kraft. Ich kann eigene Entscheidungen treffen. Ich achte mich selbst und ich achte andere. Ich bin machtvoll."

Nun wende ich meine Aufmerksamkeit dem vierten Chakra zu, dem Herzzentrum. Ich atme wunderbares Grün in die Mitte meines Brustraums. Ich werde mir dieses Zentrums bedingungsloser Liebe bewusst, das sich ausdehnt und öffnet. Ich atme in die sich öffnende Blüte hinein, wo die Macht der Liebe wohnt. Ich atme Grün ein und spüre diese Kraft. Dann richte ich meine Aufmerksamkeit auf die Ausatmung. Ich atme alle Gefühle der Verletzlichkeit, Begrenzung und beengter Liebe aus und die Angst, dass ich verletzt werden könnte. Ich atme alle Glaubensmuster über die Liebe aus, die das Herz begrenzen und zusammenziehen. Ich atme alle Glaubensmuster aus, die keine Liebe verdienen – zum Beispiel, dass es falsch wäre, mich selbst zu lieben – und dann sage ich zu mir selbst:

„Ich spüre Mitgefühl mit mir selbst und für alle lebenden Wesen. Ich gebe und empfange Liebe ohne jede Vorbedingung. Ich bin von Liebe erfüllt."

Ich richte meine Aufmerksamkeit auf das fünfte Chakra, mein Halszentrum. Ich atme eine schöne blaue Farbe ein, Aquamarin oder Türkis. Ich atme diese Farbe ein und spüre, wie sich die Blüte an meinem Kehlkopfchakra öffnet. Dies ist mein Zentrum der aufrichtigen Kommunikation, des freien Sichaussprechens. Ich atme Blau in diese Blüte hinein. Dann wende ich mich der Ausatmung zu und atme alle Gefühle oder Erinnerungen an Ereignisse aus, als ich mich nicht getraut habe zu sagen, was ich gespürt habe, als ich mich nicht getraut habe zu sagen, was mich bewegt hat. Ich sage zu mir:

„Ich drücke meine tiefsten Gedanken und Gefühle klar aus. Ich kann frei und offen sprechen. Ich vertraue darauf, dass meine Seele aus mir spricht."

Nun richte ich meine Aufmerksamkeit auf das sechste Chakra, am dritten Auge. Ich atme Indigoblau, ein wunderschönes tiefes Blau, wie es der Nachthimmel hat, hinein in dieses Zentrum der inneren Schau, der Einsicht und Intuition. Ich atme dieses Chakra frei und es öffnet sich wie eine Blüte und wird zum Tor zu meinem spirituellen Bewusstsein. Es wird zu einem Auge, das in alle Richtungen blicken kann und mir den Weg zeigt, wie ich mein ganzes Wesen entfalten und ausdehnen kann. Ich sage zu mir selbst:

„Ich bin in Übereinstimmung mit einer unbegrenzten Quelle der Führung. Ich vertraue meiner Intuition."

Jetzt richte ich meine Aufmerksamkeit auf einen Punkt über meinem Kopf, auf das siebente Chakra, das Kronenzentrum. Hier sind die Energiefarben Weiß, Gold und Amethyst. Ich stelle mir diese Farben vor und atme sie in den Raum gerade über meinem Kopf ein. Das ist der Ort, an dem mein Heiligenschein ist, mein Wissen, dass es mehr als nur die physikalische Wirklichkeit gibt. Während ich mich auf dieses Chakra konzentriere, gehe ich an einen Ort des „Nichts", der gleichzeitig ein Ort von „Allem" ist. Dies ist das Tor zur Seele, hier gibt es nichts mehr zu sprechen, weil es ein Ort jenseits von Worten ist, ein Platz, an dem ich mein ganzes Wesen mit dem Universum verbinde. Ich selbst bin das Universum, unbegrenzt und zeitlos. Ich höre mich selbst sagen:

„Ich bin der ich bin."

Nun stelle ich mir vor, dass ich alle Farben des Spektrums ausstrahle, alle Farben des Regenbogens. Ich sehe, wie sie in mir schwingen und sich spiralförmig drehen, und wie alle Farben zusammen Weiß bilden. Ich bin weißes Licht, ich befinde mich in weißem Licht, ich strahle weißes Licht aus, ich werde zum strahlenden Licht. Allen Zellen und Atomen in meinem Körper erlaube ich, sich das Licht einzuprägen und sich an das Licht zu erinnern, das sie sind. Dann, wenn ich dazu bereit bin, bringe ich meine Aufmerksamkeit sanft wieder zurück in den Raum und weiß, dass ich mit Mutter Erde verbunden bin und von der göttlichen Macht geführt werde. Ich bin geerdet und fokussiert. Ich atme einige Male tief ein, bewege dann leicht meine Finger und Zehen und öffne schließlich meine Augen und komme zurück in meinen Tag. Ich dehne und recke und strecke mich.

Chakraausgleich mit Glocken bzw. Klangschalen

Glocken (russisch: *Kolokol*) sind sehr wirksame Mittel, um Energie zu klären. Wie bei der Energiereinigung zu Hause (siehe Teil 2), verwende ich Glocken auch gern, um die Chakras zu reinigen und auszugleichen. So gehen Sie vor:

1. Sie stehen oder sitzen bequem auf einem Stuhl.

2. Nehmen Sie eine Glocke in eine Hand und halten Sie die Glocke etwa 20 Zentimeter von Ihrem Körper entfernt, auf Höhe Ihres Wurzelchakras.
3. Atmen Sie tief ein und stellen Sie sich vor, dass Sie Energie bis hinunter in Ihre Zehenspitzen senden. Atmen Sie aus.
4. Beginnen Sie, die Glocke anzuschlagen und bewegen Sie sie am Körper aufwärts entlang des mittleren Meridians. Erhöhen Sie die Geschwindigkeit, in der Sie die Glocke anschlagen, je höher Sie mit der Glocke kommen: Nabel, Solarplexus, Herz, Hals und 3. Auge.
5. Achten Sie darauf, dass die Glocke melodiös klingt und dass ihr Klang weich fließt und nicht unterbrochen wird.
6. Wenn Sie oben zu Ihrem Kopf gelangen, am Kronenchakra, dann zeichnen Sie mit Ihrer Glocke eine liegende Acht in die Luft, um die Energie zu versiegeln.
7. Gehen Sie nun zurück zum Wurzelchakra und wiederholen Sie die Schritte 2. bis 6.; danach noch ein drittes Mal. Ingesamt führen Sie diese Schritte also dreimal durch. Die 3 gilt in Russland als magische Zahl und wir führen unsere Rituale gern dreimal aus. Jedes Mal, wenn Sie so mit der Glocke durch Ihre Aura gehen, sollte der Klang klarer und klarer werden, da die Energien harmonisiert werden.
8. Reinigen Sie nach Ende des Gebrauchs Ihre Glocken mit Salzwasser.

Die Aura mit Düften reinigen

Im 5. Kapitel, als es um die Reinigung der Wohnung bzw. des Hauses ging, habe ich davon gesprochen, Weihrauch zu verwenden, um die Energie zu Hause zu klären. Die gleiche Technik kann man auch anwenden, um die Energie der Aura zu klären, ihre eigene oder die anderer Menschen. Es muss dabei aber nicht immer Weihrauch sein. Sie können, je nach emotionalem Zustand, aus einer Reihe von Möglichkeiten auswählen. Bei manchen Düften handelt es sich um ätherische Öle, bei anderen um ganz normale Dinge aus Ihrem Haushalt. Hier die wichtigsten Düfte zur Selbstreinigung.

- Nelken: helfen, schwierige Beziehungsverhältnisse zu Hause oder am Arbeitsplatz zu klären
- Zimt: zum Schutz vor anderen Leuten und um sich zu beruhigen
- frisch gemahlener Kaffee: um anhaltende Albträume zu verbannen
- Weihrauch: um spirituelle Entwicklung zu fördern
- Zerstoßener Knoblauch: um sich von negativen Gedanken oder störenden Ideen zu befreien
- Honig: um Ihr Temperament weicher zu stimmen
- Zedernöl: um Angst oder Stress zu klären
- Salbei: zur Tiefenreinigung und intensiven Klärung
- Sandelholz: um sich zu erden und für mehr Festigkeit

So gehen Sie dabei vor:
- Sie nehmen eine Holzkohlentablette, legen Sie auf einen geeigneten Teller, zünden sie an und warten, bis sie raucht und grau wird. Dann geben Sie den Duft Ihrer Wahl auf die glühende Holzkohle.
- Setzen Sie sich auf einen Stuhl mit einer geraden Rückenlehne und setzen Sie den Teller mit Holzkohle und Duftmaterial vor sich auf den Boden.
- Sie verwenden nun ein weißes Laken, das Sie einerseits hinter Ihrem Nacken verknoten, und das Sie andererseits so über sich, den Stuhl und den Duftspender fallen lassen, dass eine Art Zeltdach entsteht.
- Das Laken sollte überall rundherum locker auf den Boden fallen. Natürlich müssen Sie Acht geben, dass es nicht die heiße Holzkohle berührt und nicht Feuer fängt. Deshalb verwenden Sie auch keine brennende Holzkohle, sondern nur sanft glühende.
- Es entsteht so etwas wie ein „Trocken-Dampfbad“. Erlauben Sie Ihrem Körper und Ihrer Aura, 10 bis 15 Minuten lang die Aromen aufzunehmen.

! *Diese Methode eignet sich unter Umständen nicht für Menschen, die unter asthmatischen oder anderen Atembeschwerden leiden.*

Chakraausgleich mit Musikinstrumenten

Sie können Ihre Chakras harmonisieren und ausgleichen, indem Sie die Musik bestimmter Instrumente hören. Für jedes Chakra eignet sich eine bestimmte Musik besonders. Setzen Sie sich bequem an einen gemütlichen Platz und spielen Sie die Musik laut genug ab, sodass sie in Ihrem Körper sanfte Schwingungen auslöst. Hier sind die entsprechenden Instrumente:

- Das 1. Chakra spricht gut an auf tiefe Töne und langsame Klänge, von Orgel, Trommel oder Kontrabass.
- Das 2. Chakra wird von Bratsche oder klassischer Gitarre gut unterstützt.
- Das 3. Chakra reagiert gut auf Saxophon und ganz allgemein auf Blechblasinstrumente.
- Das 4. Chakra spricht auf die klassische Geige an. Vor allem die Musik von Mozart hat eine sehr ausgleichende Wirkung.
- Das 5. Chakra findet Ausgleich vor allem durch Flötenmusik.
- Das 6. Chakra spricht gut auf Harfenmusik an.
- Das 7. Chakra wird auf laute Glockenklänge oder die feinen Schwingungen von zwei Kristallgläsern, die sanft aneinander gestoßen werden, gut ansprechen (ein Klang wie beim Triangel).

Übung mit dem weißen Band

Eine weitere Energieübung, die ich sehr gern mag. Das ist eine hervorragende Übung, wenn Sie Ihr „Überlebenszentrum“ am Wurzelchakra stärken möchten. Ich empfehle diese Übung auch Sportlern und allen anderen Menschen, die mehr Energie brauchen, um schneller bessere Leistungen zu erbringen.

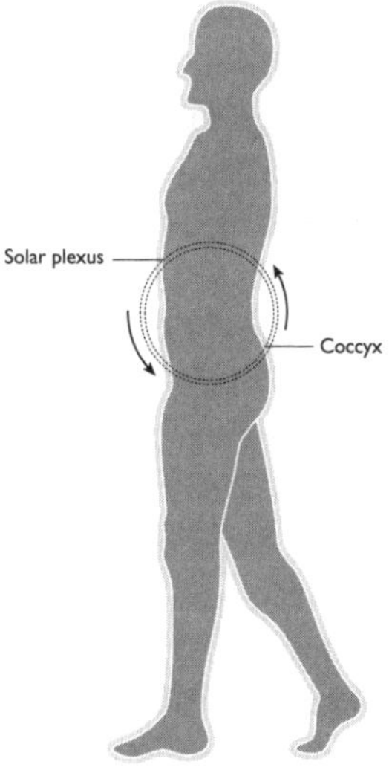

Weißes Band

- Setzen Sie sich bequem hin. Atmen Sie ein und stellen Sie sich vor, dass ein strahlendes weißes Band, dessen Licht ähnlich dem Licht einer Tageslichtleuchte ist, Ihr Rückgrat vom Steißbein an aufwärts wandert.
- Während dieses Lichtband nach oben wandert, erreicht es einen Punkt am Rücken gegenüber vom Solarplexus. Das Licht tritt in Ihren Solarplexus ein und

verlässt ihn wieder vorn am Körper.
- Nun wandert das Lichtband wieder abwärts, entlang der Bauchmitte, bevor es am Punkt gegenüber Ihres Steissbeins wieder in den Körper eintritt.
- Sie erzeugen so ein strahlendes weißes Lichtband oder einen Energiekreis (siehe Abbildung). Dieser Lichtkreis wird sich immer schneller bewegen. Sie können ihn sich als einen schnell senkrecht kreisenden Hulahoop-Reifen aus Licht vorstellen. Bleiben Sie in dieser Vorstellungsübung 3 bis 5 Minuten lang.

Zylinderspule

Noch eine sehr schöne Übung. Sie wirkt sehr gut, um Lebensenergie im gesamten Körper auszugleichen und gut zu verteilen.
- Setzen Sie sich bequem hin und konzentrieren Sie sich auf Ihre Atmung, um sich besser zu entspannen.
- Visualisieren Sie einen leuchtenden Ball voll weißer strahlender Energie, ungefähr so groß wie ein Tennisball. Er bewegt sich vom Steißbein angefangen in Ihrer Wirbelsäule entlang aufwärts.

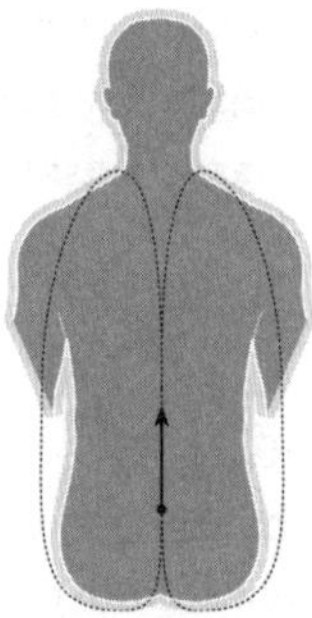

Zylinderspule

- Der Energieball bewegt sich „durch" Ihre Wirbelsäule, als ob er durch einen Schlauch nach oben gelangen würde.
- Wenn dieser Energieball Ihren ersten Nackenwirbel erreicht, bewegen Sie den Ball über die rechte Schulter nach außen. Er kann nun wieder zurück nach unten zu Ihrem Steißbein wandern, diesmal rechts an Ihrem Körper entlang. Es ist, als ob Sie einen unsichtbaren Flügel über Ihren Rücken beschreiben würden.
- Wiederholen Sie den Vorgang nun mit der Aufwärtsbewegung eines neuen Energieballs in Ihrer Wirbelsäule hinauf und lassen Sie ihn dann die linke Körperseite hinunterwandern.
- Prägen Sie sich dieses Bild von Flügeln fest in Ihrem Geist ein. Nun stellen Sie sich vor, dass zwei leuchtende Energiebälle entlang dieser Linien auf und ab laufen. Sie sollten sich das durchaus so vorstellen, als ob diese beiden Energiekreise wie zwei rotierende Energiepropeller auf Ihrem Rücken sind.

17.
Den Mentalkörper reinigen

Nachdem wir etwas unternommen haben, um unseren Astralkörper und die Chakras zu klären und zu reinigen, wollen uns nun dem Mentalkörper zuwenden. Die Mentalebene ist die nächste nach der Astralebene in unserer Aura. Ich bitte Sie also darum, über das Denken nachzudenken. Bei dieser Gelegenheit möchte ich Ihnen auch mehr über die magischen Meridiane, über die Energiekanäle beibringen, die durch unseren Körper laufen. Sowohl der Emotional- als auch der Mentalkörper sollen entgiftet und harmonisiert werden.

Denken

Ein berühmter russischer Arzt, M. Seschenow, hat einmal gesagt, dass Denken einem Handeln entspricht, das sich noch in Warteposition befindet. Ein Gedanke bringt die Bereitschaft Ihres Körpers zum Ausdruck, in eine zukünftige Aktion überzugehen. Damit meine ich, dass Sie zum Beispiel nur daran denken müssen, bestimmte Bewegungen auszuführen und schon spannen sich die entsprechenden Muskeln in Erwartung der Aktion an. Unsere Gedanken üben machtvolle physiologische Wirkungen aus. Erinnern Sie sich, dass ich Sie in einem der vorherigen Kapitel gebeten hatte sich vorzustellen, in eine Zitrone zu beißen? Und wie allein schon der Gedanke daran die Speichelproduktion verstärkt hat, ohne dass Sie einer Zitrone auch nur nahe gekommen wären. Das ist doch recht eindrucksvoll, meine ich, nicht wahr?

Denken bestimmt nicht nur physiologische Prozesse im Körper, sondern stellt auch ein Werkzeug des spirituellen Bewusstseins, des „Spirit“ dar. Denken hat eine unmittelbare Wirkung auf Ihr spirituelles Selbst und Ihre Energie. Wenn Ihre Gedanken auf eine geschmeidige, weiche Weise fließen, fühlen Sie sich glücklich und Sie spüren eine große Vitalität. Falls Ihre Gedanken chaotisch oder durch negatives Denken unterdrückt sind, werden Sie sich krank und schwach fühlen.

Jedes Mal, wenn Sie über etwas nachdenken, erzeugen Sie einen Gedanken. Dieser Gedanke wirkt nicht nur auf die Frequenz der Energie Ihrer Aura ein, sondern auch auf die Energie der Aura der Menschen in Ihrer unmittelbaren Umgebung. Die Energie von Gedanken kann entweder schwer und fest bzw. dicht sein, oder leicht, hell und locker. Wenn Sie das kaum glauben können, denken Sie daran, was geschieht, wenn Sie deprimiert sind. Ihre Gedanken werden dunkel, fest und träge. Je mehr Sie solchen Gedanken erlauben, in Sie einzusinken, desto schwerfälliger und deprimierter werden Sie. Und nun überlegen Sie bitte, was passiert, wenn Sie in der Nähe von jemandem sind, der depressiv ist. Es fällt Ihnen (und uns allen) schwer, einen optimistischen Gemütszustand aufrecht zu erhalten, und wenn man nicht aufpasst, wird man selbst auch noch herunter gezogen.

Viele Menschen schaffen sich selbst Blockaden in ihrer mentalen Energie, weil Sie sich über ihre Gedanken zu sehr an Dinge oder Menschen in der Vergangenheit oder der Zukunft heften. Das blockiert nicht nur die Energie dieser Menschen, sondern überfrachtet das Bewusstsein mit zu viel unnötiger negativer Energie. Diese mentalen Blockaden werden auch erzeugt, wenn man starre oder unrealistische Erwartungen hegt darüber, wie andere Menschen sich verhalten sollten. Wenn sich Menschen nicht so benehmen, wie es den Erwartungen entspricht, erzeugen die entsprechenden Gedanken (verknüpft mit der Energie der Erwartungshaltung) eine Blockade im Bewusstsein, die zu einem inneren Konflikt führt.

Es gibt eine sehr, sehr einfache Methode, das zu vermeiden: Lassen Sie Ihre Erwartungen fallen! Verlangen Sie nicht und erwarten Sie nicht von anderen Menschen ein bestimmtes Verhalten oder eine bestimmte Entscheidung. Eine solche Haltung kann einem schwer fallen, aber es ist wirklich wesentlich, dass Sie lernen, jeden und alles ohne Beurteilung so anzunehmen, wie die Menschen oder Situationen nun einmal sind.

Vielleicht haften Sie zu sehr an Dingen ohne zu bemerken, dass Sie das tun. Manchmal fällt uns erst auf, wie sehr wir an etwas gehangen haben und wie sehr das unsere Psyche beherrscht hat, wenn wir es verlieren. Manche Menschen können tatsächlich „ihren Verstand verlieren", wenn sie versuchen, den Verlust zu vergessen und sich „abschalten". Falls es bei Ihnen jetzt klingelt, wäre es sinnvoll, dass Sie die Energieübungen aus dem 15. Kapitel praktizieren, die „Mittlere Aufmerksamkeit" und „Periskop" genannt wurden (siehe Seite 148).

Erwartungen

Ich möchte Ihnen einen Witz über Erwartungshaltungen erzählen, der schön beleuchtet, worum es bei diesem Thema geht. Ein streng religiöser Mann führte sein ganzes Leben streng nach den Regeln seiner Kirche. Eines Tages wurde sein kleines Städtchen überflutet, und alle Bewohner wurden aufgefordert, den Ort zu verlassen. Er weigerte sich jedoch, weil er überzeugt war, dass Gott ihn schon retten würde. Das Wasser stieg höher und höher, so dass die bereits Evakuierten ihm einen Mann mit einem Boot schickten, um ihn aus seinem überschwemmten Haus zu retten. Er weigerte sich wieder und sagte, dass er sich lieber ganz auf Gott verließe. Das Wasser stieg weiter, so dass der Mann schließlich auf dem Dach sitzen musste, um seinen Kopf über Wasser zu halten. Man schickte einen Hubschrauber, um ihn zu retten. Wieder weigerte er sich und antwortete, dass Gott erscheinen würde, um ihn zu retten.

Er ertrank.

Im Himmel gelangte er vor Gott und fragte ihn: „Gott, bitte sage mir, warum Du mich, wo ich Dir doch mein ganzes Leben lang so treu ergeben war und Deine Gebote alle eingehalten habe, nicht gerettet hast?" Gott antwortete: „Du dummer Mann. Habe ich dir nicht das Boot geschickt? Und dann noch den Hubschrauber?"

Was ich Ihnen vermitteln möchte ist dies: Bewahren Sie sich einen offenen Geist. Erzeugen Sie keine unnötigen Begrenzungen für Ihre mentale Energie, da Sie ja nie wissen können, woher das „Rettungsboot" kommen könnte. Ich möchte nicht, dass Sie irgendeine Gelegenheit oder Chance im Leben nur deshalb versäumen, weil Ihr „Radar" mental schon auf eine einzige Station voreingestellt war.

Im Verlauf des Lebens bewegen wir uns von einem Stadium zum nächsten und sammeln so viele verschiedene Erinnerungen und Erfahrungen. Alle ausnahmslos bereichern unsere mentale Energie und erweitern unseren Geist. Die verschiedenen Stadien lassen sich mit unterschiedlichen Bühnenbildern in einem Theater vergleichen. Sie tragen ein spezielles Kostüm, sprechen auf eine bestimmte Weise, treffen in ihrer Rolle auf andere und verwenden einige Requisiten. Wenn Sie ein neues Kapitel Ihres Lebensdrehbuchs aufschlagen, ist dort ein ganz anderes Bühnenbild aufgebaut, weil Sie entweder einen neuen Akt Ihres Lebens spielen oder sogar ein ganz neues Theaterstück. In diesem Teil des Spiels lernen Sie wieder etwas Neues und auch ein bisschen mehr über sich selbst.

Leider schleppen viele von uns Bühnenbild und Requisiten von einem Akt in den nächsten, von einem Stück ins nächste. Das führt natürlich zu einer völlig überfüllten Bühne. Wenn das eine Weile lang so weiter geht, schleppen wir so viele Kostüme, Versatzstücke von Bühnenbildern und Requisiten mit uns herum, dass wir die Fähigkeit verlieren, ein neues Stück zu lernen und zu spielen. Als Folge dessen bemerken wir noch nicht einmal mehr, dass es ein neues Bühnenbild schon gibt, und wir sehen vor uns nur immer wieder dieselben alten Szenarien. Wir beklagen uns vielleicht sogar, dass das Leben doch so langweilig geworden sei.

Letztlich geben wir den neuen Energien in unserem Leben nicht genügend Raum. Deswegen meine ich, dass es so notwendig ist, die Vergangenheit abzuschließen. Wir müssen uns entwickeln können und neue Energien in unser Leben aufnehmen, die nicht von der Vergangenheit belastet sind.

Mentale Energie ausgleichen

Vielleicht denken Sie, dass das alles nur reine Theorie sei – leichter gesagt als getan. Ich möchte Ihnen deshalb jetzt bewährte Techniken vorstellen, um Ihre mentale Energie zu klären und zu harmonisieren.

Meditation „Der leere Raum“

Die mentale Energieübung wird Ihnen helfen, mehr Kontrolle über Ihre Gedanken zu gewinnen und Ihre mentale Energie zu ordnen.

- Stellen Sie sich vor, dass Ihr Kopf ein Raum sei, in dem verschiedene Möbelstücke und Objekte stehen. Jedes Stück hat mit einem bestimmten Ereignis oder einer besonderen Person in Ihrem Leben zu tun. Das Sofa könnte zum Beispiel Ihre Arbeit darstellen, der Stuhl Ihren Partner bzw. Ihre Partnerin, der Tisch Ihre Eltern, und so fort.
- Nun räumen Sie ein Stück nach dem anderen aus Ihrem Zimmer heraus, bis es vollständig leer ist.
- Dann stellen Sie sich vor, dass auch Sie selbst diesen Raum verlassen; sie schließen die Tür von außen.
- Wenn Sie meinen, dass Sie wieder Dinge in das Zimmer hineinstellen, können Sie von Zeit zu Zeit durch ein kleines Fenster in diesen Raum blicken. Werfen Sie die Objekte, die Sie dort spontan entdecken (bzw. Ihre Gedanken daran) fort.

Atemübung

Pranayama-Yoga lehrt rhythmische Atemlenkung, die dazu beitragen kann, Geist, Gefühle und alle Körperfunktionen zu harmonisieren. Diese Technik wird Ihnen praktisch sofort das Gefühl des Wohlbefindens vermitteln. Während der Übung werden Sie tiefgreifende Verjüngung spüren, als ob Sie tief und gut geschlafen hätten.

Sie sollten diese Atemübung entweder aufrecht sitzend durchführen oder während Sie flach mit dem Rücken auf dem Boden liegen. Es gibt dabei vier Stadien:

- Einatmen
- den Atem halten
- Ausatmen
- den Atem halten (bzw. eben nicht einzuatmen)

Je nachdem, wie lange Sie in jedem Stadium verweilen, werden Sie unterschiedliche Wirkungen erzielen. Wenn Sie zum Beispiel so atmen, dass Sie bis 2 zählen beim Einatmen, dann auf 1 zählen zum Atemhalten, dann wieder auf 2 zum Ausatmen und erneut auf 1, ohne einzuatmen, dann stärkt das Ihre Atmungsorgane. Hier eine Übersicht über die Wirkungen unterschiedlicher Atemrhythmen:

- 4 x 2 x 4 x 2: stimuliert Ihre Drüsen und massiert Ihr Herz.

- 6 x 3 x 6 x 3: gleicht Ihren Emotionalkörper aus und vermindert Ängste.
- 8 x 4 x 8 x 4: hilft Ihnen, in einen meditativen Zustand einzutreten und harmonisiert die Frequenz der Schwingungen in Ihren Körperzellen.
- 10 x 5 x 10 x 5: regt stark an und stärkt; beschleunigt den Stoffwechsel.
- 12 x 6 x 12 x 6: lädt Ihre mentalen Energien auf, klärt den Geist und verjüngt Ihr Gedächtnis.
- 14 x 7 x 14 x 7: führt zu geistiger Gelassenheit.
- 16 x 8 x 16 x 8: Das ist die fortgeschrittenste Atemvariante. Wenn Sie diese meistern können, wird Ihr gesamtes Wohlbefinden deutlich gestärkt; hilft auch, um Ihren karmischen Weg zu klären.

Die magischen Meridiane reinigen

Die drei Energiekanäle, die durch unsere Aura verlaufen, habe ich bereits beschrieben und auch, wie sie sich auf unsere Vergangenheit, Gegenwart und Zukunft beziehen. Ich bitte Sie nun damit zu beginnen, jedes Mal, wenn Sie mit einem bestimmten Gefühl oder Gedanken arbeiten, sich zu fragen, mit welchem Zeitrahmen das verbunden ist: mit der Vergangenheit, Gegenwart oder Zukunft?

Sie können sich zum Beispiel direkt fragen: „Kommt das aus der Vergangenheit, der Gegenwart oder der Zukunft?" Normalerweise erfasst Ihr Unterbewusstsein das, und die Antwort taucht wie ein Geistesblitz in Ihrem Bewusstsein auf. Sie können auch das sogenannte automatische Schreiben einsetzen. Dazu setzen Sie sich nur entspannt hin und schreiben die Emotion oder den Gedanken oben auf ein Blatt Papier. Zum Beispiel: „Warum ärgere ich mich?" Dann lassen Sie Ihre Hand einfach schreiben, was Ihnen in den Sinn kommt bzw. was die Hand von sich aus automatisch schreiben möchte. Sie werden überrascht sein, wie viele Information Sie auf diese Weise herausfinden können. Wenn Sie die Antwort gefunden haben, arbeiten Sie mit dem entsprechenden Zeitrahmen.

Die Meridiane (oder indisch: die *Nadis*) können entweder verschmutzt und blockiert sein oder klar und rein. Sie werden durch negative, feste und dichte Energien belastet, die disharmonische und üble Schwingungen in sich tragen. Wodurch wird Energie belastet oder verschmutzt? Zunächst durch unsere negativen Emotionen: Böses, Hass, Unehrlichkeit, Angst und Traurigkeit. Zweitens durch unsere negativen Gedanken: aggressive und egoistische Gedanken. Drittens sogar durch die Art der Nahrungsmittel, die wir zu uns nehmen: stark weiter verarbeitete Lebensmittel, künstlich erzeugte Nahrung, Nahrungsmittel, die Todesinformationen in sich tragen (zum Beispiel, wenn wir unser System mit zu viel Fleisch oder zu viel industriell hergestellten Nahrungsmitteln belasten). Es gibt glücklicherweise einfache Methoden, diese entscheidenden Energiekanäle des Körpers zu klären und zu reinigen.

Testdiagramm und Reinigungsübung

Zeichnen Sie ein einfaches Diagramm der drei Kanäle: *Ida* – Vergangenheit; *Sushumna* – Gegenwart; *Pingala* – Zukunft.

Setzen Sie sich ruhig hin und denken Sie an diese drei Kanäle. Auf welchem Weg bekommen Sie die meiste Energie? Versuchen Sie intuitiv zu erfassen, wie viel Prozent Ihrer Gesamtenergie sich durch welchen Kanal in Ihrem Leben manifestiert. Vielleicht 60% Gegenwart, 20% Vergangenheit und 20% Zukunft? Malen Sie die drei Balkendiagramme dann farbig entsprechend Ihrer persönlichen Energiewerte aus. Das hilft Ihnen, die Funktionen der drei Energiewege besser zu visualisieren.

Jetzt sind Sie bereit für die Übung, um die Energiemeridiane zu harmonisieren. Das ist zur täglichen Anwendung sehr gut, um festzustellen, ob Sie Energie mehr aus Vergangenheit, Gegenwart oder Zukunft beziehen. Man kann die folgende Übung auch wunderbar mit dem meditativen Joggen kombinieren, das auf den nächsten Seiten erklärt wird.

- Stellen Sie die Dusche an, mit normaler Temperatur.
- Bevor Sie unter die Dusche treten, stellen Sie sich die Strahlen des Sonnenlichtes vor, die von oben auf Sie herunter kommen.
- Gehen Sie nun unter die Dusche. Reines klares Wasser fließt aus dem Duschkopf über Sie. Stellen Sie den Duschkopf so ein, dass ein

einziger Wasserstrahl herunterkommt. Lassen Sie den Wasserstrahl Ihre Wirbelsäule hinunter laufen, von der linken zur rechten Seite. Das können Sie so bewerkstelligen, dass Sie den Körper aus dem Strahl herausnehmen und den Körper dann wieder hineinbringen.

- Stellen Sie sich vor, dass der Strom des Wassers Ihre drei Hauptmeridiane reinigt. Beobachten Sie, wie ein Wasserstrahl diese Kanäle durchspült und alle Verunreinigungen von ihren Innenwänden abwäscht.
- Bevor Sie die Dusche beenden, stellen Sie sich einige Sekunden lang so unter die Dusche, dass der Wasserstrahl Ihr Kronenchakra berührt, legen Sie Ihre rechte Hand auf den Solarplexus, die linke Hand darüber. Atmen Sie ruhig und sprechen Sie mit einer ruhigen und starken Stimme zu sich selbst: „Ich bin im Hier und Jetzt."

Die gesamte Übung sollte mindestens 3 bis 5 Minuten dauern. Bleiben Sie die ganze Zeit dessen bewusst, dass Sie Ihre Energiemeridiane

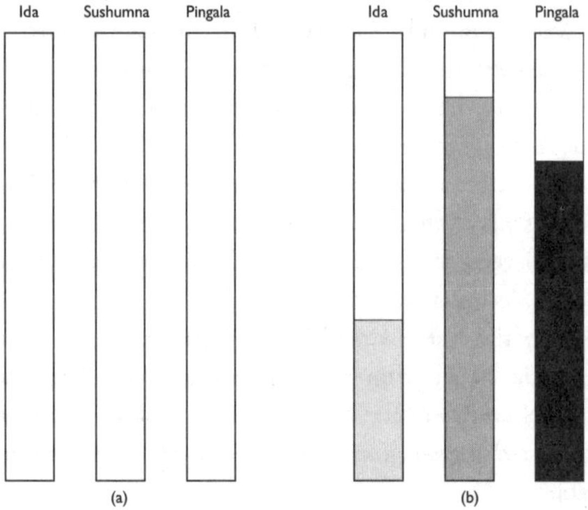

Arbeit mit Ihren Meridianen

klären und reinigen. Erinnern Sie sich selbst daran, dass in Ihrem Herzen das Wissen ist, was Sie erreichen möchten, und dass in Ihrem Solarplexus der tiefe Wunsche besteht, es zu tun und zu vollbringen. Wenn Sie mit Wasser arbeiten, können Sie gleichzeitig auch mit Farben arbeiten. Sie können sich also vorstellen, dass Ihre Lieblingsfarbe mit dem Wasser in Sie einströmt und Ihren Körper durchspült.

Hauttest

Es gibt einen anderen sehr leichten Test, um herauszufinden, welcher der drei Kanäle besonders gut arbeitet. Wenn ein Kanal gut funktioniert, ist die Haut darüber oder entlang diesem Energiemeridian sehr elastisch und kann ziemlich leicht gefasst und gezogen werden. Falls der Kanal blockiert ist, dann fühlt sich die Haut dort steif an und lässt sich nicht gut greifen.

Verbindung zur Energie der Gegenwart

Eine weitere wirkungsvolle Übung, um die Funktion der drei Energiekanäle zu stabilisieren und sich mehr mit dem mittleren Meridian für die Gegenwart zu verbinden, ist die Wechselatmung, bei der Sie abwechselnd durch die beiden Nasenlöcher atmen. (Diese Technik wird im 10. Kapitel beschrieben.) Diese Übung eignet sich für den täglichen Gebrauch und da sie sehr beruhigend ist, sollte man sich genügend Zeit dafür nehmen.

- Tragen Sie bequeme, lockere Kleidung; setzen Sie sich aufrecht hin, die Beine nicht überkreuzt.
- Schließen Sie das rechte Nasenloch mit Ihrem rechten Daumen und atmen Sie durch das linke Nasenloch aus.
- Atmen Sie durch das linke Nasenloch ein, während Sie bis auf 4 zählen.
- Schließen Sie das linke Nasenloch mit Ringfinger und kleinem Finger, lassen Sie dabei Zeige- und Mittelfinger auf der Brücke Ihrer Nase ruhen und beide Finger auf den Bereich zwischen Ihren Augenbrauen drücken. Halten Sie den Atem an, bis Sie bis 16 gezählt haben.
- Öffnen Sie das rechte Nasenloch wieder und atmen Sie durch dieses aus. Versuchen Sie, Ihre Lungen ganz zu leeren, während Sie bis 4 zählen.
- Atmen Sie durch das rechte Nasenloch ein, während Sie auf 4 zählen, schließen Sie das rechte Nasenloch und halten Sie beide Nasenlöcher geschlossen, während Sie bis 16 zählen.

– Öffnen Sie nun wieder das linke Nasenloch und atmen Sie aus, während Sie bis 8 zählen.
– Beginnen Sie wieder von vorne und wiederholen Sie die gesamte Übungsfolge mindestens 10 Mal – einatmen auf 4, halten bis 16, ausatmen auf 8.
– Hören Sie auf, wenn Sie sich schwindlig fühlen.

Meditatives Joggen

Das klingt vielleicht seltsam, aber in Russland hat man das, was man heute modern gut als „meditatives Joggen" bezeichnen könnte, schon seit Jahrhunderten praktiziert. Das begann damit, dass Boten Informationen überbrachten. Diese Leute waren fähig, mit Laufen und Gehen unglaubliche weite Entfernungen zurückzulegen. Dabei half ihnen, dass sie in einem bestimmten Bewusstseinszustand liefen, in dem sie sich auf einen einzigen Gedanken konzentrierten. In einem solchen Zustand wird die körperliche Erschöpfung fast an die zweite Stelle gedrückt und man stellt fest, dass man sich mehr auf die meditative Übung fokussiert als darauf, einen Fuß vor den anderen zu setzen.

In unserem Rahmen geht es mir um ein sehr geringes Tempo, wir sind schließlich nicht bei einem Rennen. Ihr Geist sollte nicht auf Ihre Geschwindigkeit ausgerichtet sein, sondern auf Ihre meditative Praxis.

! *Falls Sie unter Gesundheitsbeschwerden leiden, dann halten Sie bitte Rücksprache mit Ihrem Arzt, bevor Sie diese Übung durchführen. Fangen Sie langsam an, nur kurze Entfernungen, und bauen Sie Ihre Kraft erst nach und nach auf.*

– Laufen Sie sehr langsam und so weich und graziös, wie es Ihnen möglich ist. Es ist, als ob Sie in Zeitlupe liefen, ohne jede Anstrengung.
– Lassen Sie alle Gedanken aus Ihrem Kopf entschwinden und bilden Sie geistig einen farbigen Nebelstrom.
– Lassen Sie auch aus Ihrem Herzen einen Farbnebel fließen, an dem alle Ihre Sinne und Gefühle beteiligt sind.
– Visualisieren Sie, wie sich dieser Nebel in der Umgebung auflöst, so wie Schneeflocken in der warmen Luft schmelzen.

- Nun fangen Sie an, sich goldene Springbrunnen von Energie vorzustellen, die direkt aus der Erde in Ihr Steißbein aufsteigen.
- Während Sie laufen, können Sie fast spüren, wie Ihr Gesäß auf diesen endlosen Springbrunnen goldener Energie immer wieder kurz aufsitzt, als ob Sie auf ihnen vorwärts ritten.
- Inzwischen sollten Sie sich entspannter fühlen. Achten Sie darauf, dass der Rücken aufrecht ist und Beine, Arme, Nacken und Bauch ruhig und entspannt sind. Überprüfen Sie Ihr Gesicht: Ist es entspannt? Lassen Sie alle Anspannungen in den Muskeln und auf der emotionalen und mentalen Ebene los. Erlauben Sie Ihrem gesamten Körper, sich zu lockern und frei zu fühlen.
- Nun kommen Sie zum zweiten Teil der Übung, der Ihnen hilft, Ihre Energie zu entgiften. Es ist sehr wichtig, dass Sie unten anfangen, bei den Füßen, um schrittweise nach oben zu gelangen.
- Stellen Sie sich vor, dass Sie jedes Mal, wenn Ihre Füße den Boden berühren, die negative Energie in Form von schwarzem Schmutz abstoßen. Visualisieren Sie das als ein schwarzes Pulver oder schwarzen Staub. Mit jedem Schritt setzen Ihre Fußsohlen all den Schmutz frei – alle Ihre Probleme, Schwierigkeiten, Themen, Papierstapel und so weiter. Laufen Sie geschmeidig und beobachten Sie, was passiert. Während Sie das ausführen, werden Sie feststellen, dass Ihre Füße viel leichter werden.
- Wenn sich die Füße deutlich leichter anfühlen, können Sie weiter nach oben gehen. Richten Sie Ihre Aufmerksamkeit in Ihre Unterschenkel. Erneut visualisieren Sie, wie der schwarze Schmutz diesen Teil Ihrer Beine verlässt, indem er den Körper durch die Fußsohlen nach unten verlässt.
- Wenn Sie sich in den Unterschenkeln deutlich leichter fühlen, gehen Sie wieder weiter nach oben. Sie arbeiten jedes Mal mit einem anderen Teil des Körpers, zum Beispiel Oberschenkel, Becken und Beckenboden, Bauchraum, Brustraum, Schultergürtel, Hände, Unterarme, Oberarme, Nacken und Kopf.
- Jedes Mal spüren Sie, wie das schwarze Pulver, Staub, Sand, schwarze Flocken oder wie Sie eben die „Spinnweben" alter, gestauter Energie empfinden, mit jedem Laufschritt aus Ihrem Körper gedrückt werden.

– Wenn Sie dann alle negative Energie losgeworden sind, gerade nachdem Sie den Kopf davon befreit haben, können Sie nun dazu übergehen, sich wieder aufzuladen. Stellen Sie sich vor, dass eine Säule aus weißem Licht aus der Mitte des Universums auf Sie hernieder kommt. Dieses Licht tritt über das Kronenchakra in Ihren Körper ein. Visualisieren Sie, wie Ihr ganzer Körper und Ihr gesamtes Wesen von einem golden und weiß leuchtenden Licht erfüllt wird.
– Sie bemerken unter Umständen, dass einige Bereiche des Körpers schneller vom Licht erfüllt werden als andere. Falls Sie schwarze Flecken oder Punkte sehen, die irgendwo in Ihrem Körper dem Licht Widerstand entgegensetzen, bleiben Sie mit Ihrer Aufmerksamkeit an diesen Orten, bis sich diese schwarzen Punkte aufgelöst haben.
– Falls Sie körperliche Beschwerden feststellen oder spüren, dass in einem Teil von Ihnen Krankheit wäre, senden Sie einfach ein bisschen mehr nährendes Licht in diese Bereiche.
– Am Ende Ihres meditativen Joggens bleiben Sie still und aufrecht stehen, die Arme hängen entspannt an den Seiten herunter, und Sie atmen ein. Wenn Sie einatmen, heben Sie die Arme über den Kopf; wenn Sie ausatmen, lassen Sie die Arme herunterfallen. Während Sie das tun, visualisieren Sie, dass Sie um sich herum eine klare, durchsichtige Energieblase erzeugen.
– Atmen Sie weiter. Mit jedem Atemzug wird diese Energieblase voller und Sie werden spüren, wie Sie zusätzlich geschützt sind.

Ich rate dringend, dass Sie diese Übung im Freien machen, zum Beispiel in einem Park, damit Sie von der Energie der Natur umgeben sind. Wenn das nicht möglich ist, können Sie die Übung auch in einer Sporthalle oder auf einem Laufband durchführen. In unserer modernen Welt ist es sehr schwierig, genug Zeit zu finden, sich um alle Aspekte unseres Lebens zu kümmern, besonders auch um unsere feinstofflichen Körper. Versuchen Sie trotzdem, Zeit dafür zu finden. An dieser Übung ist besonders schön, dass Sie sich gleichzeitig um Ihren physischen und um Ihren subtilen Körper kümmern!

Wenn Sie einmal mit dieser Übung vertraut sind und sie Ihnen fast zur zweiten Natur geworden ist, können Sie meditatives Joggen auch mit der Übung zum Reinigen der magischen Meridiane kombinieren, die weiter oben erklärt wurde. Anstatt physisches Wasser lassen Sie imaginäres Wasser über und durch sich hindurch laufen.

Negative Selbstgespräche auflösen

Denken Sie daran, dass Ihre Gedanken laufend Ihr Leben gestalten. Machen Sie nicht überstürzt einfach Außenstehende zu Sündenböcken Ihrer mentalen Energie. In den meisten Fällen sind wir selbst dafür verantwortlich, die Bausteine unserer Mentalkörper zu erzeugen. Leider neigen wir häufig dazu, auf ganz destruktive Weise mit uns selbst zu kommunizieren. Schon gewohnheitsmäßig hegen wir Gedanken wie, „Ich bin völlig nutzlos“, „Ich bin so hässlich“, „Ich kann nie glücklich werden“ und so fort. Klingt das vertraut? Eben!

Sie haben sicher schon von Affirmationen gehört, von „Eigen-Programmierungen“ durch positive Aussagen. Man wiederholt sie ständig, um eine Wende zum Besseren im Leben zu bewirken. Zahlreiche Psychologen haben festgestellt, dass diese Art von positiven Selbstgesprächen gute Wirkungen auf Gesundheit, Erfolg und das gesamte Leben haben kann.

Leider können negative Selbstgespräche genauso wirksam sein. Je mehr Sie sich etwas, oft unbewusst, vorsagen, desto mehr wird das Unterbewusstsein versuchen, genau das in Ihrem Leben zu kreieren. Alle negativen Gedanken werden hartnäckige Blockaden in unserer mentalen Energie erzeugen; sie besitzen eine Tendenz, unser Leben zu beherrschen und zu formen.

Wir können nur dann eine innere Balance finden und unsere Aura heilen, wenn wir beginnen, uns selbst zu lieben und aufhören, uns in Gedanken zu demütigen oder auf uns einzuprügeln. Wir sollten lernen, uns selbst anzunehmen – einfach so, wie wir sind – und dabei keine Vollkommenheit erwarten. Erinnern Sie sich immer wieder daran, dass in dieser Welt Vollkommenheit einfach nicht existiert. Wenn etwas total perfekt scheint, dann stelle ich oft fest, dass es eine Schattenseite gibt – so wie jede Medaille zwei Seiten hat.

Es ist wesentlich, dass Sie Ihre Unvollkommenheiten akzeptieren und ihnen nicht erlauben, Sie zu überwältigen. Benutzen Sie Ihre positive Energie und Ihre Verbindungen mit dem Universum, um sich selbst zu meistern, ohne Ihre Schwächen zu verdammen. Auch diese sind Teil Ihres göttlichen Selbst und Sie haben sie aus einem bestimmten Grund bekommen. Kleben Sie sich selbst keine Etiketten auf, die Ihre Unvollkommenheiten widerspiegeln und gestatten Sie auch keiner anderen Person, das zu tun.

Das Unterbewusstsein neu programmieren

Das ist eine wunderbare Übung, die Ihnen helfen kann, wenn Sie sich selbst ständig kritisieren. Sie hilft auch dabei, negative Erfahrungen aus der Vergangenheit zu überwinden.

– Setzen oder legen Sie sich bequem hin. Richten Sie die Aufmerksamkeit auf die Atmung und entspannen Sie sich.
– Stellen Sie sich vor, dass Sie in einem Kino sind. Vor Ihnen ist eine riesige Leinwand.
– Projizieren Sie auf diese Leinwand jetzt ein unangenehmes Bild. Das könnte ein Bild sein, wie Sie sich selbst negativ sehen (zum Beispiel zu dick oder unwohl bei einer Party) oder eine Szene, in der Sie die Fassung verlieren und sich unmöglich benehmen (zum Beispiel jemanden anschreien).
– Lassen Sie dieses Bild so klar und deutlich wie möglich werden, als ob Sie ein Kameraobjektiv scharf stellen.
– In der rechten unteren Ecke der Leinwand ist nun ein zweites, kleineres Bild. Dort sehen Sie dieselbe Situation, in der Sie nun jedoch gut aussehen oder sich positiv benehmen. Dieses Bild ist jedoch klein und unscharf.
– Nun atmen Sie tief ein und mit einem plötzlichen Ausatmen sagen Sie laut so etwas wie „Oh!“ oder „Ha!“. Sie müssen einen plötzlichen, sozusagen explosiven Ton hervorbringen und Ihren Atem mit diesem Ton kräftig aus sich herauspressen. In genau demselben Augenblick, wenn Sie ausatmen und „schreien“, bringen Sie das kleine Bild nach oben in die Mitte der Leinwand, so dass es das große Bild wegdrückt. Das kleine Bild ist jetzt riesig, sehr klar und deutlich und ganz scharf eingestellt.
– Atmen Sie weiter, und mit jedem kräftigen Ausatmen, das Sie wieder

mit einem plötzlichen lauten Ton begleiten, wird dieses Bild nun noch klarer und strahlender.

– Erleben Sie, wie viel Freude und richtigen Spaß Sie an diesem Bild haben, das Sie auf eine ideale Weise zeigt. Spüren Sie hinein, wie wundervoll es ist, so zu sein. Es ist wichtig, dass Sie tiefe Befriedigung und angenehme Gefühle erleben, wenn Sie dieses neue Bild betrachten.

Das Bewusstsein trainieren, positive Informationen wahrzunehmen und sich einzuprägen

Unsere Stimmungen und Launen können wir mit der Grundmelodie der zahlreichen Lieder unserer inneren Welt vergleichen. Der Grad an Zufriedenheit, den wir über unser Leben empfinden – unsere Erwartungen, Träume und Hoffnungen – bilden unsere Stimmungen und spiegeln sich in ihnen wider. Unsere Haltung zu Dingen und unsere Überlegungen zum Leben werden vom Klang der Musik in unserer Seele beeinflusst. Deshalb können kleinste Probleme einen Menschen aus der Bahn werfen, während andere auch angesichts wirklich großer Unglücksfälle ihre Fassung bewahren.

Jeder von uns strebt nach etwas unterschiedlichen Dingen und setzt seine Prioritäten im Leben im Hinblick auf Familie, Beruf, Kreativität und so fort etwas anders. Unsere Träume spiegeln sich in unseren Gedanken und Wünschen wider. Daraus entsteht unser Ich-Streben. Unsere Stimmung bzw. Laune hängt auch sehr von der Nähe zwischen Ich-Wünschen und Ich-Realität ab; anders gesagt davon, wie nahe beieinander das liegt, was wir haben möchten und das, was wir realistischerweise erreichen können.

Wir alle stehen vor der Aufgabe, eine richtige Einstellung zu der Entfernung zwischen diesen beiden Polen zu gewinnen, egal wie kurz oder weit diese Distanz ist. Wir müssen lernen, die Gegenwart zu schätzen und unser Bewusstsein auf die positiven Aspekte unseres Lebens auszurichten.

Früher beteten die Menschen, um das zu erreichen. Das Gebet vermittelte ihnen die Zuversicht und den Glauben, dass sie Erfolg haben würden und ermutigte sie, auf Gottes Hilfe zu vertrauen. Die modernen Menschen möchten am liebsten von keinem anderen abhängig sein, sondern verlassen sich meistens nur auf sich selbst. Deshalb brauchen wir neue Methoden, um eine positive Lebenssicht und gute Stimmung zu haben und zu bewahren. Wir müssen unser Bewusstsein regelrecht trainieren, positive Informationen wahrzunehmen und sich einzuprägen.

Mentale Energie positiv aufladen

Üben Sie das in einer ruhigen Umgebung am Abend, vielleicht im Bett.

Schließen Sie die Augen und versuchen Sie, sich an alles zu erinnern, was Ihnen an diesem Tag Freude gemacht hat, bis in kleinste Einzelheiten hinein. Das kann die Erinnerung an einen hübsch gedeckten Tisch oder an einen Duft sein, den Sie in der Kosmetikabteilung ausprobiert haben, oder vielleicht die Erinnerung an die Umarmung durch Ihr Kind.

- Probieren Sie aus, diese Gefühle jetzt noch einmal zu erleben. Je detailreicher Ihre Erinnerungen sind und je mehr Sie alle Ihre fünf Sinne aktivieren, desto deutlicher und wirksamer werden diese Gefühle.
- Anfangs haben Sie vielleicht Mühe, sich an ein oder zwei schöne Momente zu erinnern, aber je mehr Sie Ihren Geist trainieren, desto mehr Ereignisse und Einzelheiten werden Ihnen einfallen. Sie werden dann auch mehr Schönheit und Freude an so schlichten Dingen finden wie glitzernden Tautropfen im Sonnenlicht oder dem Lächeln eines Fremden.

Je häufiger und intensiver Sie das Positive in Ihrem Leben bewusst wahrnehmen, desto besser werden Sie die Melodie Ihrer Seele auf hellere und höhere Schwingungen einstellen können. Diese Musik unseres inneren Selbst spielt immer und strahlt durch Ihre Augen aus. Blicken Sie in den Spiegel und schauen Sie, welche Art von Musik Ihre Augen übermitteln.

Nach meiner Ansicht liegt das Geheimnis der Jugend in dieser Musik und in der Fähigkeit, sie zu fühlen und sich auf deren Rhythmus einzulassen, gleich, was das Leben Ihnen bringt oder vor die Füße wirft. Ich freue mich immer ganz besonders, wenn ich älteren Menschen begegne und in ihre Gesichter sehe und vor allem, wenn sie dann noch junge und funkelnde Augen haben. Ihr jugendlicher Geist macht sie lebenslustiger als viele in den Zwanzigern.

Unerwünschte Gedanken loslassen

Unsere Gedanken haben eng mit unseren Stimmungen zu tun. Die Energie der Gedanken macht uns zu dem, wie wir sind. Wir müssen uns fragen: Welchen Gedanken hängen wir nach? Worauf ist unsere Seele abgestimmt?

Vielleicht hat jemand Ihnen etwas wirklich Aggressives gesagt und Sie sind deshalb in keiner guten Stimmung und fühlen Groll in sich. Das heißt, dass Ihre Gedanken Sie und Ihre Stimmung beherrschen. Es ist entscheidend zu wissen, welche Gedanken Ihre eigenen sind und welche anderen Leuten gehören – vielleicht einem Menschen, der versucht, Sie mit seiner Energie zu kontrollieren und Ihr Schicksal zu bestimmen. Es passiert leicht, dass man sich die Gedanken anderer zu eigen macht und diese sogar anfangen können, Ihre eigenen Gedanken zu beherrschen.

Warum passiert das? Warum *lassen* wir das geschehen? Im wesentlichen, weil wir es nicht merken; weil wir unsere eigenen Gedanken nicht kontrollieren können; weil wir unser Schicksal nicht selbst bestimmen. Wir leben oft gar nicht als intelligente Wesen (was wir Menschen in Wahrheit sind!), sondern eher als impulsive Tiere, die von einer Stimmung zur nächsten gezogen werden und von der Energie ihrer Außenwelt abhängig sind.

Wenn wir so leben, sind wir sehr offen für äußere Einflüsse. Es ist, als ob wir einfach nur vor uns hin schwebten. Die meisten Menschen erleben manchmal Momente, wenn sie plötzlich diese schweren, dunklen und kummervollen Gedanken in ihre Köpfe kommen sehen. Das geschieht vielleicht in Situationen, in denen eine innere Disharmonie Ihres Unterbewusstseins dafür sorgen will, dass etwas Negatives von

Ihnen abgestoßen wird, dass Sie sich auf diese Weise von einer innerlichen Negativität befreien. Dafür gibt es eine Vielzahl von Gründen. Gleich, um welchen Grund es sich handelt, sollten wir uns immer von allen merkwürdigen und störenden Gedanken befreien sowie von solchen, die uns jemand anderes versucht hat zu übertragen. Dazu biete ich Ihnen die folgende Technik an.

– Atmen Sie voll und tief ein. Während Sie einatmen, drängen und drücken Sie alle unerwünschten Gedanken in Ihrer Vorstellung in einen ballähnlichen Klumpen zusammen. Der kann schwarz sein oder eine andere Farbe haben. Wenn Sie es nicht schaffen, alle unangenehmen Gedanken während eines Einatmens in diesem Klumpen zusammenzupressen, dann atmen Sie weiter ein, als ob Sie einen Ballon aufpumpen würden. Sie können sich diesen Ball von dichtgepresster Energie an einem beliebigen Platz in Ihrem Körper vorstellen.
– Wenn Sie diesen Energieklumpen geformt haben, atmen Sie scharf und kräftig aus, so als ob Sie niesen oder sich die Nase schneuzen würden. Pumpen Sie den Klumpen unerwünschter Energie aus Ihrem Körper heraus, stellen Sie sich vor, dass er nach oben steigt, durch den Kopf in die Luft darüber.
– Wenn Sie spüren, dass Sie noch nicht endgültig alles losgeworden sind, dann atmen Sie erneut normal ein und atmen Sie wieder mit Druck und einem rhythmisch pumpenden Atem aus. Wiederholen Sie das, bis Sie diese unangenehmen Empfindungen nicht mehr haben und sicher sind, dass diese Ihren Körper verlassen haben.
– Nun stellen Sie sich vor, dass der Klumpen einen oder zwei Meter über Ihrem Kopf schwebt. Atmen Sie einmal normal ein und atmen Sie ganz langsam wieder aus. Dann beginnen Sie ein pumpendes Atmen, als ob Sie den Ball mit Ihrem Atem bombardieren würden, bis er schließlich unter der Kraft Ihres Atems auseinander bricht. Fahren Sie mit diesem „Beschuss“ fort, bis Sie den Klumpen wie ein Feuerwerk sehen, das explodiert und viele helle Lichtblitze erzeugt. Die Lichtblitze strahlen klar auf und zerbersten in viele farbige Partikel – lassen Sie diese verschwinden.

Auf Geist und Psyche über den Körper einwirken

Mir ist klar, dass die Übungen in diesem Teil des Buches eher metaphysischen Charakter haben. Vielleicht fühlen sich manche Leserinnen und Leser nicht so wohl dabei, so viel mit Visualisierung und Meditation zu arbeiten. Es gibt selbstverständlich Alternativen dazu. Da alle Ebenen miteinander verbunden sind, sollten Sie sich nicht davon abhalten lassen, auf der körperlichen Ebene mit Gefühlen und Gedanken zu arbeiten. Zum Beispiel bietet sich die Eiswürfel-Therapie an, die im Teil 8 über Verjüngung beschrieben wird. Sie können sich auch auf eine basische Ernährung umstellen, die ebenfalls im Teil 8 erklärt wird.

Kleidung als Energiestärkung

Da wir daran arbeiten, unsere Stimmungen zu verbessern, möchte ich Ihnen zu überlegen geben, auch an Ihre Kleidung und Ihr Image zu denken. Wenn Sie in einer guter Stimmung sind, dann verstärkt das Ihren Wunsch, attraktiv zu sein und sich hübsch anzuziehen, und umgekehrt. Wenn Sie schöne neue Dinge tragen und Ihr Image widerspiegelt, wer Sie sind, dann hebt das auch Ihre Stimmung. Wenn wir Kleidung tragen, die wir mögen, verbessert das nicht nur unsere Laune, sondern wir achten dann auch mehr auf unsere Haltung und die Art und Weise zu gehen. Oft gehen Menschen, die in guter Stimmung sind, mit einem leichten Federn in ihrem Schritt, das ihre Zuversicht ins Leben der Außenwelt anzeigt.

Ich rate, dass wir nicht alte Sachen tragen oder Kleidung zu lange aufbewahren, weil sie unsere Energie absorbiert und nach einer Zeit wird die Kleidung unsere negativen und positiven Stimmungen aus der Vergangenheit in sich tragen. Das ist dann, als ob Sie ein Echo der Energie früherer Ärgernisse und Sorgen trügen. Neue Kleidung hat eine fast befreiende Wirkung auf uns; sie ermutigt uns, Altes loszulassen und vorwärts zu gehen. Schlangen werfen ihre alte Haut ab, viele Tiere ihr Winterfell und manche Vögel Federn.

Intuitiv tragen wir zu bestimmten festlichen Zeiten schöne, neue Kleidung, fast als ob wir die Alltagssorgen mit unseren Alltagskleidern hinter uns lassen wollten. Festliche Anlässe haben oft mit einem Neubeginn zu tun. Wenn wir dann neue Kleider tragen, versuchen wir unterbewusst, ein neues Kapitel in unserem Leben aufzuschlagen.

Wenn wir Uniformen tragen, zum Beispiel bei der Arbeit (Arbeitskittel, Firmenkleidung) oder in der Schule, verhelfen wir uns damit zu einem veränderten Stimmungszustand, um mehr zu leisten. Wir sollten uns unsere Garderobe ansehen und überlegen, ob sie wirklich unsere authentische Persönlichkeit widerspiegelt. Heben Ihre Kleider Ihre Stimmung? Oder sind sie einfach eine Art von Uniform, damit Sie durch den Tag kommen?

Noch etwas: Tragen Sie keine Kleidung, die zu eng ist und versuchen Sie immer, Kleidungsstücke zu finden, die aus natürlichen Stoffen bestehen. Unsere Aura mag nicht gern in enge und synthetische Materialien eingepfercht sein. Synthetische Stoffe reduzieren den Energiefluss um uns herum beträchtlich.

Wenn Sie sich die spirituellen Führer der meisten Religionen ansehen, werden Sie feststellen, dass sie in der Regel sehr lockere Kleidung tragen, in der sich ihre Energie frei bewegen kann. Oft wechseln wir unsere Kleidung, wenn wir von der Arbeit nach Hause kommen, weil wir uns dann freier fühlen. Wenn Sie zu Hause sind, sollten Sie also so oft wie möglich lose Kleidung aus Naturfasern tragen.

Teil 6
Geheimnisse der Menschen

18.
Der Energieaustausch zwischen Menschen

Wir haben uns bisher recht detailliert angesehen, wie Energie funktioniert. Wir haben betrachtet, wie Energie ausgeglichen werden kann und wie man mit negativen Gefühlen und negativen Gedanken umgeht. Wenn Sie damit auch tatsächlich begonnen haben, die beschriebenen Übungen durchzuführen, sollten Sie bereits einen sehr deutlichen positiven Unterschied in Ihrer Energie und Ihrem Wohlbefinden feststellen können.

Leider reicht es aber nicht aus, nur auf sich selbst zu schauen. Unsere Energie wird auch davon beeinflusst, wie wir mit anderen Menschen interagieren. Jede einzelne Person, der wir begegnen, kann unsere Energie beeinflussen – das geht von nahen Familienangehörigen und Freunden über Arbeitskollegen, Angestellte, Vorgesetzte bis hin zu Bekanntschaften oder Menschen, neben denen wir im Bus oder im Café sitzen oder die uns in einem Laden bedienen.

Verschiedene Typen von negativem Energieaustausch

Es gibt immer irgendeine Form von Energieaustausch zwischen Menschen, nicht immer mit positiven Folgen für unsere Gesundheit. Ein guter, gesunder Energieaustausch vollzieht sich üblicherweise zwischen zwei Menschen, die sich lieben oder zwischen Mutter und Kind.

Beispiele für einen negativen Energieaustausch wären, wenn Menschen miteinander streiten, eifersüchtig sind oder Angst haben. Achten Sie darauf, wie Sie sich in der Gegenwart anderer Menschen fühlen. Geben Sie Ihrer Intuition die Chance, Informationen über andere Leute zu übermitteln und achten Sie drauf, wie Ihre Energie auf deren Energie reagiert und umgekehrt.

Ich möchte Sie gerne auf die häufigsten Arten eines negativen Energieaustausches zwischen Menschen aufmerksam machen. In meiner Arbeit stoße ich immer wieder auf Energieprobleme, die oft zwischen meinen Patienten und Menschen in deren Umfeld auftauchen. Das überrascht einen natürlich nicht. Denken Sie einfach einmal daran, wenn Sie mit jemandem einen Streit haben. Da fällt es doch manchmal richtig schwer, die schlechten Gefühle einfach abzuschütteln, oder nicht?

Aber negative Energie ist nicht einfach eben das – negative Energie! Weit davon entfernt. Als Heilerin diagnostiziere ich viele unterschiedliche Arten von negativem Energieaustausch. Es geht nicht darum, dass man unterschiedlich damit umgehen müsste, aber es ist gut, wenn man die verschiedenen Ebenen und Formen kennt. Sicher erkennen Sie Menschen und Situationen in den folgenden Beschreibungen. Das hilft Ihnen, solche Dinge in der Zukunft zu vermeiden.

Typ 1: Energielöcher auf der Astralebene der Aura

So, wie man materielle Stoffe zerreißen oder spalten oder durchbohren kann, können auch Energieschichten beschädigt werden. Ihre Aura reagiert sehr empfindlich auf jede Art von negativem Energieaustausch zwischen Ihnen und anderen. Das kann passieren, wenn eine andere Person eine Kette von negativer emotionaler Energie auf Sie richtet, zum Beispiel während einer strittigen Diskussion. Das kann die Art, wie sich Ihre Energie auf Ihre Umwelt einstellt, merklich beeinträchtigen. Falls Sie das Opfer dieser Art von Energieaustausch sind, dann wird Ihr Energiefeld oder Biofeld Löcher oder „Lecks" bekommen, durch welche Ihre Vitalenergie heraus fließt. Es gibt bis zu sieben solcher Löcher, je nachdem, wie viele Chakras betroffen sind.

Wie kommt es dazu? Wenn jemand verbal aggressiv ist, zum Beispiel wenn man sich streitet, dehnt sich sein Energiefeld aus und beginnt, sehr schnell zu schwingen. Es ist, als ob er bzw. sie Energiedornen oder Energiespitzen produziert. Ein Mensch mit einer schwachen Aura, oder dessen Aura vorübergehend nicht normal stark ist, kann von solchen invasiven schnellen Frequenzen schlimm durchlöchert werden.

Leider sind das nicht nur Folgen negativer verbaler Energien, die sich aktiv zum Ausdruck bringen, sondern auch passive Energien, die eben nicht unbedingt ausgedrückt werden, können genauso schlimm sein. In solchen Fällen senden die Menschen negativ geladene emotionale Gedanken wie Neid und Hass aus. Nehmen wir als Beispiel ein Paar, das heiraten will. Die Mutter des Mannes ist ganz unglücklich über die Wahl ihres Sohnes. Indem Sie ständig negative Gedanken in Richtung ihrer künftigen Schwiegertochter sendet, wirkt das so, als ob sie die neue Frau Ihres Sohnes schwächen oder sogar zerstören möchte.

Andere können Ihre Aura bewusst oder unbewusst beschädigen. Manche Menschen haben nicht die geringste Ahnung davon, wie machtvoll die Energie ihrer negativen Emotionen sein kann. Sie können zum Beispiel sehr ausgelaugt werden, wenn Sie sehr lange mit jemandem zusammen arbeiten oder leben, der in sich gestört oder besitzergreifend ist. Auch wenn Sie Zeit mit Personen verbringen, die eine starke Energiepräsenz um sich herum verbreiten, aber nicht auf derselben Wellenlänge schwingen wie Sie, können Sie schließlich an etlichen Stellen Ihrer Aura „Beulen“ haben.

Wir alle besitzen unsere eigene Schwingung, und diese Frequenz kann sich während unseres Lebens ändern. Als Folge dessen, was Sie im Leben lernen, kann Ihre Schwingung feiner oder dichter werden. Wir werden ganz natürlich von Menschen angezogen, deren Frequenzen mit unseren eigenen harmonieren. Sie werden den Ausdruck kennen, dass „die Chemie stimmt“, wenn man davon spricht, dass zwei Menschen gut zueinander passen.

Dieses Zusammentreffen von Energien ist auch dafür verantwortlich, warum Sie mit jemandem bestens befreundet sein können, aber Monate oder vielleicht sogar Jahre später herausfinden, dass Sie nicht mehr so viele Gemeinsamkeiten haben. Was ist passiert? Die Schwingungen sind nicht mehr in harmonischer Resonanz zueinander. Ich halte das für ein wirklich nützliches Wissen, weil so viele Menschen meinen, dass sie mit anderen das ganze Leben lang befreundet sein oder dass sie sich schuldig fühlen sollten, wenn sie mit ihren ältesten und besten Freunden nicht mehr viel gemeinsam haben.

Wenn sich Ihre Freunde und Sie selbst in der gleichen Geschwindigkeit entwickeln und Sie dieselbe „Chemie" aufrecht erhalten können, haben Sie großes Glück! Wenn das nicht so ist, müssen Sie diese Menschen ja nicht brutal aus Ihrem Leben ausstoßen, sondern Sie können sich sanft und freundlich etwas oder stärker von ihnen distanzieren.

Wie Sie feststellen, ob die Astralschicht Ihrer Aura beschädigt ist

Die erwähnten Energielecks oder -löcher können in allen Ihren Chakras vorhanden sein. Sie können, ohne irgendwie medial sein zu müssen, aufgrund von Symptomen feststellen, in welchen Chakras Sie Energieungleichgewichte haben.

Falls Sie eine unausgewogene Energie haben, merken Sie das fast sofort an einer subtilen Veränderung in Ihrem emotionalen Spektrum. Ich habe festgestellt, dass Menschen mit solchen Ungleichgewichten oft auch an einem ernsthaften Mangel an Energie leiden, dass sie leicht nervös und ungeduldig werden und so fort.

Beulen, Dellen, Löcher oder Lecks in Ihren Chakras haben etwas mit bestimmten Veränderungen der Gefühle zu tun. Die häufigsten emotionalen Veränderungen im Zusammenhang mit negativen Energieungleichgewichten möchte ich Ihnen jetzt beschreiben.

1. Chakra

Sie fühlen sich plötzlich gemein und berechnend. Sie stürzen sich in impulsive Handlungen und treffen überstürzte Entscheidungen, die nicht gut genug durchdacht sind. Das scheint umso seltsamer, als Sie selbst finden, dass Sie sich auf ganz absurde Weise verhalten und sich dennoch nicht bremsen können. Es scheint so, als ob Ihre Füße gegen Ihren Willen auf irgendeinen Abgrund zulaufen.

2. Chakra

Sie stellen mit einem Mal fest, dass sich eine Beziehung in Ihrer Familie verändert hat. Sie verlieren Ihren Elan und Ihre Energie, fühlen sich einsam und unter Umständen auch nutzlos. Wenn bei diesem Chakra ein Energieleck auftritt, dann kann man das mit Depression verwechseln. Vielleicht fangen Sie auch an, neidisch auf den Erfolg anderer Menschen zu werden, weil Löcher an diesem Chakra Funken der Eifersucht und ein zwanghaftes Klammern auslösen können. Sie bemerken vielleicht, dass es schwieriger wird, die Wahrheit zu sagen; möglicherweise versuchen Sie, Menschen zu drängen, sich Ihrem Willen unterzuordnen. In extremen Fällen können Menschen mit dieser Art von Energieloch zu Extremisten oder sogar zu Terroristen werden.

3. Chakra

Sie beginnen, sich wie der sprichwörtliche Vogel Strauß zu verhalten. Sie stecken Ihren Kopf in den Sand und fürchten sich vor jedem und allem. Sie scheuen, Verantwortung für Ihre Gesundheit oder Arbeit zu übernehmen. Sie haben Angst, das Haus zu verlassen und spüren Misstrauen oder sogar Hass gegen andere. In meiner Heilpraxis erlebe ich oft, dass solche Menschen von ihren Verwandten hereingeschleppt werden.

4. Chakra

Wenn Ihre Energie in diesem Chakra gestört ist, neigen Sie dazu, grausam, trockene und zynische Persönlichkeitszüge zu zeigen. Sie werden vielleicht ruhelos und besorgt. Sie stellen fest, dass Sie sinnlose Diskussionen und nutzlose Streitigkeiten anfangen. Menschen, deren Aura auf der Ebene dieses Chakras sehr zerrissen oder zersprungen ist, finden nichts dabei, jemanden zu betrügen oder es macht ihnen Spaß, anderen grausam mitzuspielen.

5. Chakra

Sie fangen plötzlich an, Ihre Beziehungen zu Ihren Lieben zu verändern. Sie geben der Vergangenheit die Schuld für all Ihr Unglück. Menschen mit diesem Ungleichgewicht verlieren schnell Interesse an ihren Leistungen und Erfolgen. Sie hören nicht mehr auf andere, sondern nur auf sich. Es fällt ihnen noch nicht einmal auf, dass sie komplett Isolierung von anderen Menschen isoliert sind.

6. Chakra

Ein Ungleichgewicht in diesem Chakra führt dazu, dass Sie sehr zerstreut und vergesslich werden. Sie verlieren Ihre Inspiration und Ihren Sinn für Humor. Sehr oft fangen Sie an, sich von anderen Menschen zu entfernen.

7. Chakra

Wenn dieses Chakra leckt oder angerissen ist, hat das Folgen für Ihre „innere Antenne". Sie beginnen, die falschen Leute anzuziehen, oft Aufschneider und Betrüger. Sie verlieren die Fähigkeit, mit Unterscheidungskraft Menschen auszuwählen und spüren Aggression gegen Menschen. Vielleicht fangen Sie an, Dinge zu tun, die Sie vorher völlig abgelehnt haben – dazu gehören Drogen zu nehmen oder übermäßig Alkohol zu trinken. Die Menschen, die Sie in Ihrem Leben anziehen, drängen Sie zu schlechten, dysfunktionalen Verhaltensweisen und Handlungen.

Beschädigung der Aura durch Gewalt

Falls Sie das noch nicht längst wissen: Wir können unsere eigene Aura, vor allem auf der Astralebene, durch Fernsehprogramme oder Filme schädigen, die voller Gewalt sind, sowie auch durch Musik, die voller aggressiver und verstörender Töne und Geräusche ist. Pornographie, Aggression und Gewaltanwendung haben alle mit den unteren Chakras zu tun. Wenn man sich damit beschäftigt, können diese Chakras überfrachtet werden mit (falscher) Energie. Ich meine, dass besonders auch gewalttätige Computerspiele sehr gefährlich sind, weil sie die verletzliche astrale Schicht, vor allem bei Kindern, beschädigen können. In Russland waren (bisher) Kinder-Comics nicht gewalttätig, sondern immer sehr positiv, und es gab keine aggressiven Bilder, welche die Aura eines Kindes verletzen könnten.

Da wir bei Kindern sind: Die Aura eines Babys kann Dellen und Löcher bekommen, wenn es negativen Energiefeldern ausgesetzt ist.

Sie sollten sich dessen bewusst sein, dass die Aura eines Kindes bereits vor dessen Geburt besteht und arbeitet, schon im Mutterschoß. Eltern sollten sich ihrer Emotionen extrem bewusst sein, da starke Gefühlsausbrüche gewisse Chakras eines ungeborenen Babys schädigen können. Vor allem Mütter sollten alle notwendigen Vorkehrungen treffen und sich von Gewalt, Bildern über Gewaltanwendung und aufwühlenden Nachrichten fernhalten. Im alten Russland war es üblich, dass sich eine schwangere Frau während des Heranwachsens ihres Kindes im Schoß nur schöne und friedvolle Dinge ansah.

Typ 2: Energielöcher auf der astralen und der mentalen Ebene der Aura

Es gibt eine andere Form des Einflusses von äußerer Energie, die nicht nur die astrale, sondern auch die mentale Ebene beschädigen kann. Das ist ein sehr ernstzunehmendes Energieproblem, das von äußeren Kräften geschaffen wird, wenn jemand bewusst und absichtlich versucht, Ihnen negative Energie zu schicken und das mit einem starken mentalen Befehl verbindet, mit einer Art negativer Affirmation.

Beim ersten energetischen Ungleichgewicht, das wir vorher besprochen haben, gibt es „nur" ein Energieleck im betroffenen Chakra. Bei dieser Art von Energiestörung gibt es das zwar auch, aber vor allem und viel schlimmer beginnt das jeweils betroffene Chakra in einer völlig falschen Frequenz zu schwingen, die nicht seiner eigenen Natur entspricht. Ihr Chakra ist dann praktisch in Resonanz zu einem Befehl von außen. Es ist, als ob Ihr eigenes Programm umprogrammiert würde.

Diese Art von Energiestörung wird nicht etwa, wie Sie vielleicht denken könnten, von Magiern oder Hexen erzeugt, sondern sie wird von Menschen verursacht, die in unserer näheren Umgebung sind. Das passiert meistens dann, wenn es einen sehr starken gegenseitigen emotionalen Stress gibt.

Nehmen wir als Beispiel einen rivalisierenden Kollegen an Ihrer Arbeitsstelle, der Ihnen gegenüber voller Eifersucht und Neid ist. In

Zeiten, wenn Sie besonders erschöpft und gestresst sind, kann diese Person impulsiv aus ihrem tiefsten Inneren direkte, machtvolle Affirmationen aussprechen wie: „Du bist ein Verlierer!“ oder „Du wirst nie ein guter Boss!“ Wenn so etwas ausgesprochen wird und man sich energetisch schwach fühlt, dann verbinden sich ein solcher Ausbruch negativer Energie und die entsprechende negative Affirmation auf eine Weise miteinander, dass man davon wie betäubt wird oder sich so ausrichtet, dass der böse Fluch zur Wirklichkeit gemacht wird.

Der kostbare freie Wille und der Glanz Ihres Astralkörpers werden in diesen Fällen von der Energie der anderen Person unterdrückt und unter Umständen völlig abhängig davon. Diese Art schwerer Energiestörung muss noch nicht einmal von einer anderen Person bewusst verursacht worden sein. Ich treffe leider sehr viele Menschen, die selber diese Form von Angriffen auf ihre eigene Aura führen. Sie stecken voll Selbsthass und Eigenaggression, indem sie in ihrem inneren Dialog ständig solche abwertenden Kommentare über sich selbst abgeben. Wir müssen uns dann erst einmal neu programmieren sozusagen, dass wir helle, lichte, leichte und positive Kommentare über uns bilden und uns gedanklich sagen.

Typ 3: „Energievampire“

Wenn wir normalerweise von Vampiren sprechen, denken wir an furchterregende Kreaturen, an deren Fangzähnen das Blut ihrer Opfer herunter rinnt. Es wäre tatsächlich ganz hilfreich, wenn „Energievampire“ so sichtbar würden, aber leider tauchen sie in einer Reihe von Verkleidungen auf, in denen sie gar nicht als Energievampire erkannt werden. Sie können sich in Gestalt Ihrer Eltern, Angestellten, Kollegen oder einfach in der Form des Mannes oder der Frau zeigen, die neben Ihnen im Bus sitzt. Sogar bestimmte Tiere und Pflanzen können Ihnen Energie abziehen. Es gibt drei Typen von Energievampiren: bewusste, unterbewusste und vorübergehende.

Bewusste „Energievampire“

Das sind Menschen, die sich mit Absicht und in vollem Bewusstsein von Ihrer Energie nähren. Das tun sie, weil sie früher schon einmal erlebt haben, dass sie sich besser fühlen, wenn sie Energie von anderen stehlen. Sie können regelrecht zu „Energiesüchtigen" werden und sich so verhalten, wie es Drogenabhängige tun. Diese Leute provozieren andere Menschen bewusst, um starke Reaktionen hervorzurufen – meistens Wut –, weil sich diese Energie dann direkt auf sie richtet und sie damit einen schnellen Energie-„Fix", eine unmittelbare Energiezufuhr bekommen.

Leute, die solche emotionalen Ausbrüche hervorrufen, sind die „Vampire"; ihre Methode besteht meistens darin, demütigende oder geringschätzige Kommentare zu machen und auf den Kleinsten und Schwächsten herumzuhacken. Manchmal setzen sie zu langen und herablassenden Reden an, um die gewünschte Energiereaktion zu provozieren. Sie drängen andere Menschen dazu, mit Rage und Wut zu reagieren, denn genau in diesem Moment wird Energie freigesetzt und vom wütenden „Spender" zum provokanten „Vampir" übertragen. Solche Leute können sehr irritierend sein, und sie werden Ihnen auf die Nerven gehen, Sie um Dinge bitten bzw. sich nach etwas erkundigen oder einen Rat einholen, den sie gar nicht brauchen oder den sie ohnehin nicht befolgen werden. Alle Schlägertypen sind Energievampire, da sie sich selbst durch die Energie der Verzweiflung, Angst und Unterordnung aufbauen.

Obwohl ich diese Art von Energiestörung „bewusst" nenne, kann sie sich oft auf sehr subtile Weise zeigen und ergibt sich häufig eher impulsiv als lang zuvor bedacht. Diese Art von Energievampiren sind sich ihrer pervertierten Energiekrankheit völlig unbewusst. Sie wissen nur, dass sie sich gut fühlen, wenn sich andere schlecht fühlen. Also streben sie genau das an. Wenn wir mit solchen Leuten kommunizieren, beginnen wir uns schlecht zu fühlen, während sie sich immer besser fühlen. Sie versuchen, in anderen Schuldgefühle oder Empfindungen von Angst und Sorgen auszulösen. Sie quälen andere, indem sie übertrieben geheimnisvoll tun oder unvollständige Sätze benutzen. Sie lieben es, sich über irgendwelche Dinge zu beschweren.

Unterbewusste „Energievampire"

Als Heilerin begegne ich häufiger Energieschäden bei meinen Patienten, die von unterbewussten Energievampiren verursacht wurden. Oft handelt es sich dabei leider um Mütter. Wir sind mit unseren Müttern durch ein unsichtbares Band von Energie ähnlich der Nabelschnur verbunden. Bis zum Alter von 5 oder 6 Jahren bleiben wir mit unserer Mutter über unser 2. Chakra verbunden und haben Anteil an ihrem „Aura-Ei", also an ihrer Aurahülle bzw. ihrem Energiekokon. Nach dem 6. Jahr fängt dieses Energieband an zu verschwinden, und wir entwickeln unsere eigene, vollständige, individuelle und autonome Energiehülle.

In Fällen, wenn die Mutter ein starkes Bedürfnis danach hat, mit ihrem Kind zusammen zu sein, was nicht selten bei Scheidungen oder anderen Formen emotionaler Auseinandersetzungen passiert, wird sie die Energie ihres Kindes gebrauchen, um sich emotional über Wasser zu halten. Sie zieht und nährt sich unterbewusst über das Energieband zu ihrem Kind und verhindert so die Abtrennung. Dann wird aus der Energie der Mutterliebe eine erdrückende Liebe oder eine turbulente Hass-Liebe. Die Energie der Mutter erlaubt es in diesem Fall dem Kind einfach nicht, auf eigenen Beinen zu stehen. Das ganze Leben spielt sich nach einem bestimmten Symbolmuster ab. Falls Sie spüren, dass es in Ihrem Leben so etwas gibt, dann sollten Sie die Übung „Energiebindungen zerschneiden" im nächsten Kapitel praktizieren und mit Ihrem unterentwickelten 1. Chakra arbeiten.

Vorübergehende „Energievampire"

Am häufigsten gibt es den Typus des zeitweisen Energievampirs, der nur ab und zu und vorübergehend Energien von anderen Menschen abzieht. Das kann uns alle treffen, zum Beispiel wenn wir krank sind, ein Bedürfnis haben, uns auszuweinen oder unseren Frust loszuwerden. Dann agieren wir wie „Energietrinker". Besonders ältere Menschen haben dieses Bedürfnis oft.

Solche Menschen sind nicht speziell bedrohlich für unsere Energie, und es wird uns nichts ausmachen und uns nicht schädigen, wenn wir unsere Energie vorübergehend mit anderen teilen. Ihre Aura wird sich schnell wieder auffüllen, und eines Tages wird vielleicht der Mensch, dem Sie Energie gegeben haben, Ihnen welche zurückgeben. Haben Sie keine Angst davor, Menschen Energie zu geben, die sie wirklich brauchen. Achten Sie einfach darauf, dass Sie sich selbst nicht zu stark dabei auslaugen, bewahren Sie Ihre Erdung und führen Sie Energieübungen durch, die Ihre eigene Energie stabilisieren. Sie müssen stark sein, zuerst für sich selbst, erst dann für andere.

Ich glaube, dass Sie wenn Sie einen Augenblick überlegen und in sich hineinspüren, genau wissen, wer Ihre Energievampire sind. Es sind Menschen, deren Anruf Sie fürchten, weil Sie wissen, dass Sie selbst sich hinterher geschwächt oder deprimiert fühlen. Es sind Leute, die Sie bei jeder Begegnung energetisch auslaugen.

Gegenseitiger Energiemissbrauch ist zu einer Epidemie unserer Zeit geworden. Wir leben ständig unter so großer emotionaler und physischer Anspannung, dass wir, wenn wir uns mit anderen Menschen austauschen, dazu neigen, unsere Energien und Schwingungen und die des anderen zu stören und aus dem Gleichgewicht zu bringen.

Ich treffe in meiner Heilpraxis manchmal auf Energievampire, die gar nicht geheilt werden wollen. Sie wollen weiterhin von der Energie anderer Menschen leben. Solche Energievampire laugen auch mich stark aus, weil sie versuchen, meine Energiereserven anzuzapfen, anstatt die freie Energie zu nutzen, die ich zur Heilung channele.

Energiebindungen in unseren Chakras

Wir alle haben, wie erwähnt, um unseren physischen Körper herum einen Raum, der von unserer Bioenergie erfüllt wird: die Aura. Diesen Raum bezeichnen wir gern als den eigenen oder persönlichen Raum. Wir achten normalerweise darauf, dass uns keiner zu nahe kommt, körperlich gesprochen. Wir sollten auch darauf achten, dass uns keiner zu nahe kommt im Hinblick auf unsere Aura.

Wir haben bereits verschiedene Formen ernsthafter Ungleichgewichte und Störungen der Aura betrachtet, die aufgrund der Einwirkung des Willens und der Gefühle anderer Menschen entstehen. Nun befassen wir uns mit solchen Störungen der Aura, die sich ergeben, wenn wir uns zu intensiv mit anderen Menschen verbinden oder diese sich mit uns. Die Energiefelder von Menschen können sich begegnen und kreuzen und dabei Energiebänder oder Energiebindungen erzeugen. Die Energie der schwächeren Person wird unmittelbar abhängig von der stärkeren – es ergibt sich eine Situation von Herr und Sklave. Diese Energiebindungen können aufgrund der Energie der verschiedenen Chakras entstehen; ihr Charakter hängt davon ab, wo das Energieband verbunden wurde. Ich möchte beschreiben, zu welchen Folgen Energiebindungen an den sieben Chakras jeweils führen.

1. Chakra

Thema ist hier Überleben. Wenn sich ein Energieband von diesem Chakra zu einer anderen Person erstreckt, dann sagen Sie praktisch: „Ich brauche deine Energie." Ein solches Energieband gibt es ganz natürlich zwischen Eltern und Kindern bzw. wenn man sich aufrichtig um einen anderen Menschen kümmert und ihm hilft zu überleben. Unter negativeren Umständen entsteht dieses Energieband zum Beispiel bei der Arbeit, wenn andere Leute Ihre Ideen und Ihren Einsatz benutzen, um sich selbst voran zu bringen.

2. Chakra

Das Chakra der sexuellen und emotionalen Nähe. An diesem Chakra kann sich Energie zwischen Ihnen und einem anderen verknoten, wenn jemand an Ihnen nur als Sexualobjekt Interesse hat, nicht aber an Ihrer ganzen Persönlichkeit. Energiebindungen entstehen hier auch zu Menschen, die sich völlig auf Ihre emotionale Unterstützung verlassen.

3. Chakra

Dieses Chakra ist so etwas wie der Energiegenerator Ihres Körpers. Wenn Sie hier mit der Energie eines anderen Menschen verbunden sind, fühlt es sich so an, als ob Sie sich von dessen Energie nähren lassen wollten. Es klingt ähnlich wie beim 1. Chakra, aber hier geht es nicht um das reine Überleben, sondern um den Wunsch, das Selbstbild und die „Persona" mit dem anderen zu teilen.

4. Chakra

Das ist das Chakra der Liebe. Wenn Sie Liebe zu einer anderen Person empfinden (oder umgekehrt), dann werden Sie ein starkes Energieband an diesem Kraftzentrum erzeugen. Wenn Sie sich hier mit jemandem verbinden, dann müssen Sie die Verantwortung für die positive

Wirkung übernehmen, die der andere spüren mag. Das kann zu einer sehr spirituellen und lichtvollen Erfahrung für Sie beide werden. Normalerweise ergibt sich eine solche Energiebindung aufgrund beidseitiger Absicht, aber sie kann auch nur von einer Person forciert werden, zum Beispiel im Falle von nicht erwiderter Liebe.

5. Chakra
Hier geht es um Ästhetik und Kommunikation. Ein Energieband an dieser Stelle bedeutet: „Ich möchte mich mit dir austauschen." Wenn sich Energie an dieser Stelle ballt, kann das sogar eine Halsentzündung hervorrufen. Zum Beispiel dann, wenn Ihr Boss unbedingt mit Ihnen sprechen will und Sie das überhaupt nicht möchten.

6. Chakra
Das Chakra der Intuition und Hellsichtigkeit. Wenn jemand ständig an Sie denkt oder wenn Sie jemanden einfach nicht aus Ihrem Kopf bekommen, dann gibt es eine sehr starke Energieverbindung zwischen Ihnen an diesem Chakra. Das passiert auch dann zwischen zwei Menschen, wenn einer immer wissen will, was der andere denkt.

7. Chakra
Dies ist das Kraftzentrum des echten Wissens. Falls irgendjemand Sie beherrschen oder Sie drängen will, seinen Vorgaben zu folgen, dann entsteht eine ungewollte Energieverbindung an diesem Chakra. In manchen metaphysischen Schulen weiß man, dass die Lehrer voller Absicht solche Energiebande geknüpft haben, um ihre Schüler bei sich zu behalten und um ihnen Gehorsam abzuverlangen. Auch auf der politischen Bühne passiert es, dass Politiker eine Art Gehirnwäsche versuchen, um Ihr Denken zu bestimmen. Das erzeugt dann Energieknoten zwischen Ihnen und der machtvollen Energie politischer Systeme.

Die Hände
Sie können auch über die Energie in Ihren Händen Energiebande mit anderen Leuten knüpfen. Die Hände sind ein wichtiges Zentrum schöpferischer Energie. Wenn hier eine Bindung vorliegt, dann ist es

so, als ob jemand Ihnen zuruft: „Tu das für mich“ oder „Sei so wie ich bin!“ Über die Hände läuft eine sehr beherrschende Form von Energie. Man fühlt sich, als ob einem die Hände gebunden wären, selbst zu entscheiden und eigenhändig etwas nach freiem Ermessen zu tun, oder man spürt, dass einem alles aus den Händen entgleitet.

Die Fußsohlen

Diese Zentren der Aura verbinden Sie stark mit der Erde. Wenn Sie hier Blockaden oder Verknotungen erfahren, verlieren Sie Ihren Realitätssinn und Sie beginnen fast, durch den Himmel zu schweben. Sie werden dann unvernünftig und haben keine Erdung.

Rituelles Walnussbad

Hier ist ein Vorschlag für ein rituelles Bad, dass sich dazu eignet, diese Energiebindungen loszuwerden. Walnuss hat die Kraft, Bindungen zu trennen und Ihnen die Chance zu geben, neu anzufangen. Es unterstützt jeden Neubeginn.

- Nehmen Sie 6 Walnüsse (noch in der Schale) und weichen Sie sie über Nacht ein.
- Kochen Sie die Walnüsse dann 1 Stunde lang in etwa 1,5 Liter Wasser. Sie können einen beliebigen Topf verwenden, nur keinen aus Aluminium. Wenn die Walnüsse kochen, geben Sie Wasser dazu, falls das notwendig wird.
- Sie bekommen am Schluss eine schwarze Flüssigkeit, die abkühlen soll.
- Lassen Sie sich ein Bad ein, so warm oder kühl, wie Sie mögen. Geben Sie das Walnusswasser hinein. Baden Sie darin 8 Minuten lang. Wenn möglich, tauchen Sie 7 Mal ganz unter. Bei jedem Untertauchen bitten Sie die universellen Energien, die Energiebande zu durchschneiden.

Die Frage nach „Wesenheiten“, Geistern und erdgebundenen Geistern

Ich muss kurz über das sprechen, was ich „Wesenheiten“ nenne. Das ist ein oft missverstandenes Thema, das ich aus meiner Sicht aufklären möchte. Als Heilerin arbeite ich täglich mit Energien. Die Menschen kommen zu mir, damit ich mit ihren Energien arbeite. Wenn Menschen nicht wissen, wie sie sich schützen können, haben sie oft ein sehr schwaches Energiefeld, eine sehr verletzliche und porös gewordene Schutzhülle ihrer Aura. Wenn wir gesund sind, dann ist die Schutzschicht rund um uns herum stark, fast wie Gummi. Eine starke Aura weist Negativität leicht ab. Wenn Sie zum Beispiel zornig werden und mir aggressive Dinge sagen, dann strahlen Sie Energie mit einer fürchterlichen Frequenz aus. Da meine Aura jedoch stark und fest ist, wird diese Energie einfach daran abprallen. Diese negative Energie nenne ich „Wesenheiten"! Normalerweise handelt es sich dabei um die unangenehme Energie von Leuten, die an Ihnen „kleben" bleibt, oder die Ihre Aura durchsticht und dann Ihre eigene Energie verzehrt.

Wesenheiten können gebildet werden durch die emotionale Energie von anderen Menschen, durch deren mentale Energie, oder durch einen absichtlichen und willentlichen Ausbruch negativer Energie, wie soeben erwähnt.

Ja, es gibt auch nicht inkarnierte Wesenheiten, erdgebundene Geister. Aber ich muss schon sagen, dass sie sehr selten die Ursache unserer Probleme darstellen. Ich bekomme bald unzählige Anrufe von Menschen, die mir sagen: „Dr. Alla, ich bin psychisch (oder medial) angegriffen worden." Ich würde sagen, dass in 99% der Fälle das Problem nicht von außen kommt; es handelt sich nicht um einen Geist „da draußen", der die Ursache für unsere Schwierigkeit ist. Es stimmt schon, dass die Menschen sich so fühlen, als ob eine fremde Energie in ihnen sei, als ob etwas Außerkörperliches in ihnen wirke, aber tatsächlich ist es so, dass sie sich und ihren Körpern das selbst antun.

Das passiert meistens, wenn Leute ihre Gefühle nicht unter Kontrolle haben bzw. wenn sie erlauben, dass andere sie überfahren. Deshalb meine ich, dass es entscheidend ist zu lernen, wie man eine richtige Einstellung zu den eigenen Gefühlen gewinnt. Das ist auch der Grund, warum ich so betone, dass Sie keine Angst vor Ihren Gefühlen haben müssen, weder vor guten noch vor schlechten.

Sie sollten Emotionen als einen Lebensprozess betrachten, anstatt sich vor ihnen zu fürchten. Vielleicht haben Sie traumatische Erfahrungen in Ihrem Leben gemacht. Solange Sie diese Erfahrungen sich nicht wirklich zu eigen gemacht und sie verarbeitet haben, können sie natürlich sehr beunruhigend sein.

In vielleicht 1% der Fälle ist die Wesenheit etwas außerhalb Ihrer selbst, was Sie dann unter Umständen einen „Geist" oder „Spirit" nennen können. Am häufigsten ist es ein Rest jener Energie, die jemand, der gestorben ist, mit seinem irdischen Problem verknüpft hat. Nehmen wir an, jemand war Alkoholiker oder hat Selbstmord verübt. Die Energie dieser Menschen ist sehr dicht und schwer, sie besitzt nicht genügend Licht, und so schwebt sie (noch) um uns herum und versucht, sich an unsere Energie zu heften.

Massenheilungen und Medien

Ich rate dringend von Massenheilungen ab. Heilung ist etwas sehr Intimes, das in einer sicheren, neutralen Umgebung zwischen zwei Individuen stattfinden kann. Bei Massensitzungen wird Energie nur von einem zum anderen übertragen. Am Schluss geht man mit dem „Gepäck" eines anderen Teilnehmers an der Massenheilung heraus, mit dessen negativer Energie!

Ich finde es auch nicht besonders gut, dass man Heilungen bei Kongressen, Festivals, Messen und so fort anbietet. Die Stühle stehen dicht nebeneinander und jeder dringt ungewollt in den Auraraum anderer Menschen ein. So kann man nicht wirklich heilen. Dabei nimmt man nur den Ballast anderer Leute auf.

Wenn Sie ein Medium aufsuchen möchten, sollten Sie sich daran erinnern, dass Sie selbst, wenn das Medium mit höher entwickelten Lichtführern arbeitet, diese doch oft von weniger entwickelten Wesen begleitet werden, so wie Motten vom Licht angezogen werden. Ein russisches Sprichwort lautet: „Dem Teufel ist nichts süßer als die Seele eines Heiligen." Da Sie während der Sitzung sehr geöffnet sind, sind Sie umso anfälliger für Angriffe durch dunkle Wesen. Ich sehe immer, wenn ein Patient von mir bei einem Medium war – ich spüre es einfach. Es täte gut, dass Sie einige der Schutzmaßnahmen durchführen bzw. üben, die im nächsten Kapitel behandelt werden, um sich vor solchen negativen Energieballungen zu schützen. Danach können Sie ein Salzbad nehmen (siehe Seite 58).

Sibirische Methode, um Wesenheiten zu beseitigen

Falls Sie wirklich meinen, dass nicht inkarnierte Wesenheiten an Ihnen „kleben“, dann empfehle ich diese alte, sehr wirkungsvolle sibirische Methode, um sie loszuwerden. Dabei wird eine brennende Kerze und ihre Flamme verwendet, weil keine Wesenheit eine brennende Flamme überleben kann. Wachs ist ein Stoff, der Energieinformation absorbieren kann. Das Wachs nimmt die negative Energie auf, während die Flamme sie verbrennt.

Sie brauchen drei Kerzen aus reinem Bienenwachs und drei Kerzenständer. Früher benutzte man solche aus Malachit, aber Sie können die benutzen, die Sie haben.

- Sitzen Sie am Boden mit Ihren Beinen so weit auseinander, wie es Ihnen bequem ist. Sie sind dabei barfuß.
- Stellen Sie eine Kerze zwischen Ihren Beinen auf, nahe am Schambein.
- Platzieren Sie die zweite Kerze hinter Ihrem Rücken, nahe dem Steißbein.
- Die dritte Kerze steht gegenüber Ihrer rechten Fußsohle.
- Stellen Sie sich selbst als vibrierende, brennende Kerze vor. Die

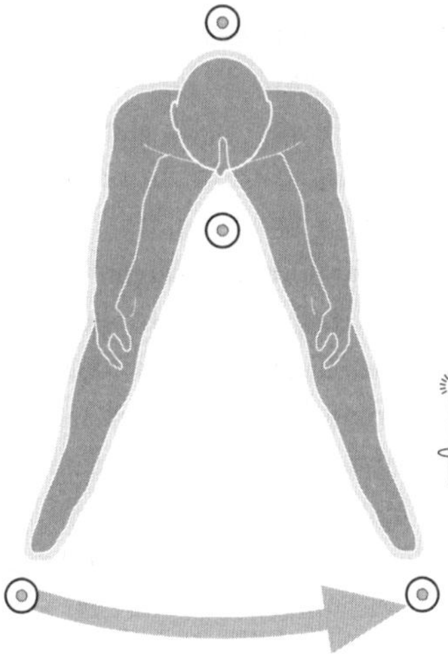

Frontalansicht

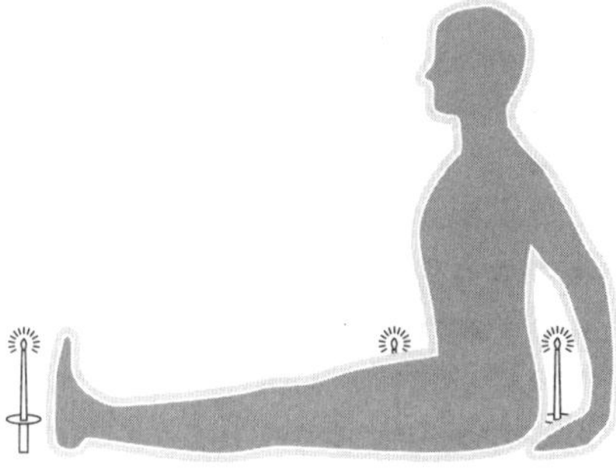

Seitenansicht

Basis der Flamme ist tief in der Erde und Ihr Körper ist wie ein Docht. Sie werden ringsherum von Feuer umgeben, von einer violetten oder goldenen Flamme. Stellen Sie sich vor, dass alle schlechten Gedanken und Gefühle in dieser Flamme verbrannt werden. Sie brennt sehr hell und stark. Keinerlei schlechte Emotionen können diese Flamme durchdringen.
– Nach ungefähr 7 bis 8 Minuten setzen Sie die Kerze von der rechten Fußsohle um vor Ihre linke Fußsohle.
– Fahren Sie mit dieser meditativen Vorstellung weitere 7 bis 8 Minuten fort.

Energiedusche

Sie können auch die Dusche anwenden, die ich im 5. Kapitel beschrieben habe. Salz hilft, alle negativen Energien, die Sie in Ihrer Aura mit sich herumtragen, zu absorbieren und zu neutralisieren.

– Bereiten Sie eine Salzeinreibung vor. Sie geben etwas Mandelöl (süßes) zu einer Hand voll Meersalz, gerade genug, um daraus eine dicke Paste zu machen. Fügen Sie 2 oder 3 Tropfen Sandelholz-, Salbei- oder Wacholder-Öl hinzu.

! *Während der Schwangerschaft sollte Salbeiöl vermieden werden.*

– Stellen Sie sich in die Dusche, verteilen Sie die Paste überall auf Ihrem Körper; wenn Sie mögen, können Sie Kopf und Gesicht auslassen.
– Duschen Sie; die Temperatur wählen Sie nach Wunsch. Während Sie duschen, bitten Sie das Wasser ernsthaft und zuversichtlich, alles Negative abzuwaschen, was sich während des Tages angesammelt haben mag. Es ist wichtig, dass das Wasser, mit dem Sie das Salz von Ihrem Körper abwaschen, zuvor über Ihren Kopf nach unten rinnt.

19.
Schutzvorkehrungen

Sie kennen das Problem jetzt. Ich meine, es ist sehr wichtig, dass Sie wissen, wie Sie sich schützen können. Wir alle sollten gewisse Maßnahmen beherrschen, um uns gegen negative Einflüsse, wie ich sie im vorigen Kapitel beschrieben habe, zu schützen.

Das Allerwichtigste, was ich Ihnen in diesem Zusammenhang sagen kann, ist: *Niemand* hat *jemals* die Macht, Sie negativ zu beeinflussen, solange Sie Ihre Aura stark halten und ablehnen, dass andere Leute über Sie Macht gewinnen. Dieses Motto ist mir schon von meiner Mutter eingeprägt worden, als ich noch ein kleines Mädchen war. Wir haben immer eine Möglichkeit, uns zu entscheiden – ob wir uns auf einen Energieaustausch einlassen oder nicht. Die Tatsache allein, dass jemand neben Ihnen steht, bedeutet noch lange nicht, dass dessen Energie und Ihre sich kreuzen oder austauschen müssen.

Wir besitzen alle eine Außenschicht aus Schutzenergie in unserer Aura. Diese Energie ist fast so etwas wie eine dünne Membrane, die unser „Aura-Ei" wie eine Schutzhülle umschließt. Wenn Sie gesund und im Gleichgewicht sind, ist diese Schutzschicht elastisch und fest. Wenn Sie jedoch aus Ihrem Gleichgewicht geraten sind, wird diese Schicht schwach und porös. In einem Zustand des Gleichgewichts wird jede negative Energie, die in Ihre Richtung gelenkt wird, von dieser Schutzschicht abprallen. In einem schwachen Zustand wird sie diese Außenhaut durchdringen und Schäden in allen anderen Auraschichten anrichten können.

Falls Sie sich irgendwann bedroht fühlen oder angegriffen wissen, oder spüren, dass jemand in Ihren Auraraum eindringt, dann ist es das Beste, aufzustehen und wegzugehen. Wenn man diese Möglichkeit nicht hat, dann neigen die meisten Menschen dazu, instinktiv ihre

Arme vor dem Bauch (Solarplexus) zu verschränken. Da das aber leider nicht wirklich hilft, möchte ich Ihnen eine Technik beibringen, die Ihren Energiekreislauf schließt und es damit anderen Leuten schwer macht, in Ihren persönlichen Energieraum einzudringen.

Der Schutzdiamant

- Legen Sie Ihre Arme bequem auf den Oberschenkeln ab; die Hände halten Sie dabei vor dem Körper.
- Zeigefinger und Daumen der beiden Hände treffen jeweils ihr Gegenüber der anderen Hand an den Spitzen und bilden einen Diamanten (bzw. eine Tropfenform).
- Die übrigen Finger der rechten Hand sind leicht und natürlich gebogen und ruhen auf den übrigen Fingern der linken Hand.

Indem Sie Ihre Hände auf diese Weise halten, bilden Sie einen „Schutzdiamanten“ vor Ihrem Körper, weil Sie Ihren Energiekreislauf schließen. Diese Übung ist auch insofern sehr elegant, weil sie subtil ist und keiner sonst wissen muss, was Sie machen und warum Sie es tun.

Stärkerer Schutz

Sie können vor wichtigen Begegnungen, Konferenzen oder Vorstellungsgesprächen einen stärkeren Schutz aufbauen, sodass Sie nicht eingeschüchtert werden können. Sie legen Ihre rechte Hand auf den Solarplexus, die linke Hand über die rechte, und sprechen sehr klar und deutlich aus: „Meine Energie wird nirgendwo anders hinfließen. Meine Energie ist immer bei mir.“

Arbeiten Sie an sich selbst und prägen Sie sich das tiefgreifende Wissen ein, dass kein anderer Sie je beeinflussen kann. Wenn Sie diese Energieübung oft praktizieren, werden Sie sich nie eingeschüchtert fühlen oder durch die Präsenz eines anderen in sich zusammenschrumpfen. Vielmehr werden Sie immer Ihre Energie im Ausgleich bewahren und dabei geerdet bleiben.

Schutz durch die weisse Rose

Wenn Sie an einem schwierigen, vielleicht sogar aggressiven Gespräch teilnehmen müssen, sollten Sie eine Vase mit weißen Rosen zwischen sich und den oder die anderen stellen. Das wird alle negativen Energien wirkungsvoll und spürbar verringern. Ich rate dazu, in Konferenzräumen und auch in Büros generell immer eine Vase mit weißen Rosen zu haben.

Selbstschutz durch das eigene „Kern-Selbst"

Wenn Sie fühlen, dass Sie Opfer eines psychischen Angriffs sind oder wenn jemand Ihre mentale Energie völlig durcheinander bringt oder Samen der Furcht, Sorge oder Hilflosigkeit sät, sollten Sie sich sofort mit Ihrem „Kern-Selbst" verbinden. Stellen Sie sich aufrecht hin, den Kopf geradeaus gerichtet, blicken Sie direkt nach vorn, so dass sich Ihr Blick etwas über den Kopf der Person richtet, die Sie angegriffen hat. Während Sie so über den Kopf dieser Person sehen, sagen Sie (mental) klar und deutlich zu sich selbst:

> *„Ich weise alle schädlichen Einflüsse aller Menschen und aller Umstände ab. Ich erkläre meine Überlegenheit über diese Einflüsse."*

Ich rate Ihnen auch, dass Sie versuchen, dahinter zu kommen, warum (Ihrer Meinung nach) diese Person das Bedürfnis hat, Sie anzugreifen. Indem Sie das feststellen, tun Sie den ersten Schritt, um zu verhindern, dass solche Angriffe Sie treffen.

Schutz durch Mentalabschirmung

Sobald Sie bemerken, dass jemand sie absichtlich irritieren und zwingen will, negative Gefühle und Gedanken zu haben, wenden Sie die folgende Technik an. Sie errichten einen mentalen Schirm, wie eine starke Wand, zwischen sich und der anderen Person. Oder Sie machen sich einen kleinen Spaß und stellen sich vor, dass der andere unter einer großen Glashaube sitzt. Wenn Sie diese Person nun unter dem dicken Glas ansehen, sind deren Worte wie gedämpft und weit weg und unverständlich.

Wenn Sie den anderen auf diese Weise anschauen, dann werden Sie nicht so leicht zum Opfer seiner psychischen Manipulationsversuche. Wenn Sie über jemanden lachen können, der Sie angreift, oder ihn auf eine andere Weise mit Humor sehen, werden Sie nicht dessen Opfer. Humor ist ein der besten Schutzmaßnahmen, die es gibt. Setzen Sie also alle Ihre AngreiferInnen und „Vampire" unter einen großen, dicken Glasschutz.

Streit lösen

Ich habe noch einen sehr guten Tipp parat, der Ihnen viel Energie spart und Sie gut schützen wird: Gehen Sie nicht mit Ihrem Partner zu Bett, solange ein Streit nicht aufgelöst worden ist. Ich würde es sogar zu einer Hauptregel machen, alle Konflikte vor der Nachtruhe beizulegen. In England gibt es ein schönes Sprichwort zu diesem Thema. Es lautet: „Geh nie mit einem Streit zu Bett." Der Grund dafür ist einfach. Wenn Sie voller Ärger und Feindseligkeit zu Bett gehen, wird es Sie beide belasten, da Ihrer beider Energie sich frei bewegen kann, wenn Sie schlafen. Wenn neben Ihnen also jemand liegt, wird sich diese Energie mit Sicherheit überall verteilen.

Eine der einfachsten Möglichkeiten, Streit aufzulösen, besteht darin, dem anderen Menschen zu vergeben und ihn zu umarmen (auch wenn sich das nur in Ihrem Bewusstsein vollzieht).

Nachtschutz

Wenn Sie sich aus irgendeinem Grund nicht haben versöhnen können und trotzdem im selben Bett schlafen müssen, sollten Sie zum Selbstschutz folgende Visualisierung durchführen:

- Stellen Sie sich vor, dass zwischen Ihnen und dem anderen Menschen ein Schirm hängt. Es ist wichtig, dass Sie visualisieren, dass dieser Schirm von der Zimmerdecke bis zum Fußboden reicht.
- Jedes Mal, wenn Sie ausatmen, stellen Sie sich vor, dass der Atem mehr Energie in den Schutzschirm strahlt. Mit jedem Ausatmen wird er dichter und dichter.
- Sie können die Wirkung verstärken, indem Sie Ihre Imaginationskraft noch weiter einsetzen. Sie könnten sich zum Beispiel vorstellen, dass dieser Schutzschirm aus einem besonders festen, undurchdringlichen Material besteht.

Vergebungsritual

Falls Sie eine aggressive Energie, ohne zu vergeben, mit in die Nacht und Ihren Schlaf hineinnehmen, dann laufen Sie Gefahr, sich selbst sehr zu schädigen. Diese feindselige Energie wird Sie während Ihres Schlafs verschlingen und gleichzeitig verhindern, dass sich Ihre positive Energie regeneriert. Deshalb empfehle ich, dass Sie – auch wenn Ihnen Vergebung schwerfallen mag – folgende Übung ausführen:

– Legen Sie Ihre rechte Hand mit der Innenfläche nach unten auf Ihr linkes Schlüsselbein. Bitten Sie die universellen Energien, Sie zu reinigen.
– Dann legen Sie Ihre rechte Hand auf Ihre Stirn, über das 6. Chakra oder das „dritte Auge".
– Verneigen Sie sich etwas und sprechen Sie geistig ganz deutlich für sich aus: „Ich vergebe mir selbst. Ich vergebe jedem. Ich vergebe mir selbst. Ich vergebe mir selbst. Ich vergebe mir selbst."

Schutz vor psychischen Angriffen

Falls Sie das Gefühl haben, von „Energievampiren" oder anderen psychischen Gefahren bedroht zu werden, stellen Sie sich sofort vor, dass Sie in der Mitte einer sich drehenden Kugel sind, die sich im Uhrzeigersinn um sie herum dreht, schneller und immer schneller. Während Sie das visualisieren, stellen Sie sich zur Unterstützung zusätzlich vor, dass Sie sich in einem milchigen Energie-Kokon innerhalb dieser sich schnell drehenden Kugel befinden. Wenn Sie jedoch das Gefühl haben, dass Sie unter schwerem Druck stehen, stellen Sie sich diesen Energie-Kokon in schwarzer Farbe vor.

Energiebindungen zerschneiden

Sollten Sie spüren, dass bestimmte Personen an Ihnen durch unerwünschte Energieverbindungen haften (wie sie im 18. Kapitel beschrieben wurden), dann müssen Sie herausfinden, wer die Person ist, die Ihnen Energie abzieht oder versucht, Ihre Energie zu beeinflussen, und Sie müssen diese Energiebindung zerschneiden.

– Stellen Sie sich die Person geistig vor. Wenn Ihnen das schwer fällt, schauen Sie ein Foto von ihr an.
– Schließen Sie dann die Augen und versuchen Sie, sich an diese Per-

son zu erinnern: ihre Stimme, ihre Augen, ihre Art und Weise zu gehen, ihren Gesichtsausdruck. Das wird ein klares und lebendiges Bild der Person in Ihnen bilden.

- Öffnen Sie nun die Augen und stellen Sie sich vor, dass sich diese Person neben Ihnen aufhält. Spüren Sie deren Präsenz, indem Sie alle Ihre Sinne benutzen.
- Schließen Sie dann die Augen wieder und halten Sie ein starkes Bild dieser Person vor sich.
- Während Sie das tun, stellen Sie sich vor, dass diese Person in Ihrem geistig vorgestellten Bild kleiner und immer kleiner wird.
- Nach einer kurzen Zeit werden Sie sehen, wie daraus nur noch ein Punkt geworden ist. Auch dieser Punkt vergeht schließlich in der Unendlichkeit.
- Wenn Sie das durchgeführt haben, visualisieren Sie die Person erneut. Dieses Mal stellen Sie sich jedoch vor, dass Sie von Ihrem Herz und Ihrem Solarplexus-Chakra Energiebänder zu dieser Person aussenden.
- Erneut visualisieren Sie, wie die Person immer kleiner wird, während sie wie eine Marionette aussieht, die an Fäden hängt. Bleiben Sie in diesem Gefühl.
- Dann stellen Sie sich vor, dass Sie diese Energiebänder mit einer großen scharfen Schere zerschneiden. Der Punkt, zu dem die Person reduziert wurde, wird wiederum in der Unendlichkeit verschwinden.
- Während der Punkt ins Nichts entschwindet, bildet er die Gestalt einer Acht.

Diese Übung können Sie ständig wiederholen, bis Sie merken, dass Sie sich ganz von der Energie dieser Person befreit haben und ihr gegenüber keinerlei negative Gefühle mehr empfinden.

Um die Wirkung dieses befreienden Zerschneidens der Energiebänder noch zu verstärken, können Sie diese Übung mit dem Ritual des Walnuss-Bades verbinden (18. Kapitel, Seite 208).

Eine weitere gute Möglichkeit, die energetische Beeinflussung eines anderen von sich abzuschütteln ist die Übung „Das Unterbewusstsein neu programmieren“ (17. Kapitel, S. 188).

20.
Bewahrung von Energie

Menschen mit ausgeglichener Energie besitzen einen gesunden Instinkt zur Selbstbehauptung. Wenn dieser Instinkt stark ist, können wir gut im Leben bestehen. Dann fühlen wir uns nicht verlockt, Dinge zu essen, die uns schädigen (oder schließlich sogar töten). Wir halten keinen Kontakt zu Menschen, die uns schaden. Wir leben nicht an Orten mit negativer Energie.

Viele unter uns sind jedoch so blockiert, dass ihre Intuition schlicht nicht funktioniert. Wir folgen unseren Instinkten nicht mehr und hören sie meist auch gar nicht. Als Folge lassen wir es geschehen, dass andere Menschen uns mental und emotional stören oder zerstören; wir lassen uns selbst eine Nahrung essen, die uns körperlich schadet oder gar tötet. Ich mag es nicht, Dinge zu verteufeln, da ich an die Maxime glaube, dass alles in Maßen zu tun (bzw. zu essen) richtig ist. Wenn wir allerdings von unserer Intuition wie abgeschnitten sind, dann wissen wir überhaupt nicht, was Maßhalten für uns persönlich bedeutet. Also essen und trinken wir im Übermaß. Wir hören auf, die Nahrung sorgfältig auszuwählen, die wir in unseren Bauch stopfen, genauso wie wir aufhören, uns die Gesellschaft, mit der wir uns umgeben, achtsam auszusuchen.

Als erstes rate ich dazu, dass Sie Ihren Energieverbrauch wirtschaftlicher gestalten, indem Sie unnötige Ereignisse einfach vermeiden. Wenn Sie messen könnten, wie viel Ihrer Lebenskraft in unnötigen Partys und endlosen sinnlosen Gesprächen vergeudet worden ist, dann würden Sie sich staunend fragen: „Warum mache ich das eigentlich nur?“ Wir sind nur allzu bereit, unsere Energie in nutzlose und leere Dinge zu verschwenden, obwohl dieselbe Energie stattdessen in einem persönlichen Gespräch mit einer guten Freundin bzw. einem guten Freund gebraucht werden könnte, oder zum Lesen eines guten Buches oder um draußen spazieren zu gehen.

Um Ihre Energie zu bewahren, sollten Sie Ansammlungen von Leuten vermeiden und stattdessen versuchen, mit kleineren Gruppen zusammenzukommen. So viele Leute besuchen eine Party nach der anderen und wissen eigentlich nicht recht, warum sie überhaupt dorthin gehen. Viele Menschen neigen dazu, ihre Freizeit mit Klatsch und Tratsch zu verbringen. Sie treffen sich mit Leuten, die sie in Wahrheit gar nicht interessieren, sie verschwenden eine ungeheure Menge ihrer kostbaren Energie und reduzieren damit ihr Bewusstsein.

Sie sollten damit beginnen, Menschenmengen zu meiden und lieber mehr Zeit mit Gleichgesinnten zu verbringen, die auf derselben Wellenlänge sind. Dadurch bewahren Sie sich nicht nur Ihre Energie, sondern bereichern sie sogar noch.

Sicher ist Ihnen klar, dass das Universum uns nicht immer Menschen schickt, die ein ganzes Leben lang bei uns bleiben. Manche Leute kommen vielleicht einen wunderschönen Tag lang in Ihr Leben, während andere etwas länger bleiben. Wenn Sie Glück haben, werden einige wenige ganz besondere Menschen ein ganzes Leben lang mit Ihnen eine echte Verbindung von Herz zu Herz aufrecht erhalten. Bitte erwarten Sie nicht, dass dieselben Personen Ihnen durch alle Ihre Lebenszyklen folgen, und vergeuden Sie keine emotionale Energie damit, die Verbindung mit ihnen zu suchen, wenn sie nicht mehr auf einer gemeinsamen Wellenlänge sind. Sie können die Differenzen entweder akzeptieren und aufhören, auf die Wiederbelebung einer alten Verbindung zu hoffen, oder einfach so weitermachen.

Sehen Sie sich um, schauen Sie in Ihr Adressbuch und versuchen Sie zu unterscheiden, wer Ihr Leben bereichert und wer Ihnen eher zur Last fällt und Ihre Energie abzieht. Wenn Ihnen klar geworden ist, von wem Sie sich distanzieren sollten, tun Sie das, indem Sie diesen Menschen viel Liebe senden. Danken Sie in Ihrem Geist dafür, dass diese Personen in Ihrem Leben waren (gleich, wie lange es war) und dann lassen Sie los.

Selbstverständlich gibt es einige Menschen in Ihrem Leben, gegenüber denen Sie bestimmte Pflichten haben – Ihre Eltern beispielsweise. Obwohl uns das vielleicht schwer fällt, sollten wir unseren

Eltern gegenüber doch bedingungslose Liebe üben und keine Urteile fällen im Hinblick auf ihre früheren Verhaltensweisenfällen oder ihre Eigenheiten. Auch sie befinden sich noch in einem Prozess des Lernens. Ich glaube übrigens, dass es stimmt, dass wir uns auf der Seelenebene unsere Eltern aussuchen (und umgedreht genauso), um bestimmte Lektionen im Leben zu lernen.

Das Wichtigste in Ihrem Leben entdecken

Sobald Sie gelernt haben, Ihr Leben durch das Prismenglas des Energieaufwands anzusehen, werden Sie realisieren, wie viel Energie Sie früher eigentlich für Dinge eingesetzt haben, die Ihnen nicht geholfen haben. Sie erkennen damit auch, was in Ihrem Leben für Sie selbst wichtig und was zweitrangig ist. Diese Art von Bewusstheit wird Sie auch besser erden. Um sich besser mit dem zu verbinden, was Ihnen wichtig ist, können Sie die folgende Atemmeditation ausführen.

- Finden Sie einen ruhigen, stillen Ort. Setzen Sie sich bequem hin und gestatten Sie Ihrem Atem, ruhig und entspannt zu werden.
- Atmen Sie ein und fragen Sie sich: „Was ist das Wichtigste in meinem Leben?"
- Atmen Sie aus und fragen Sie sich: „Was ist das Wichtigste in meinem Leben?"
- Atmen Sie einfach auf diese Weise etwa drei Minuten und stellen Sie sowohl beim Ein- als auch beim Ausatmen dieselbe Frage. Sie werden feststellen, dass mit einem Mal alles sehr klar und geordnet wird.

Yoga-Vollatmung

Im Yoga werden gewisse Atemtechniken gelehrt, die uns helfen können, unsere Energie zu bewahren. Diese Übung nennt sich die „Yoga-Vollatmung". Sie erleben damit neue Leichtigkeit und vitale Lebenskraft. Diese Übung regt auch alle Ihre Drüsen an und stimuliert den Verdauungstrakt ganz besonders. Es kann sein, dass Sie sich anfangs etwas schwindlig fühlen, aber das geht rasch vorüber.

- Sie liegen auf dem Boden oder einem eher harten Bett. Halten Sie Ihren Körper so gerade wie möglich.

- Lassen Sie eine Hand auf Ihrem Bauchnabel ruhen, die andere auf der Brust.
- Schließen Sie die Augen und atmen Sie tief und langsam ein. Sie werden fühlen, wie sich Ihr Brustkorb nach oben weitet, und auch Ihr Bauch sollte sich natürlich weiten und etwas nach außen drücken. Sie wissen, dass Sie es richtig machen, wenn sich beim Einatmen beide Hände etwas heben.
- Forcieren Sie die Atmung nicht.
- Atmen Sie langsam aus und drücken Sie sehr sanft ein klein wenig auf Ihren Bauch, sodass der Magen sozusagen fast an die Wirbelsäule gezogen wird. Es fühlt sich an, als ob Sie Luft aus dem Bauchraum in den Brustkorb drücken würden. Dann hilft Ihr Brustkorb, die Luft weiter nach oben zu pressen, sodass Sie durch die Nase ausatmen.
- Üben Sie diese Art der Atmung zwischen zehn und fünfzehn Minuten lang.
- Kehren Sie wieder zur normalen bzw. natürlichen Atmung zurück und ruhen Sie sich mindestens eine Minute lang nach der Übung aus. Bleiben Sie am Boden liegen und versuchen Sie nicht, zu früh aufzustehen.

Teil 7
Traditionelle russische Heilgeheimnisse

21.
Mit Wasser heilen

In diesem Teil des Buches verrate ich Ihnen einige der wunderbarsten Techniken und Hilfsmittel der alten russischen Heiler. Es sind besondere Dinge und kraftvolle Energieübungen, mit denen ich aufgewachsen bin. Wir sehen uns gemeinsam die magischen Heilfähigkeiten von Salz, Wasser, Eiern und Spiegeln an. Es ist eine Fortsetzung der Arbeit aus dem 6. Teil. Es handelt sich wirklich um ganz wunderbare Wege, um negative Energie loszuwerden und ein neues Gleichgewicht und Harmonie in unsere Körper zu bringen. Die Übungen sehen auf den ersten Blick vielleicht merkwürdig aus, und ich muss zugeben, dass sie auch mir manchmal seltsam vorkommen, weil ich mir nicht rational erklären kann, warum sie überhaupt funktionieren. Aber: Sie funktionieren wirklich sehr gut! Sie sind durch die Jahrhunderte überliefert worden und bilden einen Teil der russischen Heilertradition, die von Generation zu Generation weitergegeben wurde.

Ich bitte Sie also wieder einmal, einen offenen Geist zu bewahren. Und ich hatte Ihnen ja schon versprochen, dass ich in diesem gesamten Buch keine einzige Methode beschreibe, die sich nicht in meiner eigenen Heilpraxis vielfach bewährt hätte. Ihre Intuition ist sicher längst schon sensibel und klar genug, sodass ich Sie im Hinblick darauf nicht weiter zu überzeugen versuchen muss.

Wasser zur Stabilisierung und Reinigung von Energien

Seit vielen Jahrhunderten waschen sich Menschen nicht nur, um körperlich sauber zu sein, sondern um sich psychologisch und spirituell zu reinigen. Die heilsame und Energie vermittelnde Wirkung von Wasser ist seit vielen Tausenden von Jahren bekannt. Aus diesem Grund taucht es immer wieder als wesentlicher Teil von Kulthandlungen, magischen Ritualen und Heilungsprozeduren auf. Den Körper in Wasser einzutauchen ist ein weit verbreiteter und symbolträchtiger Teil des Taufrituals, mit dem Adams Ursünde weggewaschen werden soll. Im Islam soll die rituelle Waschung vor den Gebeten den Wunsch des Gläubigen anzeigen, vor Gott rein zu erscheinen. In Russland wurden viele Kirchen, Tempel und Klöster neben Flüssen erbaut. Seen, Flüsse und Quellen besitzen mit ihren Wassern die einzigartige Eigenschaft, Leid, Sorgen, Kummer und Angst der Menschen fortzunehmen.

Nicht umsonst gibt es dieses uralte Interesse an Wasser und heute werden die Eigenschaften von Wasser wieder neu erforscht. Die wichtigste Eigenschaft von Wasser besteht darin, dass es „ein Gedächtnis" hat. Es kann Informationen über eine gewisse Zeit speichern. Das ist bekanntlich der Ansatz der Homöopathie. Diese Mittel enthalten kein einziges Molekül der jeweiligen Heilsubstanz mehr, haben aber deren energetische Prägung. Bachblütenheilmittel, Edelsteinessenzen und hawaiianische Blütenmittel folgen demselben Prinzip.

Die Tatsache, dass sich Wasser elektromagnetische Schwingungen „einprägt", ist sehr bedeutsam. In den 30er Jahren des 20. Jahrhunderts hat der italienische Forscher J. Piccardi einen Zusammenhang zwischen der Sonnentätigkeit und bestimmten Parametern der Wasserqualität festgestellt. Wenn Wasser der Sonne ausgesetzt wurde, ergaben sich andere Schwingungsfrequenzen, und es wurde energetisch aufgeladen. Bald wurde klar, dass sich Wasser nicht nur an Sonnenstrahlung „erinnert", sondern auch auf Ultraschall und schwache elektrische Ströme reagiert und so fort. Russische Heiler haben über Wasser gesungen, um es mit Energie aufzuladen und es dann als Heilmittel zu gebrauchen.

Manche Yogis haben Einblick in die magischen Eigenschaften von Wasser gewonnen und diese Informationen weitergegeben. Demnach enthält Wasser große Mengen an *Prana*, der „Raumenergie", die wir teilweise aus dem Wasser aufnehmen, wenn wir Wasser trinken oder darin baden, besonders dann, wenn unser Körper besonders viel Energie braucht. Wenn man durstig ist, braucht man vermutlich nicht nur die physikalische Flüssigkeit des Wassers, sondern man möchte wohl unbedingt auch die Energie darin aufnehmen. Ein Glas Wasser, das zur rechten Zeit getrunken wird, wird Ihrem Körper neue Kraft verleihen und dessen Effizienz steigern. Es lohnt sich, dass Sie sich daran erinnern: Ein Glas Wasser wird Ihnen einen sofortigen Energiekick geben. Dazu sollten Sie das Wasser langsam und in kleinen Schlucken trinken und es einige Sekunden lang in Ihrem Mund lassen, bevor Sie es schlucken.

Wir nutzen die Eigenschaft von Wasser, Energien auszugleichen, meist unbewusst unser ganzes Leben hindurch. Wenn sich zum Beispiel jemand plötzlich schwach oder krank fühlt, bieten wir ihm instinktiv ein Glas Wasser an und helfen ihm, es in kleinen Schlucken zu trinken. Es ist weithin bekannt, dass eine Person, die Opfer eines sexuellen Übergriffs wurde oder die eine sexuelle Begegnung bereut, einen starken Drang hat, lange Zeit unter der Dusche zu stehen, fast wie in einem meditativen Zustand oder wie in Trance, um die Energie der Person wegzuspülen, die ihr zu nahe gekommen ist.

Viele unter uns geben viel Geld aus, um Kristalle zu kaufen, damit wir unsere Energie reinigen und ausgleichen, aber wir vergessen, dass das machtvollste und überall vorhandene Kristall Wasser ist. Wasser soll ein Kristall sein? Überraschenderweise ja! Ein einziges Wassermolekül, das durch ein Mikroskop betrachtet wird, sieht wie ein großer Kreis mit zwei kleineren Kreisen aus; das ist das eine Sauerstoffatom mit den beiden Wasserstoffatomen. Das Bild ähnelt dem Kopf und den beiden Ohren von Mickey Mouse. Alle Wassermoleküle wollen sich mit anderen Wassermolekülen verbinden und so genannte Wasserstoffbrücken bilden. So entstehen im Wasser Billionen winziger kristallähnlicher Strukturen. Es ist sogar so, dass ein Wasser umso gesünder und energiereicher ist, je mehr kristalline Strukturen es aufweist.

Clusterbildung[6] im Wasser erlaubt ihm, Information zu speichern. Wissenschaftler haben herausgefunden, dass es mindestens 36 verschiedene Typen von Wasser gibt, mit wechselnden Anteilen von Wasserstoff und Sauerstoff, und insofern ist es zu stark vereinfacht, wenn man Wasser als H_20 beschreibt.

Wenn Sie lernen, Wasser täglich für Ihren Energieausgleich zu verwenden, können Sie damit Ihre Energie reinigen und gleichzeitig verstärken. Fließendes Wasser absorbiert ständig Energien aus dem Kosmos und gibt diese wieder an die Umgebung frei. Je höher die Fließgeschwindigkeit von Wasser ist, desto stärker ist sein Energiefeld, zum Beispiel bei Wasserfällen ist das oft gut spürbar.

Es gibt aber auch Gewässer, die unsere Energie abziehen, wie manche Teiche und Seen, vor allem, wenn sie mit Blättern, Zweigen und anderen Dingen verunreinigt sind. Diese Gewässer wirken wie Vampire, die uns unsere Energie entziehen. Deshalb rate ich eindringlich dazu, dass Sie bei der Auswahl eines Ruheortes, eines Meditationsplatzes oder eines Ortes, an dem Sie sich wieder aufladen wollen, sich keinen Platz nahe eines stillen Gewässers aussuchen. Ich empfehle auch, Gemälde oder Drucke von stillen Gewässern zu meiden oder von Gewässern, die von einer üppigen Vegetation überwachsen werden, weil auch diese Ihrer Aura Energie entziehen.

Es ist natürlich im Alltag nicht immer möglich, Wasserläufe zu finden, die mit hoher Energie vorwärts treiben. Es gibt jedoch auch andere Möglichkeiten, die wohltuenden und aufladenden Wirkungen von Wasser zu nutzen. Dazu schlage ich Ihnen die folgende Energieübung vor, die sehr gut geeignet ist, um negative Energie zu beseitigen.

Wasserübung, um Energie auszugleichen

- Beginnen Sie mit einem großen Glas natürlichen Quellwassers. Sitzen Sie ruhig und entspannt, während Sie es langsam trinken.
- Fühlen Sie, wie das Wasser in Ihnen herunter fließt.

---

[6] Cluster: In diesem Fall ist eine traubenähnliche Ballung von Molekülhaufen gemeint. (Anm.d.Ü.)

- Spüren Sie die Kühle und Feuchtigkeit des Wassers, besonders wenn es auf Ihren Magen trifft.
- Stellen Sie sich das Gefühl vor, dass das Wasser durch den gesamten Körper geht.
- Drehen Sie nun das kalte Wasser bei einem Waschbecken an. Sie stehen aufrecht, mit geradem Rücken davor.
- Strecken Sie Ihre Arme und Hände zum kalten Wasser so aus, dass die Handinnenflächen sich auf beiden Seiten des fließenden Wassers anblicken. Das Wasser soll zwischen Ihren Händen herunterfließen, ohne dass Sie es berühren. Machen Sie alles sehr langsam.
- Schon bald wird sich das Gefühl von Kühle in ein Gefühl von Verjüngung und Krafterfüllung verwandeln, das sich von den Händen aus in Ihrem gesamten Körper verbreitet.
- Wenn Sie dieses intensive Gefühl von vitaler Lebenskraft und Reinheit gespürt haben, beenden Sie die Übung. Bedanken Sie sich innerlich beim Wasser für die Kraft, die es Ihnen übermittelt hat.

Wasserfall-Meditation

Diese meditative Übung verbindet die physikalischen und die metaphysischen Eigenschaften von Wasser miteinander. Natürliche Wasserfälle sind phantastisch, wenn man negative Energien klären möchte, aber die meisten von uns leben leider nicht in der Nähe eines Wasserfalls. Sie können aber die russische Methode der Energiereinigung anwenden, indem Sie große Mengen Wasser über Ihren Kopf kippen. In Russland gossen sich die Leute Wasser eimerweise über ihre Köpfe. In den Dörfern standen sie barfuß auf der Erde; das Wasser lief geradewegs in den Boden, und sie blieben mit der Erde in Verbindung. Falls Sie einen Garten haben oder in eine natürliche Umgebung gehen können, um diese Energiereinigung vorzunehmen, sollten Sie das tun. Es wird sehr viel effektiver sein als im Badezimmer unter der Dusche. Versäumen Sie nicht, das Wasser auch über den Kopf zu gießen. Es sollte vom Kopf über das Kronenchakra nach unten laufen. Wenn ich Patienten heile, die gestörte Energien haben, vor allem wenn Wesenheiten da sind, muss ich selbst diese Übung unmittelbar danach durchführen.

Wenn Sie sich für die Dusche entscheiden (was zugegebenermaßen die einfachste Variante darstellt), achten Sie bitte darauf, dass der Wasserdruck nicht zu stark ist und dass Sie direkt unter dem Duschkopf stehen. Die Wassertemperatur sollte angenehm sein. Halten Sie einen sauberen Bademantel oder ein weißes großes Handtuch für danach bereit. Sie sollten die folgende Übung immer zur gleichen Zeit durchführen.

Wasserfall-Dusche

- Richten Sie Ihre Aufmerksamkeit auf Ihre Atmung; atmen Sie tief und leicht. Gehen Sie in die Dusche und schließen Sie sanft die Augen. Sie sollten nahe dem bereits fließenden Wasser stehen.
- Stellen Sie sich vor oder spüren Sie, wie ein Wasserfall ganz in Ihrer Nähe herunterfällt. Die herunterspritzenden Wassertropfen strahlen ein funkelndes Licht wie Diamanten aus.
- Dann treten Sie unter die Dusche und stellen sich vor, unter diesem Wasserfall zu stehen. Er fließt geradewegs durch Ihr Aurafeld und nimmt alle niedrigen Schwingungen und stockenden Energien mit sich ebenso fort wie Belastungen, die sich während des Tages angesammelt haben.
- Die Klarheit und Frische dieses Wasserfalls fühlt sich belebend und verjüngend an.
- Halten Sie Ihren Kopf nun direkt unter den Duschkopf und stellen Sie sich vor, dass das Wasser durch das Kronenchakra in Sie hinein fließt.
- Es läuft durch Ihren ganzen Körper und fließt an den Finger- und Zehenspitzen wieder heraus. Achten Sie einmal darauf, ob das Wasser, das an Fingern und Zehen austritt, trüb und dunkel aussieht.
- Lassen Sie das Wasser in Ihrer Vorstellung weiter durch sich hindurch fließen, bis es an Händen und Füßen so kristallklar austritt wie der Wasserfall selbst.
- Sobald das passiert, stellen Sie sich vor, dass Sie Ihren gesamten Innenraum mit dem sauberen, klaren, belebenden und verjüngenden Wasser anfüllen.
- Dann treten Sie sowohl aus dem imaginären Wasserfall als auch aus der physischen Dusche heraus. Legen Sie sich den Bademantel bzw. das Tuch um und stellen Sie sich dabei vor, dass Sie sich in eine

Schutzhülle einwickeln, die sicherstellt, dass Ihr physischer Raum vor jedem Eindringling geschützt wird.

– Atmen Sie tief ein; bewegen Sie Finger und Zehen kräftig hin und her; lächeln Sie sich selbst zu!

Magische Eigenschaften von Wasser

Nun möchte ich Ihnen noch einige Hinweise geben, wie Sie die magischen Eigenschaften von Wasser nutzen können.

– Wenn Sie sich mit anderen Menschen treffen oder eine Sitzung haben, stellen Sie immer ein Glas Wasser zwischen sich und die andere Person. Trinken Sie dieses Wasser nicht, sondern spülen Sie es später die Toilette hinunter. Das ist eine gute subtile Art und Weise, die eigene Energie vor jener anderer Menschen zu schützen.

– Achten Sie darauf, wenn Sie das Essen zubereiten oder Tee, Wasser oder Wein trinken, dass Sie keine schlechten Gedanken hegen. Wasser (auch in Gestalt von Tee oder Alkohol oder Kochwasser) speichert alle Gedanken und Worte, und eben auch ärgerliche oder aggressive. Wenn wir einen Trinkspruch ausbringen, dann führen wir damit unterbewusst ein Ritual durch, in dem wir das Getränk mit der Kraft unserer positiven Worte energetisch aufladen.

– Teilen Sie Ihr Badewasser nicht mit anderen; lassen Sie es auch nicht für andere in der Wanne. Das ist vom Energiestandpunkt her sehr ungünstig. Die andere Person könnte die ins Wasser gewaschene alte und gestaute Energie aufnehmen. Schütten Sie gebrauchtes Wasser immer weg!

Wasser als Schutz während des Schlafs

Während Sie schlafen, können Sie einer Reihe unterschiedlicher Formen negativer Energie ausgesetzt sein, weil Sie Ihre Abwehr abgelegt haben. Wasser bietet jedoch den besten Schutz. Unsere Energiesysteme setzen während der Nacht eine Menge an negativer Energie frei. Es ist eine sehr gute Sache, diese Energie zu neutralisieren, bevor sie die Energie unseres Raums verschmutzt. Die Methode, unsere Energie während des Schlafes zu schützen, nennt man „Mit Wasser schlafen gehen“. Ich bin sicher, dass viele Menschen das bereits tun, ohne sich des wahren Hintergrunds dafür bewusst zu sein.

Mit Wasser schlafen gehen

- Bevor Sie schlafen gehen, nehmen Sie ein Glas Wasser und stellen Sie es neben Ihr Bett auf Höhe des Kopfes, am besten auf das Nachtschränkchen. Trinken Sie aus diesem Glas nie, sondern lassen Sie es einfach dort stehen.
- Am nächsten Morgen gießen Sie das Wasser in die Toilette und gebrauchen dazu Ihre nicht-dominante Hand (Rechtshänder also die linke Hand). Dann spülen Sie das Glas 3 x unter fließendem Wasser aus dem Hahn aus und gießen das Wasser jeweils in die Toilette (das ist symbolisch eindrucksvoller als es nur in den Waschbeckenabfluss zu geben). Wenn man das Wasser die Toilette hinunter spült, wird damit alles, was sich im Glas in der Nacht angesammelt hat, fortgewaschen.

Wenn Sie Träume haben, die sehr beunruhigend sind oder falls Sie Angst vor Wesenheiten haben, die während des Schlafes auftauchen könnten, geben Sie einen Tropfen Kampfer in das Wasserglas. Sie brauchen wirklich nur sehr wenig, ungefähr so viel wie Streichholzkopfgröße.

Es ist immer wesentlich, Ihre schwächere Hand (mit der Sie nicht schreiben) zu gebrauchen, wenn Sie das Wasser fortgießen. Wenn Sie die schwächere Hand benutzen, um das Wasser wegzugießen, dann weigern Sie sich damit symbolisch, all das zurückzunehmen, was im Wasser gespeichert worden ist.

22.
Die Kraft von Salz und Eiern

Salz und Eier sind Teil der russischen Volksheilkunde schon seit vielen Jahrhunderten. Schauen wir uns zuerst die Rolle an, die Salz spielt. In Russland symbolisiert es Ewigkeit und ewiges Leben, weil es nie ausgeht und nie schlecht wird. Russische Heiler schreiben Salz magische Eigenschaften zu und glauben, dass es die übernatürliche Fähigkeit besitzt, alle unsere Energieverunreinigungen zu absorbieren. Deshalb wird Salz in vielen Heilungsritualen als ein Mittel eingesetzt, um negative Energien und Wesenheiten abzuwehren. Im Teil 2 habe ich schon über den Gebrauch von Salz gesprochen, um die Energie in Wohnung oder Haus auszugleichen. Jetzt möchte ich tiefer auf diese wundervollen Kristalle und ihre wirklich überraschenden Eigenschaften eingehen.

Salzkristalle: Geschichte und Traditionen

Salz als Kristall hat die Fähigkeit, alle Energieinformationen aus einem sehr großen Spektrum von Frequenzen aufzunehmen, sowohl negative als auch positive. Salzkristalle sind kraftvolle Informationsträger. Alle Informationen, welche in die Salzkristalle gelangen, werden in deren Gitternetz gespeichert. Salz absorbiert Informationen nicht nur unglaublich gut, sondern sendet sie auch aus. Aufgrund dieser Eigenschaft wurde Salz oft in technischen Geräten als Signalübermittler verwendet.

Die Kelten verwendeten Salz, um viele Beschwerden damit zu behandeln. Das keltische Wort für Salz ist *hall*[7], was vom Wort *heil* abgeleitet ist. Reines Kristallsalz wird geologisch immer noch als „Halit" bezeichnet, worin die keltischen Worte *hall* und *lit* für Licht stecken.

---

[7] Wir finden diesen Begriff zum Beispiel im Deutschen noch in den Namen der Salzorte Hallein in Österreich und Bad Reichenhall in Bayern. (Anm.d.Ü.)

Bildlich gesprochen handelt es sich also um einen Stoff, der heilende Lichtschwingungen in sich birgt. Salz besitzt eine eigene kristalline Struktur. Der würfelförmige Aufbau von Salz wird von Lichtquanten, so genannten Photonen, erzeugt, die reine Lichtenergie sind. Das englische Wort *salt* geht auf das lateinische Wort *sol* für Sonne und das keltische Wort *hall* zurück. Dieser Begriff *hall* ist auch verwandt mit dem deutschen Wort Seele. Die Kelten glaubten, dass die Seele aus dem Meer käme, daher stammt das Wort Saline.

Wenn Sie mit Salz arbeiten, sollten Sie grobkörniges Meersalz verwenden. Die Kristalle sind noch nicht zermahlen worden und haben deshalb noch mehr ihrer Energieschwingung bewahrt. Eine alte russische Tradition besteht darin, auf die Mitte des Tisches immer ein Salzgefäß zu stellen. Vor jeder Mahlzeit wurden die Gebete gesprochen und damit wurde das Salz mit positiver Energie aufgeladen. Man dachte auch, dass dieses Salz die Atmosphäre rund um den Tisch reinigen und alle negativen Ausstrahlungen absorbieren würde. Vielerorts wird auch heute noch in anderen Ländern beim Tischdecken zuerst das Salzfässchen hingestellt.

In manchen Überlieferungen wird Salz als Symbol von Unglück angesehen; das hat vermutlich damit zu tun, dass sich Salz mit Energien verbinden kann, die eben nicht immer positiv sind. In der russischen Tradition symbolisiert Salz meist die reinigende Lichtkraft der Erde. In Russland widmet man einen Tag der Woche dem Großreinemachen, und zwar den Donnerstag. Das Synonym für Donnerstag war „Reinigungstag“ und Salz, dass man zum Saubermachen benutzte, hieß „Donnerstags-Salz“.

Wenn ich von Duschen und Bädern mit Salz spreche, wäre es am besten, eine Salzreinigung bei Vollmond vorzunehmen. Es scheint nämlich, als ob sich bei Vollmond alle negativen Energien und Wesenheiten besonders stark auf der Oberfläche der Haut sammeln. Salz kann dann zu dieser Zeit besonders viele solcher Energien absorbieren. Auch hier verwenden Sie bitte grobes Meersalz.

Salz aufladen

Salz, mit dem Sie Energiereinigungen vornehmen, wird noch besser wirken, wenn Sie es zuvor positiv aufladen. In Russland glaubte man, dass Löcher in einem Baum magische Kräfte besitzen, da der Baum seine ganzen Heilenergien dorthin sendet. Kranke Kinder wurden manchmal in Baumhöhlungen gesetzt, weil sie mit der Heilenergie des Baumes aufgeladen werden sollten. Eine ähnliche Kraft findet man, wo sich ein Stamm aus einer Wurzel in zwei Bäume gabelt.

Man meint, dass unter allen Bäumen die Eiche die stärkste Kraft besitzt, unsere Energien wieder aufzuladen. Ich denke, das wird der Grund sein, warum wir Eiche für den Fußboden und für Möbel wählen. Wenn Sie das Glück haben, einen Eichenfußboden zu haben, sollten Sie so häufig wie möglich barfuß darauf herumgehen. In Europa ist die Eiche ein weit verbreiteter Baum. Bevor das Christentum zur offiziellen Religion in Russland wurde, verehrten die Menschen dort die Eiche und bauten Altäre aus Eichenholz.

Wenn Sie einen Ort für Ihre Meditation auswählen oder einen Platz, an dem Sie Salz aufladen, nehmen Sie nach Möglichkeit einen der oben beschriebenen Orte. Um das Salz mit der Energie des Baumes aufzuladen, geben Sie das Salz in einen Beutel aus Naturfasern und legen diesen Beutel in das Baumloch oder hängen ihn an den Ast eines Baumes, der sich in zwei Bäume geteilt hat. Lassen Sie das Salz vier-undzwanzig Stunden lang dort; dann ist Ihr Salz wundervoll aufgeladen und bereit zum Gebrauch.

Natürlich hat nicht jeder Zugang zu solchen Bäumen, oder sie stehen an öffentlichen Orten, an denen man so etwas nicht ohne weiteres ausführen kann. Eine Alternative ist dann, dass Sie Ihr Salz in ein Glas geben, in das Sie auch einen Rosenquarz legen. Stellen Sie das Glas auf das Fensterbrett, so dass es vom Sonnenlicht erfasst wird, und lassen Sie es vierundzwanzig Stunden lang stehen. Das Glas soll an zwei Morgen von der frühen Morgensonne erfasst werden.

Sie können das Salz viele Male wieder gebrauchen, aber zunächst müssen Sie die immer wieder absorbierten negativen Strahlungen neutralisieren. Um das zu tun, stellen Sie das Salz einfach zehn Minuten lang in ein heißes Ofenrohr. Starke Hitze zerstört Energiestrahlungen aller Art.

Salzbäder, um negative Energie zu entfernen

Zwei besondere Bäder helfen, negative Energien aus Ihren feinstofflichen Körpern zu entfernen. Sie reinigen die Aura auf wundervolle Weise. Sie können die Temperatur des Wassers ganz nach Belieben wählen.

Methode A

- Nehmen Sie ein Gefäß für 1 Liter; geben Sie dort 1 Tasse Wasser, ¼ Teelöffel Ammoniak und 1 Teelöffel Meersalz hinein und vermischen Sie alles gut.
- Fügen Sie noch 1 Tasse Wasser hinzu.
- Gießen Sie den Inhalt nun in ein Vollbad und legen Sie sich 5 Minuten lang hinein.
- Tauchen Sie 3x ganz unter, wobei der gesamte Körper und der Kopf ganz ins Wasser eingetaucht sind.
- Stellen Sie sich jedes Mal vor, wenn Sie eintauchen, dass die negative Energie abgewaschen wird.

! *Wenn Sie empfindliche Haut haben, sollten Sie diese Art von Bad nicht nehmen. Nach diesem und dem nächsten Bad sollten Sie auf alle Fälle duschen.*

Methode B

- Geben Sie ¼ Tasse doppeltkohlensaures Natrium und 1 Esslöffel Meersalz in ein Vollbad.
- Tauchen Sie 3x vollständig unter, wie oben beschrieben. Stellen Sie sich dabei aktiv vor, wie alle Negativität abgewaschen wird.

Fußbad am Tagesende

Dieses Fußbad am Abend hilft Ihnen, belastende Energien, die Sie während des Tages angesammelt haben, loszuwerden. Wasser kann viele energetische Verunreinigungen durch Ihre Fußsohlen herausziehen. Deshalb ist es so wichtig, die Füße und die Fersen sauber zu halten und hart gewordene Haut an den Fersen zu entfernen. Die Haut an Ihren Fersen sollte immer weich, elastisch und ein bisschen feucht sein; Sie können etwas Öl oder Feuchtigkeitscreme einmassieren. Das wird Ihrem System helfen, Energieverunreinigungen über die Fersen abzuleiten. Waschen Sie Ihre Füße jeden Morgen und jeden Abend unter kaltem, fließenden Wasser. Das reinigt nicht nur Ihre Energie, sondern regt auch biologisch aktive Punkte an den Fußsohlen an; Sie werden von den Fußreflexzonen sicher schon gehört und gelesen haben.

Ich empfehle meine Patienten aus diesem Grund auch die Pediküre. Tote Haut trägt Information über den Tod in sich. Davon abgesehen, tritt ja die Erdenergie über Ihre Füße in Sie ein. Ihre Füße sollten also wunderschöne Tore für Erdenergie sein! Das ist übrigens ein guter Vorwand, um sich selbst verwöhnen zu lassen.

Energie von Schmuck und Bildern neutralisieren

Mit Hilfe von Salz können Sie nicht nur sich selbst und Ihr Zuhause, sondern auch Schmuck und Bilder reinigen. Das ist sehr wichtig, besonders wenn Sie Schmuck aus zweiter Hand haben oder Ihnen jemand seinen Schmuck weitergeschenkt hat. Sie müssen die Energien der früheren Träger klären und neutralisieren, weil Sie ja schließlich nicht deren Aura noch mit deren Schmuck herumtragen wollen!

- Geben Sie 1 Esslöffel grobkörniges Meersalz auf 1 Glas kaltes Wasser.
- Legen Sie Ihren Schmuck in das Glas.
- Stellen Sie das Glas in den Kühlschrank, da dies die Wirkung der Wasserenergie verstärkt. Lassen Sie das Glas 24 Stunden im Kühlschrank stehen.
- Nehmen Sie das Glas wieder heraus und spülen Sie Ihren Schmuck unter fließendem kalten Leitungswasser gut ab.

Die Energien von Fotos und Bildern können Sie auf die folgende Weise reinigen:

- Legen Sie das Foto oder Bild flach hin, mit der Bildseite nach oben.
- Legen Sie darauf ein Blatt Papier; streuen Sie gleichmäßig Salz auf das Papier. Lassen Sie alles 10 bis 15 Minuten liegen.
- Danach werfen Sie Papier und Salz entweder fort oder Sie verbrennen es.

Die Kraft von Eiern

In Russland werden Eier sehr geschätzt und sie haben in der Volksheilkunde immer eine enorme, magische Bedeutung gehabt. Praktisch jeder russische Haushalt besaß ein Holzei oder ein bemaltes Ei, das wie eine Art Amulett gut sichtbar aufgestellt wurde. Eier sind Symbole des neuen Lebens, der Entwicklung und des Wachstums. Sie stellen auch einen Zustand der Reinheit dar. Im Ei ist das Potential einer wahrhaft göttlichen Kraft verborgen. Selbstverständlich symbolisiert das Ei auch Empfängnis und Beginn eines neuen Lebens.

Eier besitzen nicht nur eine vielschichtige symbolische Bedeutung, sondern dienen auch als sehr wirksame Werkzeuge, um spirituelle, psychische und emotionale Negativität zu absorbieren. Das Energiefeld um Eier ist sehr stark, da in ihnen die Energie des Lebens selbst in konzentrierter Form vorhanden ist. Diese Kraft, verbunden mit der Energie von Wachstum, erzeugt eine sehr kraftvolle, lichte Schwingung um das Ei. Diese Frequenzen helfen, negative Energien zu zerstreuen und aufzulösen. Sehr häufig hat man Wohnungen und Häuser energetisch geklärt, indem man in jede Ecke der Zimmer ein Ei gelegt hat. Man ließ die Eier sieben Tage lang dort liegen; danach wurden sie fortgeworfen, ohne sie dabei zu zerbrechen.

Eier wirken allerdings nur in der unmittelbaren Umgebung, in der sie liegen, anders als andere Hilfsmittel wie Salz, Weihrauch und Kerzen etwa, die Energie aus einem weiteren Umkreis absorbieren können. Eier sind also gut geeignet für lokal eng begrenzte Energiereinigung.

Es gibt eine Reihe ziemlich komplizierter Methoden und Rituale, die seit Generationen in den Familien überliefert werden. Ich möchte Ihnen an dieser Stelle jedoch eine sehr einfache Technik vorschlagen, die Kraft von Eiern zu nutzen.

Eier-Ritual für die Nachtruhe

Wenn Sie häufig unruhig und schlecht schlafen oder in Ihren Träumen immer wieder derselben Person begegnen, probieren Sie einmal dieses sehr alte russische Ritual aus.

- Nehmen Sie ein Ei und schreiben Sie Ihren Namen mit Bleistift oder Kuli darauf.

– Legen Sie das Ei in Höhe Ihres Körpers bzw. Kopfes auf Ihr Nachtschränkchen.
– Lassen Sie es 7 Tage dort liegen. Falls das Ei zerbirst, was passieren kann, wenn es zu viel negative Energie aufnimmt, dann werfen Sie es fort und nehmen Sie ein neues.
– Wenn die 7 Tage vorbei sind, werfen Sie das Ei fort, ohne es dabei zu zerbrechen.

Wichtiger Hinweis: Verwenden Sie nur Bio-Eier zur Energiearbeit!

23.
Spiegelmeditationen

Spiegel regen zu tiefem Nachdenken an. Wenn wir unser Spiegelbild anblicken, ist es fast so, als ob wir in unsere Innenwelt eintauchen. Sich selbst im Spiegel anzuschauen kann eine eigene Meditationsform darstellen. Es ist, als ob wir versuchten, unser wahres Wesen zu erfassen, unser inneres Sein, indem wir intensiv unser äußeres Selbst anschauen. Drücken wir unsere innere Wirklichkeit wahrhaftig aus? Oder sehen wir in unserem Spiegelbild eine völlig andere Person, eine, die wir gar nicht kennen, vielleicht sogar jemanden, der uns Angst macht?

Wenn Sie in den Spiegel schauen, können Sie sich selbst Fragen stellen; Sie könne versuchen, sich und Ihre Handlungen und Entscheidungen besser zu verstehen. Sie können sich zum Beispiel fragen: Wie rein ist mein Bewusstsein? Wie ehrlich bin ich mit mir selbst? Wie aufrichtig bin ich gegenüber den Menschen in meiner Umgebung?

Werden Sie zum Inbild dessen, der Sie selbst sein möchten oder zu einem Image, wie es die Menschen in Ihrer Umgebung gern hätten?

Durch die Pupillen Ihrer Augen blicken Sie in die Tiefen Ihres Selbst und versuchen, Ihren wahren Kern zu begreifen. Das vermittelt Ihnen auch ein Gefühl der inneren Reinigung und hilft Ihnen, Ihre Wahrheit und Ihre Wirklichkeit zu entdecken. Wenn Sie in den Spiegel schauen, gleicht das einer Beichte sich selbst gegenüber. Ein Spiegel ist ein Fenster in eine andere Wirklichkeit, die nicht ganz unter der Kontrolle unseres Alltagsverstands steht, die jedoch unser Leben durchaus nachhaltig zu beeinflussen vermag. Das erleben Frauen vor allem dann, wenn Sie vor dem Spiegel sitzen oder stehen: das ist keine Eitelkeit, sondern da findet eine echte Seelensuche statt!

Eine alte russische Weisheit stellt fest, dass ein Spiegel Ihre Seele widerspiegelt. Es gibt einen Aberglauben in Russland (und vermutlich auch in anderen Ländern), der besagt, dass man nicht in einen zerbrochenen Spiegel schauen soll, weil das einen Bruch in der eigenen Aura provozieren kann, was wiederum zu einer Schwächung der Lebenskraft führt. Ich möchte einige effektive Methoden beschreiben, wie Sie mit Spiegeln arbeiten können. Das ergänzt noch einmal unsere bisher geleistete Arbeit zum Ausgleich Ihres Astralköpers und Ihren ganzen Aura.

Auswahl und Pflege von Spiegeln

Suchen Sie die Spiegel, mit denen Sie arbeiten möchten, sorgfältig aus. Im Idealfall sollten es neue, saubere Spiegel sein. Verwenden Sie keine alten, antiken und besonders keine angelaufenen Spiegel oder solche mit Sprüngen im Spiegelglas.

Da, wie erwähnt, Spiegel sowohl positive als auch negative Energien aus der Umgebung aufnehmen und speichern, gab es eine Sitte, alle Spiegel in einem Haushalt zu bedecken, in dem jemand gerade verstorben war, damit die Energie des Todes nicht absorbiert würde.

Sie müssen Ihre Spiegel vor jedem Gebrauch bitte gründlich reinigen. Wenn Sie das versäumen, fungieren die Spiegel wie negative Energiegeneratoren. Verwenden Sie ein Tuch aus Naturfasern und wischen Sie den Spiegel im Uhrzeigersinn sauber. Sie können ein bisschen Ammoniak verwenden, um die Reinigung zu vertiefen.

Spiegelübung zum Tagesende

Diese Übung hilft, um negative Einflüsse auf die Aura zu beseitigen. Sie wird Sie auch dabei unterstützen, alle Gefühle von Unbehagen und Ungleichgewicht abzulegen, die Sie während des Tages vielleicht empfunden haben. Stress wird leichter und die Seele wird gereinigt. Sie sollten diese Übung am Abend durchführen; sie dauert etwa fünf Minuten.

- Der Spiegel soll sauber sein; Sie setzen oder stellen sich vor ihn hin.
- Analysieren Sie nun Ihren Tag, während Sie in Ihre Augen blicken und Ihren Gesichtsausdruck betrachten. Rufen Sie sich sowohl positive als auch negative Emotionen ins Gedächtnis, die tagsüber aufgetaucht waren.

– Sie sollten nun Ihre Reaktionen in bestimmten Situationen überdenken und feststellen, ob sie angemessen waren oder nicht.

Das ist eine Möglichkeit, den Tag abzuschließen.

Spiegelübung, um Ihren Astralkörper aufzuhellen

Wenn Sie sich in die oben beschriebene Übung gut hineingefunden haben, können Sie zu einer anspruchsvolleren Arbeit mit Ihrem Spiegel übergehen. Diese Methode wird sehr effektiv Ihre Aura reinigen, sie aufhellen und Ihren Astralkörper nähren.

Sie können einen beliebigen Spiegel dazu benutzen, der entweder an der Wand hängt oder vor Ihnen steht. Sie denken daran, ihn vorher zu säubern. Wiederholen Sie die folgende Übung an zwei Tagen; am besten wäre es, sie um 13 Uhr auszuführen.

– Gehen Sie auf den Spiegel zu, bis Sie rund 30 Zentimeter entfernt davon sind.
– Schauen Sie 10 Minuten lang direkt in den Spiegel, wenn möglich, ohne mit den Augenlidern zu zwinkern. Sehen Sie in Ihre Augen, tief hinein.
– Während dieser ganzen Zeit ist es sehr wesentlich, dass Sie positive Gedanken in Ihrem Bewusstsein hegen (zum Beispiel schöne Erinnerungen, herzerwärmende Augenblicke), oder Sie wiederholen einfach Ihren Namen wieder und wieder.
– Sie können auch Ihre Lieblingsmusik hören oder eine andere Musik, welche Sie zurück zu schönen Zeiten in Ihrem Leben nimmt. Ich persönlich finde, dass Mozarts Musik während dieser Übung sehr positive Wirkungen hat.

Spiegelmeditation „Blumen der Liebe", um Liebe anzuziehen

Wenn wir Liebe in unserem Leben haben, neutralisiert sie alle negativen Gefühle und Energien in uns und um uns herum. Liebe reinigt gründlich alle Schichten unserer Aura. Liebe ist die gehaltvollste Nahrung und der stärkste Schutz, den unsere Körper bekommen können. Es gibt eine wunderbare Meditation aus einer alten russischen Tradition, die Ihnen hilft, Liebe in Ihr Leben aufzunehmen.

Wenn Sie sich traurig fühlen oder einsam sind, oder wenn Sie spüren, dass Sie keinen einzigen Tag mehr ohne Liebe weiterleben können, dann sollten Sie diese Übung praktizieren. Dazu brauchen Sie zwei Dinge: einen mittelgroßen Spiegel und neun frische Blumen. Das können beliebige Blumen sein (außer Lilien), obwohl rote Rosen am besten sind. Wenn Sie Rosen verwenden, entfernen Sie zunächst alle Dornen von den Stielen. Sie können Blumen entweder aus Ihrem eigenen Garten oder vom Balkon verwenden oder sie in einem Blumenladen besorgen. Die Natur ist in der Gestalt von Blumen eine ungeheuer große, unerschöpfliche Quelle von Liebesenergie. Rosen, wie Sie wissen, symbolisieren Liebe besonders.

Sie sollten diese Meditation durchführen, wenn Sie ganz allein sind. Stellen Sie Ihr Telefon ab und gehen Sie nicht an die Tür, wenn es klingeln sollte. Tragen Sie ein lockeres Gewand oder eine Robe, damit Sie einfach Zugang zu Ihrer nackten Haut haben.

– Stellen Sie die Blumen in eine große Vase, stellen Sie den Spiegel daneben so auf, dass Sie Ihr eigenes Gesicht sehen können.
– Setzen Sie sich bequem hin, oder knien Sie sich hin, direkt vor der Vase.
– Nehmen Sie eine Blume aus der Vase und beginnen Sie, Ihr Haar, Ihre Stirn und Ihre Ohren mit den Blütenblättern zu streicheln. Dann führen Sie die Blume zu Ihren Wangen und zum Kinn.
– Gestatten Sie sich, sich ganz für die Energie der Liebe zu öffnen, die von der Blüte ausstrahlt.
– Schließen Sie die Augen und streicheln Sie Ihre Augenlider mit den Blütenblättern, während Sie gut vernehmlich sagen: „Ich kann Liebe sehen."
– Bewegen Sie die Blume auf die Höhe der Nase, atmen Sie den Duft der Blüte ein und erlauben Sie, dass damit Ihre Seele genährt wird. Im Flüsterton sagen sie: „Ich atme Liebe ein."
– Öffnen Sie die Augen, heben Sie die Blume über Ihren Kopf und sprechen Sie: „Liebe ist in meinen Händen."
– Drücken Sie die Blume an Ihr Herz, so dass Sie die Blütenblätter

deutlich auf Ihrer Haut spüren. Fühlen Sie, wie die Liebe, die in dieser Blume eingeschlossen war, nun in Sie einströmt. Sagen Sie klar und deutlich: „Ich spüre Liebe."

- Berühren Sie den Solarplexus leicht (und wieder im direkten Hautkontakt) und sagen Sie: „Ich nehme Liebe auf."
- Nun halten Sie die Blume vor sich, schauen in Ihr Spiegelbild, fokussieren sich direkt auf Ihre Augen, ohne dass Ihre Aufmerksamkeit abschweift. Folgende Worte sprechen Sie dann laut und deutlich: „Vor mir ist Liebe. Hinter mir ist Liebe. Liebe ist über mir. Liebe ist unter mir. Liebe ist in mir. Ich strahle Liebe aus, und Liebe kommt mir entgegen. Ich leuchte voller Liebe."
- Nachdem Sie diese meditative Übung beendet haben, stellen Sie die Vase mit den Blumen an einen Ort, an dem Sie sie immer sehen können und an dem Sie oft vorbeikommen.
- Wenn Sie möchten, können Sie die Blume, die Sie für die Übung gebraucht haben, an sich selbst tragen, bis sie verwelkt ist. Dann vergraben Sie die Blume in der Erde und danken ihr für ihre Energie.

Entscheidend ist, dass Sie diese Affirmationen mit fester und klarer Stimme aussprechen.

Teil 8
Geheimnisse zur Verjüngung

24.
Die Verjüngungsdiät

Wir Menschen möchten immer jünger aussehen sowie länger und besser leben. Der Markt für Schönheitscremes und Behandlungsmethoden, die weniger Falten und einen straffen Körper versprechen, ist immens groß. Falls Sie sich jedoch wirklich verjüngen möchten, müssen Sie über den Tellerrand der Hautverschönerung hinaussehen. Die gute Nachricht ist: Wenn Sie meine Detox- und Gesundheitsprogramme durchgeführt haben, sind Sie bereits auf gutem Wege, um sich auf allen Ebenen des Körpers und des Lebens zu verjüngen. In diesem Abschnitt möchte ich Ihnen weitere Werkzeuge an die Hand geben, um das, was Sie schon dafür getan haben, noch wirksamer werden zu lassen und um Ihnen den Weg zu echter Verjüngung zu öffnen.

Es geht dabei auch um die Ernährung. Ich hoffe sehr, dass Ihre Intuition inzwischen gut genug entwickelt ist, dass Sie keine schlechte Auswahl mehr im Hinblick auf Ihre Nahrungsmittel treffen. Sie werden nicht mehr versucht sein, etwas zu essen, was negative oder tödliche Energie in sich trägt, Nahrung also, die Ihre Zellen belastet, verschmutzt und abtötet. Stattdessen werden die von Ihnen ausgesuchten Lebensmittel Ihnen eine wunderbare, lebensspendende Energie übertragen.

Wir alle wissen, dass Nahrung Energie ist. Ohne sie hätten wir keine körperliche Energie und würden nach einer bestimmten Zeit sterben. Wenige unter uns nehmen sich aber die Zeit, richtig zu überlegen, welche Art von Energie unser Körper wirklich braucht. Wenn Sie Ihren Körper reinigen und Ihren Geist klären möchten, müssen Sie darauf achten, welche Nahrungsmittel Sie Ihrem Körper zuführen, und das nicht nur während der Entgiftungsprogramme, sondern täglich und regelmäßig.

Erinnern Sie sich bitte auch daran, dass feinstoffliche Energie so entscheidend ist. Selbstverständlich sollte Ihre Nahrung die bestmögliche Schwingung in sich tragen. Es sollten *Lebens*mittel sein, die von Energie nur so strotzen.

Ich bin fest davon überzeugt, dass wir sehr, sehr achtsam sein müssen, was wir in unseren Körper hineintun. Die meisten Nahrungsmittel heutzutage sind belastet; sie sind oft tote Nahrung, die keinerlei Energie ausstrahlt oder, schlimmer noch, die schädigende Energie abgibt. Es ist glücklicherweise nicht so schwer, richtig und gut zu essen. Sie brauchen nur einige einfache Regeln zu befolgen.

Grundzüge gesunder Ernährung

Wenn Sie Ihre Essmuster auf diese Grundzüge ausrichten können, werden Sie Ihrem Körper die bestmögliche Nahrung und die bestmögliche Energie geben. Sie müssen die folgenden Grundzüge nicht auf einen Schlag übernehmen, sondern können sich nach und nach darauf umstellen. Verlangen Sie von Ihrem Körper und Ihrer Willenskraft nicht zu viel auf einmal. Nehmen Sie besser kleinere Veränderungen vor und beobachten Sie, wie sich Ihr Körper mit jedem einzelnen Schritt merklich wohler fühlt. Dann fällt es Ihnen auch leichter, die Feinabstimmung in Ihrer Ernährung vorzunehmen.

Was soll man essen und trinken

Wenn immer es möglich ist, sollten Sie die frischeste, reinste Nahrung auswählen. Am besten wären biologisch erzeugte Lebensmittel, die organisch gewachsen sind, ohne schädliche Pestizide, Fungizide und hohe Nitratbelastung. Gute Nahrung ist frische Nahrung, Lebensmittel aus der lokalen Umgebung, Nahrung, die der jeweiligen Jahreszeit entspricht und Nahrung, die sicher ist.

Arbeiten Sie mit der Natur: Pflanzen, die der Jahreszeit entsprechend wachsen, sind für unsere Gesundheit ideal. Die Natur ist klug genug, uns im Sommer kühlende Salate anzubieten und im Winter herzhafte Wurzelgemüse, wenn wir Wärmeenergie und Substanz brauchen. Ich weiß, dass es verlockend sein mag, Erdbeeren im Winter zu kaufen, aber Ihr Körper freut sich dann viel mehr über Äpfel und Birnen!

- Machen Sie das Beste aus frischem, organischem, biologisch erzeugtem Gemüse und Obst. Bauen Sie Ihre Mahlzeiten um diese Dinge herum.
- Fügen Sie Vollgetreide hinzu. Jede Art von Vollgetreide ist ausgezeichnet. Später gehe ich darauf ein, wie man Getreide am besten zubereitet.
- Bohnen und Hülsenfrüchte sind ebenfalls ausgezeichnet, und sie sind sogar noch besser, wenn man sie keimen lässt. Auch darauf gehe ich später noch näher ein.
- Nüsse und Samen bieten viel Protein (Eiweiß) und sind wunderbare Quellen für Mikronährstoffe.
- Ein bisschen mageres Fleisch oder Wild ist in Maßen in Ordnung, wenn Sie nicht gerade eine Entgiftungskur durchführen. Aber überfrachten Sie Ihr System nicht mit Fleisch.
- Fisch ist eine hervorragende Quelle lebenswichtiger Vitamine und Mineralien. Er sollte aus nicht verschmutzten Gewässern kommen und keiner vom Aussterben bedrohten Art angehören. Leider sind Meeresfrüchte oft umweltverschmutzt.
- Reichlich frisches Wasser, ungefähr 2 Liter pro Tag. Verwenden Sie einen Filter, wenn Sie Leitungswasser[8] trinken. Kaufen Sie Mineralwasser in Glasflaschen, nicht in Plastikflaschen, um Bakterienbildung vorzubeugen.
- Alkohol sollte sehr sparsam getrunken werden. Verringern Sie Ihren Alkoholkonsum so weit wie möglich. In all den Detox-Programmen ist keinerlei Alkohol erlaubt.
- Verwenden Sie kaltgepresstes Olivenöl zum Kochen. Ich mag be-

[8] In Deutschland, Österreich und der Schweiz kommt das auf die Gegend an, in der man wohnt. In zahlreichen Orten, vor allem in Alpennähe, ist die Qualität des Leitungswassers ausgezeichnet und es bedarf dort keiner Filter. Erkundigen Sie sich bei örtlichen Umweltorganisationen. Anm. d. Ü.

sonders *Udo's Choice Öl* (das die Omega 3-, 6- und 9-Varianten der essentiellen Fettsäuren enthält; Bezug siehe Anhang), kaltgepresstes Walnussöl und Leinsamenöl für Soßen und als Beigabe zu Getreide.

– Fermentierte Sojaprodukte, wie Tofu oder Tempeh.
– Mandel- oder Reismilch und andere Erzeugnisse daraus (was gute Alternativen zu Milchprodukten und nicht fermentierten Sojaerzeugnissen darstellen).
– Kräuter- und Fruchttees. *Sbitin* ist eine sehr gute russische Alternative; es ist ein wärmendes Getränk, das ich später genauer beschreibe.
– Und schließlich ein bisschen von dem, was Sie gerne mögen. Ich halte nichts davon, irgendwelche Nahrungsmittel zu verteufeln. Wenn Sie also ab und zu etwas Schokolade mögen, oder Kaffee, oder etwas anderes, so ist das ganz in Ordnung. Achten Sie nur darauf, dass Sie die beste Qualität aussuchen, zum Beispiel echte Kartoffelchips, die wirklich aus Kartoffeln bestehen und echten Kaffee, keinen koffeinfreien und so fort.

Vielleicht denken Sie jetzt, dass das ziemlich anspruchsvoll klingt. Wo sind denn nun die schönen Fertiggerichte, die man nur in die Mikrowelle schiebt? Wie soll man ohne einen Zwischenstop beim Burger-Haus auskommen? Es ist jedoch wirklich einfach. Wenn Sie meinem Vorschlag folgen und so viel rohes Gemüse und Obst essen, wie möglich, werden Sie kaum Zeit in der Küche verbringen müssen. Ein Salat etwa kann in wenigen Minuten zubereitet werden. Suppen und Säfte dauern auch nicht lange. Selbst traditionell langsam kochende Nahrungsmittel wie Getreide und Hülsenfrüchte können ohne großen Arbeitsaufwand zubereitet werden, wie ich Ihnen zeigen werde.

Was soll man vermeiden

Ich dämonisiere keine Nahrungsmittel, wie gesagt, und Ihre Intuition funktioniert inzwischen ja sicher sehr gut. Dennoch möchte ich Ihnen einige Dinge in Erinnerung rufen, die Ihren Körper nicht unterstützen und Ihre Energie auch nicht ausgleichen können. Das sind aber keine „verbotenen“ Lebensmittel.

- Koffein: verringern Sie Kaffee, Tee, Colagetränke und Schokolade; lassen Sie sie allmählich ganz weg. Koffein beansprucht die Nebennieren und macht Sie angespannt und ängstlich.
- Raffinierte, also stark weiterverarbeitete Nahrungsmittel, „Fast-food", Schnell- und Fertiggerichte und „Junkfood": Es handelt sich um „tote" Nahrung, die voller toxischer Zusatzstoffe steckt. Hüten Sie sich vor Dingen, die Stoffe mit E-Nummern enthalten! Manch-mal benutzen Hersteller den ganzen Namen eines belastenden Zusatzstoffes, um zu vermeiden, eine E-Nummer abdrucken zu müssen. Eine Faustregel besagt, dass ein langer und chemisch klingender Name wahrscheinlich einen schädlichen Zusatzstoff bezeichnet.
- Fette Nahrungsmittel wie Würste und Pasteten: Gesättigtes Fett verstopft die Arterien; außerdem enthalten sie meist alle möglichen belastenden Zusatzstoffe.
- Verbrannte oder gegrillte Nahrungsmittel: Wenn man Nahrung (meistens wohl Fleisch) auf diese Weise zubereitet, dann entstehen krebsbegünstigende Stoffe.
- Salz: erhöht den Blutdruck, beansprucht die Nieren, fördert Blä-hungen.
- Raffiniertes „weißes" Getreide (Weißbrot, Weißmehl, weißer Reis, weiße Nudeln; also kein Vollkorn mehr): das sind „leere" Nahrungsmittel, die Spitzen im Blutzuckerwert bewirken.
- Milchprodukte, besonders aus Kuhmilch: Milcherzeugnisse führen zu starker Verschleimung.
- Sojamilchprodukte: auch Sojaprodukte (mit Ausnahme der fermentierten Erzeugnisse) bilden sehr viel Schleim.
- Zucker und Nahrungsmittel, die Zucker enthalten: Zucker bietet „leere" Kalorien und bringt den Blutzucker aus dem Gleichgewicht.
- Übermäßiger Alkohol.

Nahrung als Energieträger

Unsere Nahrung beeinflusst nicht nur unsere physische Gesundheit, sondern auch unser emotionales und mentales Wohlbefinden. Sie können, wie anfangs im Buch beschrieben wurde, sowohl durch die Energie anderer Menschen ausgelaugt werden als auch durch belastende äußere Ereignisse. Sie können jedoch auch, und das wissen die meisten Menschen gar nicht, von Nahrungsmitteln ausgelaugt und belastet werden.

Das ist nicht nur eine Frage des Nährstoffgehalts (oder dessen Mangels), sondern der Energie Ihrer Lebensmittel. Selbst wenn Sie Produkte verwenden, die mit Vitaminen und Enzymen angereichert sind, und die eine gute Energie ausstrahlen, können Sie doch den ganzen Wert durch eine nicht korrekte Zubereitung wieder zunichte machen. Ich rate dazu, hohe Temperaturen bei der Zubereitung zu vermeiden. Die einzige Ausnahme sind Hülsenfrüchte, die über Nacht eingeweicht und dann rasch gekocht werden sollten. Getreide kann mit der russischen Ofenmethode gekocht werden. Essen Sie so viel wie möglich rohes Obst und Gemüse. Wenn Sie Gemüse kochen müssen, dämpfen Sie es leicht.

Russische Ofenmethode, um Getreide zu kochen

In Russland symbolisiert Getreide Leben und wir wissen natürlich auch, dass Getreide viele wertvolle Vitamine, Mineralien und Enzyme enthält. Wenn Sie Getreide essen, sollten Sie nicht nur dessen Nährstoffe aufnehmen, sondern sich auch von dessen Energie aufladen lassen. Im Verlaufe der Jahrhunderte sind besonders Weizen und Buchweizen überall in Russland weit verbreitet. Bis heute wird Brot mit Achtung behandelt und kein Russe würde Brot einfach so wegwerfen. Ich möchte nicht auf den Nährwert der unterschiedlichen Getreidesorten eingehen, weil Sie das in anderen Büchern finden können. Stattdessen möchte ich mich auf die Energie dieses Nahrungsmittel konzentrieren und wie man diese Energie bewahren kann, um sie gut aufnehmen und verwerten zu können. Zu diesem Zweck kochen wir das Getreide in Russland auf eine besondere Weise.

- Vor dem Kochen weichen Sie das Getreide in reichlich Wasser 2 Stunden lang ein.
- Gießen Sie das Wasser dann fort und lassen Sie das Getreide in frischem Wasser aufkochen.
- Danach lassen Sie es 5-7 Minuten lang köcheln, nehmen es vom Herd, bedecken es mit einem fest schließenden Deckel und geben den Topf dann in einen vorgewärmten Backofen (150°), ungefähr 10-15 Minuten lang.

– Am Schluss geben Sie etwas kaltgepresstes Öl nach Wahl hinzu und das Getreide ist fertig, um serviert zu werden.

Besonders gut sind Getreidesprossen. Ein gekeimtes Getreide verwandelt sich von einem Kohlehydratträger zu einem Proteinträger. Deshalb empfehle ich Ihnen sehr, gekeimtes Getreide und andere frische Sprossen zu einem Teil Ihrer täglichen Ermährung zu machen. Es sind unschätzbare Vitamin- und Mineralspender und sie enthalten universelle Lebenskraft. Sprossen bilden sehr viel weniger Schleim. Wenn immer Sie können, geben Sie bitte Sprossen und Keime in Ihren Salat mit hinzu. Im Kapitel 26 behandle ich das Thema detaillierter.

Wir sind oft geradezu besessen vom Nährwert und vor allem vom Kaloriengehalt unserer Nahrungsmittel. Die Energieeigenschaften der Nahrung bleiben dabei im Schatten. Nahrung besitzt entweder eine schwere oder eine leichte Energie. Sie trägt Information und Energie von Leben oder von Tod. Nahrungsmittel mit einer schlechten Energie können unsere eigene Energie durch ihre gestörten Schwingungen direkt negativ beeinflussen. Alle konservierten Nahrungsmittel und solche, die mit Industrieverfahren weiterverarbeitet werden, Nahrungsmittel mit E-Nummern und Zusatzstoffen oder sogenannten Hilfsstoffen besitzen eine sehr schwere und leere Energie. Es gibt auch künstlich hergestellte Stoffe, die angeblich den Geschmack von ursprünglichen, natürlichen Lebensmitteln und Stoffen nachahmen, deren feste, schwere Energie unsere eigene nachhaltig belasten kann.

Werden Sie jedoch bitte nicht fanatisch in Bezug auf das Essen. Wie ich erwähnt habe, glaube ich, dass es in Ordnung ist, ab und zu Fastfood oder Junkfood zu essen, vorausgesetzt, es ist die beste Qualität. Das klingt vielleicht komisch, aber was ich meine, ist dies: Wenn Sie eine Tüte Chips wollen, dann wählen Sie die besten aus, die wirklich noch Kartoffeln benutzen und nicht nur künstliche Mischungen; wenn Sie Schokolade essen wollen, dann suchen Sie nach einer biologischen aus dunklen, organischen Kakaobohnen und ohne irgendwelche Zusätze. Wenn Sie gern Butter mögen, dann nehmen Sie die beste echte, naturreine Butter. Wenn Sie Kaffee trinken wollen, wählen Sie echten Bohnenkaffee aus und nicht koffeinfreien.

Denken Sie einfach immer daran, dass Techniken, die man einsetzt, um Nahrungsmittel zu verändern und zu verarbeiten, schädliche Wirkungen auf den Körper haben können, sowohl physisch als auch energetisch.

Ich glaube sehr daran, dass alles in Maßen gut ist. Bleiben Sie immer in Verbindung mit Ihrer Intuition und lassen Sie Ihre Intuition Ihre Führerin bei der Auswahl Ihrer Lebensmittel sein – was Sie nehmen und was nicht, wann Sie essen und wann Sie aufhören.

25.
Weitere Geheimnisse der Verjüngungsdiät

Umweltbelastungen in der Ernährung ausschalten

In einer idealen Welt wäre unsere Nahrung ganz rein und frei von jeglicher Umweltverschmutzung, von Pestiziden und anderen toxischen Stoffen. Leider leben wir nicht in einer idealen Welt. Organisch erzeugte Nahrungsmittel, die im deutschsprachigen Raum meist „biologische Lebensmittel" heißen, scheinen die angemessene Antwort auf das Problem zu sein. Bio-Lebensmittel werden im allgemeinen ohne Giftstoffe erzeugt, sind allerdings teilweise recht teuer und werden nicht überall angeboten. Wenn wir ein langes und gesundes Leben führen möchten, müssen wir praktisch sein und überlegen, wie wir unsere Schadstoffbelastung reduzieren können.

In unserer Nahrung stecken viele Arten von Toxinen: Pestizide, Herbizide, Fungizide, zu hohe Nitratanteile, Schwermetalle (wie Quecksilber und Blei), Antibiotika und Hormone im Fleisch und so weiter und so fort. Die Liste ist leider ziemlich lang. Ich möchte Sie nicht verschrecken, aber ich finde es wichtig, dass Sie wissen, was gemeinhin in den Nahrungsmitteln steckt, die Sie täglich zu sich nehmen.

Nehmen wir uns nur ein Beispiel genauer vor, nämlich den Nitratanteil in der Nahrung. Nitrate gelangen meist als bestimmte Düngemittel in den Boden, weil sie die Entwicklung von Pflanzen fördern. Nitrate gibt es schon immer in der Erde und sie wurden auch schon immer von Pflanzen zum Wachstum gebraucht. Da wir in unserer modernen Zeit jedoch die Produktivität der Böden unbedingt immer weiter steigern wollen, haben wir sie überdüngt.

Pflanzen verwerten nur den absolut notwendigen Dünger; fast alles, was nicht verwertet und umgewandelt wird, wird in ihnen gespeichert und landet auf unseren Tellern und in unseren Körpern. Leider sind alle Versuche fehlgeschlagen, auf Nitratdünger zu verzichten weil die Produktivität und Qualität der Pflanzen deutlich vermindert würde.

Müssen wir uns nun Sorgen über den Nitratanteil in unserer Nahrung machen? Leider ja! Erhöhte Nitratwerte gelten als mögliche krebsbegünstigende Faktoren. Im Verdauungstrakt des menschlichen Körpers werden Nitrate in Nitrite verwandelt; das sind Substanzen, die dreißig Mal toxischer sind als Nitrate.

Nitrite tragen nachweislich auch zur Bildung von Metahämoglobin bei. Das ist eine besondere Form von Hämoglobin, das die Körperzellen *nicht* mit Blut versorgt, so den Stoffwechsel stört und in der Folge das Immunsystem belastet bzw. schwächt.

Die Nahrung, die wir zu uns nehmen, kann auch durch Schwermetallsalze belastet sein, vor allem solchen aus Quecksilber und Blei. Sie gelangen über das Wasser in die Erde, das durch hochtoxische Industrieabwässer, Autoabgase oder giftige Chemikalien belastet ist, die in der Landwirtschaft angewandt werden. Die und andere Umweltbelastungen unserer Nahrung, vor allem Pestizide, üben eine krebsbegünstigende oder krebserzeugende sowie mutagene (die Gene verändernde) Wirkung auf den menschlichen Körper aus. Sie können darüber hinaus Allergien verursachen und das Immunsystem schwächen.

Was können Sie nun tun, um die Aufnahme dieser zahlreichen und vielfältigen toxischen Stoffe zu verringern? Wir können in der Regel keinen Einfluss nehmen darauf, wie das Gemüse und Obst angebaut wird; oft wissen wir noch nicht einmal, wie das geschieht. Wir können Landwirte nicht zwingen aufzuhören, Hormone und Antibiotika bei der Aufzucht von Vieh zu verwenden. Biologisch erzeugte Produkte einzukaufen ist eine Alternative. Aber selbst wenn das aus unterschiedlichen Gründen nicht möglich ist, gibt es andere Alternativen. Denn es ist allemal besser, nicht-biologisches Gemüse und Obst zu essen als gar keins! Hier sind einige wirksame Methoden, um die Umweltbelastungen in der Nahrung merklich zu reduzieren.

- Weichen Sie alles nicht-biologische Obst und Gemüse in Wasser ein, dem Sie ein wenig Salz zugegeben haben. Dann gießen Sie das Wasser fort und spülen Gemüse und Obst unter fließendem Wasser ab.
- Wenn Sie Gemüse und Obst schälen, verringert das den Gehalt von Nitraten, Pestiziden, Blei und Quecksilber ungefähr um die Hälfte.
- Wenn Sie Gemüse kochen, kochen Sie es im ganzen. Schneiden oder hacken Sie es erst, nachdem es gekocht ist.
- Nehmen Sie die äußeren Blätter von Kohl, Salat und so fort weg. Essen Sie keine beschädigten Grünpflanzen; schneiden Sie abgebrochene oder zerrissene Blätter und ähnliches weg.
- Suchen Sie Obst und Gemüse aus, das ganz reif ist; ausgereifte Früchte und Gemüse enthält weniger Nitrat als solche, die vorzeitig geerntet worden sind.
- Sauer eingelegte oder marinierte Gemüse und Früchte enthalten praktisch keine Nitrate; nutzen Sie das also reichlich.
- Essen Sie so wenig nicht-biologisches Fleisch wie nur möglich. Falls Sie das nicht tun (wollen oder können), essen Sie reichlich frisches grünes Gemüse dazu: Vitamin C hilft, schädliche Chemikalien in deren Wirkung zu begrenzen.
- Wählen Sie Fisch sehr sorgfältig aus. Leider ist eine Vielzahl von Fisch heutzutage stark mit Schwermetallen belastet. Essen Sie aus diesem Grund auf jeden Fall weniger Thunfisch. Ich empfehle meinen Patienten nicht mehr, Fischöl zu benutzen, sondern rate stattdessen zu „Udo´s Choice® Öl“ (siehe Bezugsquellen im Anhang).

Die pH-Gleichung

Es gibt eine weitere Chance, wie wir noch mehr für unsere Gesundheit und Verjüngung tun können: Wir sollten auf den pH-Wert unserer Nahrung achten. Da geht es nicht mehr darum, ob man Kohlehydrate isst oder was Ihr GI (Glykämischer Index) ist, sondern viel entscheidender wird für immer mehr Menschen werden, welchen pH-Wert ihre Nahrungsmittel haben.

Der pH-Wert eines Stoffes ist ein Maß dafür, wie stark er entweder säurehaltig oder basisch ist; er wird auf einer Skala von 0 bis 14 gemessen. Alles über 7 ist basisch (oder alkalisch); alles unter 7 ist sauer (oder säurehaltig)[9] . Bei optimaler Gesundheit hat Ihr Blut einen pH-Wert von 7.4, ist also basisch.

Wenn der pH-Wert Ihres Körpers zu weit in Richtung Säure übergeht, dann neigen Sie zu Krankheiten, da alle Pathogene (krankmachenden Stoffe) in einem säurehaltigen Milieu gedeihen. Überschüssige Säure sammelt sich in Ihren Knochen und Gelenken an. Eines der Hauptprobleme unserer modernen Zeit ist der Verlust von Kalzium und die Übersäuerung. Leider helfen Nahrungsergänzungsmittel gar nicht dagegen. Es spielt keine Rolle, wie viel Kalzium Sie extra zu sich nehmen: Solange Ihr Körper noch übersäuert ist, wird sich das Kalzium nicht einlagern können, sondern als Ausgleich für das Säure-Basen-Gleichgewicht verwendet. Wie es so schön heißt: „Es kommt nicht darauf an, was Sie essen, sondern was Sie wirklich aufnehmen." Eine stabiler pH-Wert hilft Ihnen, Nahrungsmittel, Vitamine und Mineralien auf optimale Weise aufzunehmen. Er wird auch Ihre Emotionen und Reaktionen stabilisieren, wie in vielen Untersuchungen nachgewiesen werden konnte.

Um zu einem naturgemäßen Säure-Basen-Ausgleich zurückzugelangen und ihn zu erhalten, müssen wir auf unsere Ernährung achten. Idealerweise sollte unsere tägliche Nahrung zu 80% aus basischen Lebensmitteln und Getränken und zu 20% aus säurehaltigen bestehen. Wenn Sie sich viel bewegen, können Sie es sich leisten, die Aufnahme säurehaltiger Nahrungsmittel zu erhöhen, aber übertreiben Sie dabei bitte nicht. Fast alle Belastungen und Giftstoffe in Ihren Körper sind säurehaltig. Deshalb ist es so entscheidend, mit basischer Ernährung gegenzusteuern. Sie werden vielleicht über manche Einträge in der Tabelle unten erstaunt sein. Viele Leute glauben zum Beispiel, dass bestimmte Zitrusfrüchte aufgrund ihres sauren Geschmacks säurebildend wirken, was jedoch nicht zutrifft. Es kommt nicht auf den Geschmack an, sondern auf die tatsächliche Wirkung in unserem Körper.

---

[9] In der deutschen Sprache verwenden wir auch manchmal die Begriffe Säure und Lauge.

! *Schwangere sollten keine Milchprodukte zu sich nehmen, die nicht pasteurisiert sind.*

Nahrungsmittel, die Säure bzw. Basen erzeugen oder neutral sind

Säurebildend	*Mild sauer oder neutral*	*Basisch*
	Fleisch und Eiweißersatz	
Huhn	Fisch	Tofu
Eier		
Rotes Fleisch (Rind, Schwein)		
Meeresfrüchte (Hummer, Austern)		
	Gemüse	
Konzentrierte gekochte Tomatensoße (Pizza--Soße)	Kürbis	Artischocke
	Bohnen (ohne grüne Bohnen)	Spargel
		Avocado
	Auberginen	Rote Bete und Blätter
	Linsen	Kohl
	Kartoffeln	Karotten
	Süßkartoffel	Blumenkohl
	Yam-Wurzel	Sellerie
		Mangold
		Korianderpflanze (Cilantro)
		Gurke
		Knoblauch
		Gräser (Weizengras etc.)
		Grüne Bohnen
		Kohlrabi
		Lauch
		Blattsalad
		Lotuswurzel
		Okra

Nahrungsmittel, die Säure bzw. Basen erzeugen oder neutral sind

Säurebildend	*Mild sauer oder neutral*	*Basisch*
		Zwiebel
		Petersilie
		Grüne Erbsen
		Paprika
		Rettich
		Spinat
		Sprossen
		Taro-Wurzel
		Tomaten
		(weiße) Rüben
		Wasserkresse
	Obst	
Apfel		Banane
Aprikose		Kokosnuss
Preiselbeere		Feige
Traube		Pampelmuse
Mango		Zitrone
Melone		Limone
Orange		Nektarine
Papaya		Kaki (Dattelpflaume)
Pfirsich		süße Beeren
Birne		
Ananas		
Pflaume		
saure Beeren		
Mandarine		
	Getreide	
Weißmehl	Amaranth (Urgetreide)	Brauner Reis
weißer Reis	Kamut (Urgetreide)	Buchweizen
	Hafer	Hirse

Nahrungsmittel, die Säure bzw. Basen erzeugen oder neutral sind

Säurebildend	*Mild sauer oder neutral*	*Basisch*
	Quinoa	Dinkel
	Vollweizen	
	Milchprodukte	
Käse	Butter	
Jogurt	Ghee (geklärte Butter)	
	Milch	
	Nüsse, Samen	
Erdnüsse	Sesam	Mandeln
		Paranüsse
		Chashewkerne
		Kürbiskerne
	Würzmittel, Sonstiges	
Marmelade	Honig	Apfelessig
	Öle (Avocado, Kokos-nuss, Olive, Kürbiskerne)	Ingwerwurzel
		Miso
	Reissirup	Melasse
	Meersalz	Algen
		Sojasauce
		Backpulver
	Getränke	
kohlensäurehaltige Getränke	Grüner Tee	Mineralwasser
		Gemüsesäfte
Fruchtsäfte		

Kräuter

Manche Pflanzen und Kräuter wirken stark säuernd oder basisch. Es ist offensichtlich sinnvoll, dass Sie Ihre Ernährung mit basisch wirkenden Kräutern verbessern. Sie können diese in der Küche nach Belieben zugeben. Falls Sie diese und andere Kräuter jedoch in konzentrierter Form als Nahrungsergänzung einnehmen wollen, möchte ich Ihnen dringend empfehlen, sich mit einem Naturheilkundigen zu beraten, weil manche bei bestimmten Beschwerden kontraindiziert sind!

Testen Sie Ihren pH-Wert

Es ist einfach, Ihren pH-Wert zu Hause zu testen. Sie können, wenn Sie das regelmäßig machen, frühzeitig erkennen, wenn Sie aus dem Gleichgewicht geraten. Es gibt pH-Teststreifen, zum Beispiel in Apotheken und guten Drogerien. Sie können entweder Ihren Speichel oder Ihren Harn testen.

Speicheltest: Immer vor dem Frühstück testen. Der normale Wert liegt zwischen 6,8 und 7,5.
Harntest: Halten Sie den Teststreifen in den Mittelstrahl des Urins während des Tages, aber nicht in den ersten Harn nach dem Aufstehen am Morgen.

Stark säuernde Kräuter

- Cayennepfeffer
- Weißdorn, Rotdorn (Hagedorn)
- Lotusblume
- Erdbeerblätter

Stark basische Kräuter

- Luzerne (Alfalfa)
- Amla-Frucht
- Schwarzer Pfeffer
- Gotu Kola
- Lakritze
- Nessel
- Pau d'arco-Rinde (Lapacho)
- Thymian
- Kurkuma
- Yucca-Wurzel

Der mit Speichel oder Harn befeuchtete Teststreifen wird entweder blau = basisch oder rosa = sauer. Ein Farbstreifen, der mit den Teststreifen geliefert wird, macht eine genauere Bewertung möglich.

Ich empfehle Ihnen, in der Zeit, während Sie sich um den Ausgleich Ihres pH-Wertes kümmern, 1 x pro Woche zu testen. Wenn Sie einmal die richtige Balance gefunden haben, reicht ein Test 1x im Monat aus.

Basisch werden mit Hilfe von Eierschalen

Falls Sie festgestellt haben, dass Sie einen Säureüberschuss haben, dann sollten Sie die folgende russische Methode ausprobieren, um basischer zu werden.

- Nehmen Sie 1 Bio-Ei und waschen Sie es gründlich in Wasser.
- Kochen Sie es 6 oder 7 Minuten lang.
- Schälen Sie das Ei und legen Sie es beiseite; Sie brauchen die Eierschalen. Zerdrücken Sie die Eierschalen, zum Beispiel in einem Mörser, bis Sie ein feines Pulver bekommen.
- Nehmen Sie jeden Morgen ½ – 3 Gr. dieses Pulvers (die Menge hängt davon ab, wie hoch der Säureüberschuss ist) mit ein paar Tropfen Zitronensaft ein, weil Kalzium mit Vitamin C zusammen besser aufgenommen und verwertet wird.

Sie meinen vielleicht, dass Zitronensaft die Säure im Körper noch erhöhen würde, tatsächlich ist er jedoch säureausgleichend und basenbildend!

Kochtöpfe

Rostfreier Stahl oder Emailletöpfe sind am besten zum Kochen. Ich persönlich verwende nie Aluminiumtöpfe und -pfannen in meiner Küche.

Sich selbst wieder in Balance atmen

Nicht nur Nahrungsmittel haben einen Einfluss auf Ihren pH-Wert, sondern auch Ärger, Belastungen und Angst führen oft dazu, dass Stresshormone ausgeschüttet werden, welche den pH-Wert des Körpers in Richtung Übersäuerung verschieben können. Wenn Sie sich ruhig und entspannt fühlen, dann hilft das, Ihren pH-Wert zu stabilisieren. Bestimmte Übungen, zum Beispiel die „Mittlere Aufmerksamkeit“ im Kapitel 15 auf Seite 147 werden helfen. Hier möchte ich Ihnen jedoch eine Atemtechnik vorstellen, die „Reinigungsatmung“ heißt, und die Ihnen helfen kann, den pH-Wert im Körper auszugleichen, indem der Säureüberschuss vermindert und die Nebennierentätigkeit harmonisiert werden.

- Knien Sie sich hin; das Gesäß ruht auf den Fersen.
- Ihr Rücken ist aufrecht (aber nicht steif); Ihre Hände ruhen sanft auf den Knien.
- Falls Sie Rückenbeschwerden haben oder sich das unbequem anfühlt, können Sie ein kleines Kissen unter Ihr Gesäß legen.
- Atmen Sie tief durch den Mund ein; die Lippen bilden dabei die Form eines Schlauchs.
- Dann pressen Sie Ihren Atem in kurzen Ausatmungsstößen durch den Mund heraus, wobei Sie Ihre Zunge an die Rückseite der Vorderzähne legen; sie erzeugen ein Geräusch wie beim englischen „th", also „th-th-th".
- Während Sie ausatmen, beugen Sie sich langsam nach vorn bis Ihr Kopf den Fußboden vor Ihren Knien berührt. Falls Ihnen das schwer fällt, beugen Sie sich nur so weit vor, wie es Ihnen bequem ist, ohne sich zu überanstrengen.
- Während Sie durch die Nase wieder einatmen, kommen Sie langsam in die Ausgangsposition zurück.

Versuchen Sie, die Reinigungsatmung 6x pro Tag durchzuführen. Es ist auch eine wunderbare Übung vor und nach jeder sportlichen Betätigung.

26.
„Super-Foods“ und Nahrungsergänzungsmittel

Ich neige nicht dazu, meinen Patienten zu empfehlen, eine Menge an Nahrungsergänzungsmitteln zu nehmen. Wenn Sie Ihren Körper erst einmal entgiftet und gereinigt haben, sodass er Nährstoffe optimal aufnehmen kann, und unter der Voraussetzung, dass Sie eine gute, gesunde und ausgewogene Ernährung befolgen, sollten Nahrungsergänzungsmittel gar nicht notwendig sein. Es gibt jedoch ein paar wenige Kräuter, die ich besonders empfehle, sowie einige ganz besondere Lebensmittel, die ich „Super-Food“ nennen würde, also Super-Lebensmittel.

Die Kraft des Honigs

Eines der wundervollsten „Geheimnisse“ der russischen Gesundheitslehren ist Honig. In Russland gibt es eine lange Tradition, Bienenerzeugnisse für die Gesundheit zu nutzen, und ich empfehle, dass auch Sie Honig zu einem Teil Ihrer regelmäßigen Ernährung machen.

Die Imkerei ist eine sehr alte Kunst, die bis in die Antike zurückgeht. Wissen um die Bienenhaltung und Bienenprodukte wurden nicht nur von Generation zu Generation weitergegeben, sondern auch von Staat zu Staat. An einem der Geburtsorte der Zivilisation, im alten Ägypten, war die Biene ein Symbol der ersten Pharaonen-Dynastie und stellte Unterwerfung und Gehorsam gegenüber dem Willen des Herrschers dar. Die antiken Ägypter betrachteten einen Bienenstock als Vorbild für einen Staat von Sklaven, an dessen Spitze der Pharao regierte. Eine Form der „Nomaden-Imkerei“ wurde hier aus Ägypten zum ersten Mal überliefert. Da die Blumen im Süden Ägyptens früher blühten, wurden die Bienenkörbe zunächst von Nieder- nach Oberägypten gebracht, und später dann wieder nach Niederägypten. Kein Wunder, dass in Niederägypten die Biene zum Volksemblem wurde.

Bienenerzeugnisse, wie Honig, Propolis, Gelee Royale und so fort, wurden von Priestern in Ritualen rund um den Globus verwendet. Im klassischen Rom beispielsweise wurde reichlich Honig über die Opfergaben für die Götter Bacchus und Asclepius gegossen. Während die Ägypter die Körper ihrer verstorbenen Herrscher mumifizierten, trugen die Assyrer Wachs auf die toten Körper auf und tauchten sie dann zur Konservierung in Honig ein.

Bienen waren (und sind) Begleittiere zahlreicher Götter, so des indischen Gottes Krishna und der griechischen Göttin Artemis, deren Tempel in Ephesus als eines der sieben antiken Weltwunder gilt. Die Priesterinnen im Artemistempel waren als „Melissen“ bekannt, was nichts anderes als „Bienen“ bedeutet. Nicht ganz überraschend zeigte das Wappen von Ephesus eine geflügelte Arbeiterbiene. In der alten indischen Mythologie wurde dieses Insekt ebenfalls verehrt. So stellte man den Obergott Vishnu gern in Form einer Biene dar.

Die Völker des Kaukasus waren mit der Imkerei vertraut. Mitglieder armenischer Gemeinschaften im Staat von Uratu waren geschickte Imker, die künstliche Bienenkörbe aus Lehm und Zweigen bauten. Das Nachbarvolk von Karabagh zäunte Lichtungen in Wäldern ein, um Honig und Wachs zu ernten. Eine alte Niederschrift belegt, dass es in Georgien schon früh Bienenstöcke gab. Die Skythen, die Russland im 4. und 3. Jahrhundert v.Chr. bewohnten, waren für ihren Handel mit Bieneerzeugnissen berühmt.

Im Russland rund um Kiew herum (heute die Ukraine) wurden besondere Gesetze über die Bienenhaltung in Annalen niedergelegt, die „Russische Wahrheiten“ hießen. Honig war ein weit verbreitetes Produkt, nicht nur auf dem heimischen Markt, sondern auch als Exportware, die in die skandinavischen Länder im Norden und nach Großbritannien ging, sowie in den Süden nach Griechenland und Rom. Honig von hier erreichte sogar Jerusalem, wo russischer Honig einen höheren Wert als der örtlich hergestellte besaß.

Ihren Zenit erreichte die russische Honigerzeugung im späten 16. und frühen 17. Jahrhundert, als die Einwohner ganzer Dörfer mit der Honigproduktion beschäftigt waren und es Imker gab, die zwischen einhundert und eintausend Bienenstöcke hatten.

Honig galt in der Zarenfamilie als ein besonderer Genuss und Peter der Große begründete 1698 in Strelna seine eigene Imkerei. Später wurde aus diesem kleinen Dorf St. Petersburg, die neue Hauptstadt. Peters Plan war, dass seine neue Stadt zur Welthauptstadt des Honigs werden sollte. Er erließ eine Anordnung, dass in jedem Hof in der neuen Stadt St. Petersburg eine Linde gepflanzt werden musste, um eine ständige Honigerzeugung zu sichern. Diese neue nördliche Hauptstadt produzierte bald eine Vielzahl von seltenen Honigarten von ungewöhnlichen Blütenmischungen, wie Maiglöckchen, Reseda, Flieder und Chrysanthemen. Honig von wilden Himbeeren, Erdbeeren und Kirschen wurde als gewöhnlich angesehen. Die begehrtesten Honigarten waren Linden-, Ahorn und Himbeerhonig.

Verwenden Sie Honig reichlich – um Getränke zu süßen, Salatsaucen anzumachen, als Glasur für Gemüse und Fleisch oder auf Brot oder Toast. Oder stecken Sie Ihren Löffel einfach so ins Honigglas hinein! Vergessen Sie dabei jedoch nicht, dass zuviel des Guten schlecht für Sie sein kann.

! *Verwenden Sie Honig nur in geringsten Mengen, falls Sie allergisch gegen Pollen sind, falls Sie dazu neigen, Wasser im Körper zu speichern oder falls Sie hohen Blutdruck haben.*

Das russische Sbitin-Getränk

Eine besonders delikate Art, Honig zu verwenden, ist *Sbitin.* Es gibt viele uralte Rezepte für dieses berühmte russische Getränk, das über eintausend Jahre alt ist. Das Wort bezeichnet „schlagen“, wie man Sahne oder Eier schlägt. Sbitin ist ein herrliches, süßes und würziges Getränk, das aus Wasser, Honig, Kräutern und Gewürzen besteht. Es ist ohne Alkohol und Sbitin stellte bis zum Ende des 19. Jahrhunderts in Russland einen Ersatz für Tee und Kaffee dar. Russen tranken *Sbitin* während des ganzen Tages, aber besonders morgens. Es erfrischt nicht nur, sondern ist auch sehr nahrhaft und gibt viel Energie. Dabei enthält es keine künstlichen Anregungsmittel. Ich halte es für außerordentlich hilfreich, wenn Menschen ein Detox-Programm absolvieren, weil sich so viele ein Leben ohne heiße Getränke wie Kaffee oder Tee gar nicht vorstellen können. Sbitin kann man heiß bzw. warm trinken, es schmeckt gut und tut gut – was wollen Sie mehr? So können Sie selbst *Sbitin* zubereiten:

- Lassen Sie 1l Wasser aufkochen.
- Geben Sie 100g Honig dazu; Zimt, Gewürznelken, Kardamom und Ingwer nach Geschmack. Sie können auch 1 Pfefferkorn und 3 Esslöffel getrocknete Minzblätter hinzufügen. Kochen Sie alles eine halbe Stunde lang.
- Seihen Sie den Aufguss ab und Sbitin ist fertig. Man kann es heiß oder kalt trinken.

Konzentriertes Sbitin

Falls Sie keine Zeit haben, Sbitin oft frisch zuzubereiten, können Sie eine große Menge an konzentriertem Sbitin ansetzen und dann ein paar Teelöffel davon mit heißem, abgekochtem Wasser verdünnen. Dann haben Sie Sbitin den ganzen Tag über zur Verfügung.

- Kochen Sie 0,3l Wasser auf.
- Geben Sie jeweils 1 Esslöffel Gewürznelken, Zimt, Ingwer und Muskatnuss dazu; schließlich noch 2 Lorbeerblätter.
- Kochen Sie diese Mischung wieder auf und nehmen Sie sie vom Herd, sobald sie zu kochen anfängt.
- Lassen Sie den Topf 1 Stunde lang mit geschlossenem Deckel stehen.
- Seihen Sie den Aufguss ab.
- Geben Sie 200g schwarzen Melasse-Sirup dazu und kochen Sie die Mischung erneut auf, bis sie dunkelrot wird.
- Lassen Sie sie abkühlen, bis 40° oder weniger, etwa lauwarm.
- Geben Sie 500 g Honig dazu und rühren Sie die Mischung gut um.
- Geben Sie alles in ein steriles Glas, das Sie fest verschließen. Bewahren Sie die Mischung an einem dunklen und kühlen Ort auf.

Jedes Mal, wenn Sie russisches Sbitin genießen möchten, geben Sie einen Teelöffel dieser Mischung in eine Tasse abgekochtes Wasser. Wenn Sie einen intensiveren Geschmack wollen, tun Sie mehr hinein. Probieren Sie das einfach selbst aus.

Trocken-Sbitin

– Nehmen Sie 1 Esslöffel von gemahlenem roten Pfeffer, gemahlenem schwarzen Pfeffer, gemahlenem Ingwer, Kardamom, Gewürznelken, Muskatnuss und Zimt sowie 1 Lorbeerblatt.
– Mischen Sie alle Zutaten gut.
– Geben Sie das Ganze in ein trockenes Glas und schließen Sie den Deckel fest. Bewahren Sie die Mischung an einem kühlen, trockenen Ort auf.

Wenn Sie nun *Sbitin* trinken wollen, kochen Sie Wasser auf, geben etwa 1 Teelöffel der Trockenmischung dazu und kochen alles wieder auf. Lassen Sie das Getränk eine Viertelstunde lang abkühlen, bevor Sie noch nach Geschmack dazugeben. Es liegt wieder ganz bei Ihnen, wie würzig und konzentriert bzw. süß Sie Ihr Getränk haben möchten.

Sbitin eignet sich wunderbar als Begleitung bei der Entgiftung, weil es wärmt und Verschleimung und Giftstoffe im Körper löst. Es ist auch im kalten Winter ein fantastisches Getränk. Oder Sie genießen *Sbitin* einfach immer, wie wir es in Russland tun.

Wenn Sie sich aufgrund von Sonnenmangel matt fühlen, können Sie 1 Teelöffel Johanniskraut in Ihren Gewürzmix geben.

! *Wenn Sie Medikamente einnehmen, sollten Sie unbedingt mit Ihrem Arzt sprechen, bevor Sie Johanniskraut verwenden. Es wird zum Beispiel nicht empfohlen, falls Sie handelsübliche Antidepressiva oder die Pille nehmen.*

Nahrungsergänzungen zur Energiesteigerung

In Russland benutzen wir bestimmte Kräuter und Früchte als vitale Hilfsmittel, um unsere Energie zu stärken, Ich empfehle sie meinen Patienten gern als Teil Ihres Verjüngungsprogramms.

Tee

Tee wurde nach Russland zuerst als ein Geschenk eines mongolischen Khans gebracht und als wertvoller Schatz geachtet. Später kam Tee aus

China nach Russland. Vom 19. Jahrhundert an wird Tee in Georgien und Aserbeidschan angepflanzt. Da Tee Koffein enthält, möchte ich auf Alternativen dazu hinweisen.

Eine warme Alternative zu Tee ist Zitronen- und Orangenwürze (bzw. Saft), die in heißem Wasser aufgebrüht wird. Sehr einfach, aber sehr lecker und erfrischend. Viele Russen lassen Minze in ihrer Küche, auf dem Balkon oder im Garten wachsen, mit deren Blättern sie heißen Minzaufguss bereiten. Diese russischen Alternativen zu Tee sind einfach, wirken gut und erhöhten Ihre Energie.

Sibirischer Ginseng

Seit Tausenden von Jahren schätzt man an vielen Orten der Erde Ginseng als ein echtes Heilmittel. In Russland wächst diese magische Wurzel überwiegend in Sibirien. Man benutzt sie, um die Leistungen von Sportlern zu verbessern und die physische und mentale Energie von Kosmonauten zu erhöhen. Wenn Sie Ihren Stress abbauen müssen und Ihre Fähigkeit fördern wollen, mit den Anforderungen eines arbeitsreichen Lebens umzugehen, dann kann Ginseng Ihnen dabei helfen.

Russische Wissenschaftler haben viele Studien über die Wirksamkeit von Ginseng durchgeführt und festgestellt, dass sibirischer Ginseng ein „Adaptogen" ist, ein ideales pflanzliches Mittel für alle Arten von Stress, weil es die Funktion der Nebennieren stabilisiert und ausgleicht. Man weiß in Russland auch, dass sibirischer Ginseng die Sauerstoffversorgung der Zellen vermehrt, was zur Folge hat, dass Sie mehr Energie haben und eine verbesserte Aufmerksamkeit.

Wenn Sie sich in einer Stressphase befinden und einen guten „Energiekick" brauchen, empfehle ich Ihnen, 200mg getrocknete Ginsengwurzel ein oder zwei Mal täglich zu nehmen. Man sollte jedoch Ginseng nie länger als drei Monate hindurch nehmen. Vergewissern Sie sich, dass Sie sibirischen Ginseng kaufen (*Eleutherococcus*), da er sich deutlich von chinesischem, koreanischem und amerikanischem Ginseng unterscheidet.

Rhodiola-Wurzel

Diese Wurzel wird manchmal auch „arktische Wurzel" genannt; sie wächst im nördlichen Teil Sibiriens. In Russland kennt man sie seit

Hunderten von Jahren als Energiespender. Wie Ginseng zählt sie auch zu den „Adaptogenen“. Ich empfehle Ihnen, Nahrungsergänzungsmittel aus der Rhodiolawurzel zu nehmen, wenn Sie sich matt und müde fühlen (sie ist auch ein wunderbares natürliches Antidepressivum) und wenn Sie einen geschärften Geist brauchen. Man hat festgestellt, dass diese Wurzel das Immunsystem stärkt und Eigenschaften besitzt, die gegen Krebs wirken, weil sie reich an Antioxidantien ist. Rhodiola enthält auch eine Menge an Vitaminen. Man sollte 200mg Rhodiola rosea 3x täglich zu den Mahlzeiten nehmen.

Walnüsse

In Russland werden Walnussbäume seit Jahrhunderten in Klostergärten kultiviert. Nüsse eignen sich besonders gut als Energiespender für den Körper, weil sie von Natur aus reich an vielen Nährstoffen sind und in sich die lebendige Sonnenenergie gespeichert haben. Walnüsse speziell sind eine der wenigen pflanzlichen Quellen für die Omega 3-Fettsäuren, die Ihr Herz gesund erhalten. Walnüsse enthalten auch viel pflanzliches „Sterol“, das helfen kann, zu hohe schädliche Cholesterolwerte zu senken. Sie sind außerdem eine gute Quelle für Faserstoffe und Protein. Außerdem ist in ihnen eine potente Mischung aus Vitaminen und Mineralstoffen enthalten: Vitamin E, Kupfer, Folsäure und Magnesium. Hinzu kommt, dass sie starke Antioxidations-Eigenschaften besitzen. In Russland gibt es eine Reihe von Rezepten, wie man Nüsse als Stärkung für das Immunsystem und die Vitalität einsetzt. Angeblich sollen Kosmonauten sogar Walnusspaste in dem Weltraum mitgenommen haben.

Ich möchte Ihnen gern ein Rezept vorstellen, dass nach meiner Erfahrung sowohl Ihr Immunsystem stärkt, als Ihnen auch mehr Energie gibt und hilft, Sie zu verjüngen.

- Mischen Sie 500g fein gehackte Walnüsse mit 300g Manuka-Honig und 100g Aloe Vera-Saft.
- Wenn Sie alles gut gemischt haben, geben Sie es in ein fest verschließbares Glas, das Sie an einem dunklen, kühlen Ort lagern.
- Nehmen Sie 3x täglich einen Esslöffel vor Ihrer Mahlzeit.

Keime und Sprossen

Sprossen sind eine wertvolle Quelle für Vitamine, Mineralstoffe und Pflanzennährstoffe („Phytonutrientien"). Wenn man Samenkörner einweicht und keimen lässt, werden sonst inaktive Enzyme aktiviert und durch den Vorgang der Sprossenentwicklung steigt der Gehalt an Mikronährstoffen in den Keimen enorm an. In den drei Tagen nach dem Keimen verfünffacht sich zum Beispiel der Vitamin C-Gehalt. Sprossen strahlen ja auch fast vor Lebensenergie. Die Samen nutzen diese Energie um zu wachsen, und wenn Sie diese keimenden Sprossen essen, können Sie deren einzigartige, vibrierende Schwingung in sich aufnehmen.

Sprossen sind hoch wirksame Mittel der Verjüngung, vor allem aufgrund ihres hohen Gehalts an Antioxidantien, welche die freien Radikale neutralisieren, die für den Alterungsprozess verantwortlich sind. Ich bin eine energische Vertreterin aller Formen von Sprossen, gleich ob sie aus Bohnen oder aus Getreidekörnern stammen: Luzerne (Alfalfa), Rettich und Radieschen, Senf, Aduki- und Mungo-Bohnen, Quinoa, Roter Klee, Fenchel, Kichererbsen, Linsen und so fort.

Vor allem empfehle ich jedoch Broccoli-Sprossen. An der John Hopkins-Universität für Medizin in Baltimore, Maryland, in den USA wurden die erstaunlichen Eigenschaften dieser Sprossen wissenschaftlich untersucht (und veröffentlicht in: *Proceedings of the National Academy of Sciences*). Die Forschungen ergaben, dass Broccoli reich an „Sulforaphan glucosinolat" ist, einem Vorläufer von Sulforaphan[10]. Das ist ein extrem wirkungsvolles Antioxidans, das freie Radikale neutralisieren und außerdem helfen kann, krebsauslösende Chemikalien zu entgiften. Dieser Stoff ist in drei Tage alten Broccoli-Pflanzen 20 Mal konzentrierter vorhanden als in reiferen Broccoli-Pflanzen. Seine Wirkungen sind nicht nur stark, sondern auch anhaltend.

Sprossen sind nicht nur gut für Sie, sondern sie schmecken auch. Sie können Sprossen in den Salat geben, damit er etwas mehr Biss hat, oder sie einfach zwischendurch knabbern.

---

[10] Im englischen Sprachraum wird oft auch die Abkürzung SGS dafür verwendet; diese ist als „Trademark" eingetragen.

Sprossen zu Hause keimen lassen

Sie können Sprossen in den meisten Naturkostläden und inzwischen auch in manchen Supermärkten kaufen oder sie im Internet bestellen. Die besten Sprossen sind aber solche, die Sie selbst zu Hause keimen lassen und dann ernten. So sind Sie sicher, dass die Sprossen absolut frisch sind. Besorgen Sie sich Bio-Körner und organische Samen und kaufen Sie nur kleine Mengen, um ihre Frische zu gewährleisten.

Sie können zwar ganz spezielle Gerätschaften kaufen, um Körner und Samen zum Keimen anzusetzen, aber das ist nicht wirklich notwendig. Sie brauchen eigentlich nur eine paar große Gläser. In jedes Glas geben Sie ein paar Esslöffel der trockenen Körner bzw. Samen und verschließen das Glas oben mit einem Gazestoff oder einem Nylonnetz, das Sie mit einem Gummiband rund ums Glas befestigen. Ziel ist, die Samen rasch sprießen zu lassen, um sie zu essen, solange sie noch jung, frisch und voller Mikronährstoffe sind. Sie müssen Ihre Samen, Körner und Bohnen vorher einweichen, um den Keimvorgang anzustoßen. Die Zeit dafür ist unterschiedlich je nach Samen. Während die meisten vielleicht fünf bis sieben Stunden eingeweicht werden, brauchen Linsen, Bohnen und Broccoli-Samen acht bis zwölf Stunden und Kichererbsen ungefähr fünfzehn.

Die Gläser sollten in einem Winkel von rund 45° schräg nach unten aufgestellt werden, so dass überschüssiges Wasser abfließen kann und die Sprossen Luft bekommen. Sie können die Gläser zum Beispiel auf einen Geschirrhalter stellen. Sprossen sind ziemlich unempfindlich und wachsen leicht. Sie brauchen Wärme (aber keine direkte Hitze) und müssen vor direktem Sonnenlicht geschützt werden. Deshalb sollte man die Gläser nicht auf dem Fensterbrett oder auf der Heizung abstellen. Wenn Sie eine belüftete Vorratskammer haben, können Sie das Keimen dort beginnen. Zwei Mal am Tag sollten die Keime mit Wasser durchspült werden; drei Mal, falls es sehr warm ist, weil sie dann schneller sprießen. Handhaben Sie die Sprossen immer sanft und achten Sie darauf, die Keime und Blätter nicht zu beschädigen.

! *Manche Menschen sind allergisch gegen gekeimte Körner, Samen und Bohnen. Falls man unter Lupus leidet, sollte man keine Sprossen zu sich nehmen. Wenn Sie die Pille nehmen oder eine Hormonersatztherapie durchführen, soll-*

ten Sie nur wenig Luzerne-Sprossen (Alfalfa) essen, weil sie eine phytoöstrogene Wirkung haben. Falls Sie sich nicht sicher sind, sprechen Sie mit einem Ernährungsberater.

Weizengras

Das ist eine weitere „Supernahrung“, die ich von Herzen empfehle. Warum? Weil Weizengras viel Betakarotin, Vitamin K, Vitamin B 6 und Kalzium enthält. Weizengras stellt auch eine wunderbare Proteinquelle dar; es enthält alle essenziellen Aminosäuren, und zwar im richtigen Maße, wie der Körper sie braucht. Darüber hinaus meint man, dass das Chlorophyll im Weizengras auf eine noch nicht erforschte Weise Schutz vor genetischen Mutationen bietet.

Sie können Weizengras in Naturkostläden bekommen oder selbst welches keimen lassen. Manche Leute geben es gern in Milchmixgetränke hinein, in die sogenannten Smoothies, besonders zum Frühstück, weil es Ihnen zu einem gesunden, energiereichen Start in den Tag verhilft.

27.
Eis und Kälte zur Stärkung von Energie

Vielleicht überrascht es Sie zu hören, dass Kälte und Eis zu den wirkungsvollsten Mitteln gehören, um Körper und Geist zu verjüngen. In diesem Kapitel möchte ich Ihnen die russischen Gesundheitsgeheimnisse von kaltem Wasser und Eiswürfeln verraten.

Ausgleichen durch Anwendung von Kälte

So sehr wir in Russland die Banja lieben, so mögen wir doch auch die Kälte! Unser Land kann sehr, sehr kalt sein, aber wir versuchen nicht, dieser Kälte zu entfliehen, sondern nutzen lieber ihre gesundheitsfördernden Vorteile. Schon bei Hippokrates, Avicenna und anderen Ärzten der Frühzeit können wir etwas über den therapeutischen Nutzen von Kälte nachlesen. Am Anfang des 17. Jahrhunderts berichteten Botschafter fremder Länder in ihrer Heimat, dass Russen im Winter kaltes Wasser auf ihre Körper spritzen, wenn sie gerade aus der Banja herauskommen oder dass sie sogar in Schneehaufen springen und ihren Körper mit Schnee einreiben, als ob er Seife wäre. Als Peter der Große Paris besuchte, demonstrierten seine Kadetten ihre Abhärtung, indem sie nach der Banja im Eiswasser schwammen. Die Franzosen waren erstaunt und kamen in Massen herbeigelaufen, um das Spektakel mitzuerleben. Sie waren verblüfft, dass dieses anscheinend verrückte Verhalten nicht zum Tode oder zumindest zu schweren Krankheiten führte, sondern vielmehr den Elan, die Durchhaltekraft und die Gesundheit der Kadetten noch stärkte. Im Russischen gibt es ein besonderes Wort dafür, den Körper mit Kälte und Eis abzuhärten. In den meisten anderen Sprachen existiert ein solcher Spezialbegriff nicht.

Das ist übrigens keine rein russische Sache. Alte Religionen in verschiedenen Teilen der Welt haben geraten, den Körper mit kalten

Wasser abzuhärten. Viele Tempel sind bewusst in der Nähe belebender Bergwasser, Waldquellen oder von Flüssen erbaut worden. Sowohl der Philosoph Plato als auch Hippokrates haben Kaltwasserbehandlungen als wichtigen Teil der medizinischen Gesundheitsvorsorge empfohlen.

Ein berühmter russischer Kommandeur, A. B. Suworow (1730-1800) war von Geburt an immer anfällig. Dennoch führte er ein erfülltes und erfolgreiches Leben. Er schwor darauf, kalte Bäder zu nehmen und sich buchstäblich Eimer mit eiskaltem Wasser über den Körper zu schütten. Viele andere Russen liebten diese Behandlung ebenso. Leo Tolstoi, der weltweit bekannte russische Schriftsteller, ließ in seinem Haus in Jasnaja Poljana zwei spezielle Bäder bauen.

Im 19. Jahrhundert war der berühmte Arzt G. A. Sacharin einer der ersten russischen Ärzte, der seinen ihren Studenten den Nutzen von Kaltwasserbehandlungen beibrachte. Er meinte, wo immer in der Welt man sich aufhielte, man Zugang zu Wasser hätte und selbst die einfachste Wasseranwendung könnte mehr Gutes für die Gesundheit bewirken als irgendein modernes Medikament. Naturheilkundige unserer Tage würden dem vermutlich zustimmen.

Was passiert während einer Kaltwasseranwendung, oder wie wir auf Russisch sagen, einer *Morshewanie*, was ein Slangausdruck für „Im Winter wie ein Walross baden“ ist. Wenn wir niedrigen Temperaturen ausgesetzt sind, reagiert der Körper mit einer Reihe aufeinander folgender Empfindungen. Zunächst erleben wir Furcht und das Gefühl von Angst (eine natürliche Emotion, wenn wir geboren werden). Das bewirkt, dass unsere Nebennieren Adrenalin, das bekannte Stresshormon, in unseren Blutkreislauf ausschütten. Das veranlasst unsere Haut und die Blutgefäße sich zusammenzuziehen, während sich die Blutgefäße von Herz, Gehirn und Lungen weiten. Der Körper reagiert so, um sich vor einer Absenkung der Temperatur in unseren inneren Organen zu schützen und zu verhindern, dass sie auskühlen. Als direkte Folge wird die Herztätigkeit aktiviert. Der Blutdruck steigt an und führt Blut und Nährstoffe unseren Muskelzellen und dem Gehirn zu. Das trägt dazu bei, dass die Temperatur im Körper ansteigt, womit der Ablauf der biochemischen Reaktionen im Körper optimiert wird. Das verschafft unserem Körper zusätzliche Energie. Gleichzeitig erleben wir einen emotionalen Ausbruch, weil mehr Endorphine in unser Blut ausgeschüttet werden.

Das alles zusammen verleiht uns ein Gefühl der Wachheit, Forschheit und neuen Vitalität. Außerdem werden dabei toxische Stoffe abgestoßen und der Wunsch, mehr zu essen als gut ist, taucht nicht mehr auf. Kaltwasseranwendungen verbessern auch Gedächtnis und Konzentration.

Ich rate, am Ende einer Dusche oder eines Bads, immer mit kaltem Wasser abzuschließen, und sei es auch nur, dass Sie sich eine Sekunde lang mit kaltem Wasser bespritzen. Fangen Sie lieber mit einer ganzen kurzen Zeitspanne an, sich kaltem Wasser auszusetzen, und verlängern Sie die Zeit nach und nach. Sehr effektiv ist es, Kaltwasseranwendungen mit Massage zu verbinden.

Kaltwasser-Klopfen

Ein kaltes „Dampfbad“, das ist die Kombination von Massage mit dem „Kaltwasser-Klopfen“. Diese Verbindung wirkt sehr gut auf den gesamten Körper und alle seine Organe und Systeme.

! *Das folgende Vorgehen ist nicht für Menschen mit Herz- oder Kreislaufproblemen gedacht. Im Zweifel fragen Sie bitte Ihren Arzt.*

- Stehen Sie nackt in Ihrem Bad.
- Halten Sie eine Hand unter fließendes kaltes Wasser und klopfen Sie mit der nassen Handinnenfläche kräftig auf die andere trockene Hand, bis beide Innenflächen leicht rosafarben werden.
- Eine beliebige Handfläche machen Sie nun immer wieder unter dem fließenden kalten Wasser nass und klopfen rhythmisch und kräftig auf Ihren Brustkorb, auf Arme und Beine, bis hinunter zu den Fußsohlen.

Salzwasser-Dusche

Das ist eine weitere sehr effektive Methode. Bei dieser Prozedur mit kaltem Salzwasser hilft nicht nur die Abhärtung durch Kühle, sondern auch die Entgiftung von Körper und Aura wird unterstützt. Diese Methode können Sie morgens oder abends anwenden.

– Bereiten Sie eine Schüssel mit Wasser vor, das etwas kühler als Zimmertemperatur ist und lösen Sie darin 1 Esslöffel Meersalz auf.
– Tauchen Sie Ihre Hände in das Wasser ein und reiben Sie das Salzwasser überall auf Ihrem Körper ein.
– Nun klopfen Sie die Haut rhythmisch von oben bis unten und bewegen sich dabei immer zum Herzen hin, also von den Fingerspitzen zu den Schultern, von den Füßen zu den Lenden.
– Dann duschen Sie sich. Frauen sollten kurz kalt duschen und dann warm, um die weibliche Energie zu fördern. Männer sollten erst warm und dann kurz kalt duschen, um die männliche Energie zu stärken.

Mit Eis arbeiten

Nun möchte ich eine Methode beschreiben, mit der ich sehr gerne und wirkungsvoll arbeite. Diese Therapieform stärkt den Körper und regt die Ausschüttung von Endorphinen an. Das sind die chemischen Stoffe, die gute Gefühle erzeugen. Es sind universelle Schmerzmittel der Natur die auch antidepressiv wirken. Endorphine beruhigen Sie, wenn Sie sich zu sehr aufregen und Sie geben Ihnen einen Energieschub, wenn Sie sich deprimiert fühlen. Anders als Medikamente verändern sie jedoch nicht Ihre Wahrnehmung der Wirklichkeit! Sie bringen Sie vielmehr in eine emotionale Balance. Wenn Sie genügend Endorphine haben, rechnen Sie nicht damit, dass etwas Negatives passiert, und selbst wenn es geschieht, brüten Sie nicht lange darüber. Diese Kur wirkt Wunder auch bei hormonellen Problemen und bei der Neigung, mehr zu essen, als man eigentlich braucht und möchte. Sie zeigt fantastische Ergebnisse bei Depressionen und kann allen Menschen enorm helfen, die unter Suchtverhalten leiden oder ein Entwöhnungsprogramm durchführen.

Ich empfehle, die Eiswürfelkur 28 Tage lang durchzuführen. Während dieser Zeit sollten Sie die folgenden Substanzen nicht zu sich nehmen:

– Stimulantien wie Kaffee, Tee und Softdrinks
– schwere, fette oder scharf gewürzte Nahrungsmittel
– Alkohol, Narkotika
– Außerdem dürfen Sie nicht mehr als wirklich nötig essen.

Falls Sie Schlafmittel einnehmen, sollten Sie versuchen, diese abzusetzen, bevor Sie diese Kur absolvieren. Falls Sie Antidepressiva nehmen, wäre es ebenfalls gut, diese langsam vor Beginn der Eiswürfeltherapie abzusetzen (unter Aufsicht Ihres Arztes). Sie können die Kur auch dann durchführen, wenn Sie diese Dinge nicht absetzen können oder wollen, aber dann wird die Kur weniger effektiv sein.

! *Falls Sie unter Asthma oder Epilepsie leiden oder an einer anderen ernsten Krankheit, sprechen Sie bitte mit Ihrem Arzt, bevor Sie diese Kur durchführen. Aller Wahrscheinlichkeit nach gibt es keine Probleme, vielleicht sollten Sie aber in dieser Zeit unter ärztlicher Aufsicht sein.*

Eiswürfelkur

Während dieser Zeit arbeiten Sie mit zwei Punkten. Einer ist das Steißbein am Ende der Wirbelsäule. Der andere ist der chinesische Akupunkturpunkt, der Fan Fu genannt wird (siehe Abbildung)[11].

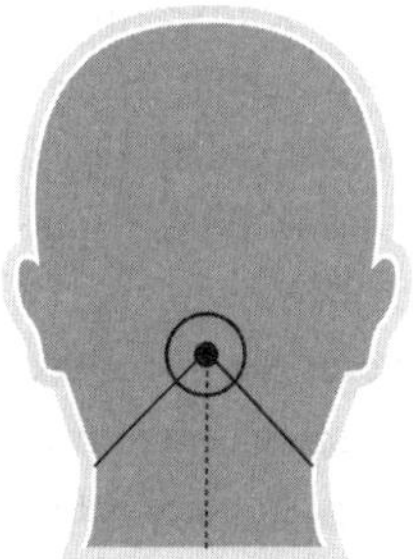

Hier ist der einzige Punkt, an dem man direkt mit dem Gehirn arbeiten kann. Direkt unter diesem Punkt ist die Medulla Oblongata, die für die Gehirnzentren der Atmung und des Blutkreislaufs zuständig ist. Darüber, etwas tiefer im Gehirn liegend, befindet sich der Hypothalamus und die Hirnanhangdrüse. Diese Gehirnzentren sind für eine Vielzahl von Funktionen zuständig, wozu auch die Kontrolle des Stoffwechsels und seiner Energien, das Immunsystem und die Lustzentren gehören. Chinesische Ärzte haben seit zweitausend Jahren mit diesem Punkt gearbeitet, indem sie dort Kräuterzigarren (Moxa) abbrennen, um ihn zu stimulieren. Ich meine jedoch, dass man einen stärkeren Effekt mit Eis erzielt, wie wir das in Russland tun.

Wenn Sie die Eiswürfelkur länger als drei Tage unterbrechen, sollten Sie von Neuem anfangen.

---

[11] Dieser Punkt heißt bei uns auch „Alta Major-Punkt". (Anm.d.Ü.)

1. Woche

Wiederholen Sie die folgende Prozedur 2x am Tag, am Morgen und am Abend. Jeweils zwei bis vier Stunden vorher müssen Sie fasten, also überhaupt nichts mehr essen. Sie können jedoch so viel Wasser trinken, wie Sie mögen. Führen Sie die Kur in einem luftigen Raum durch. Ihre Sitzungen sollten jeweils ungefähr 25 Minuten lang dauern. Sie liegen dabei auf dem Bauch und konzentrieren sich ganz auf die Kur. Atmen Sie langsam, und lassen Sie sich nicht verleiten, nebenher zu lesen oder fernzusehen.

– Nehmen Sie ein elastisches Stirnband oder ein Haarband und legen Sie es so um den Kopf, dass der untere Teil Ihres Kopfes hinten, wo der Nacken an den Kopf stößt (siehe Punkt auf der Abbildung) bedeckt ist.
– Nehmen Sie Ihre Haare von dort über das Band.
– Legen Sie sich auf den Bauch. Platzieren Sie einen Eiswürfel auf dem angegeben Punkt. Er befindet sich etwas oberhalb des ersten Nackenwirbels. Der Eiswürfel sollte die Haut dort direkt berühren, mit Ausnahme der wenigen Haare, die noch dazwischen sind.
– Legen Sie ein Handtuch um Ihren Nacken, damit das kalte Wasser nicht herunterrinnt.
– Anfangs werden Sie ein sehr intensives, unangenehmes und vielleicht sogar leicht schmerzendes Gefühl spüren. Halten Sie es nach Möglichkeit bitte aus; es wird verschwinden und das Eis wird ohne weitere unangenehme Gefühle schmelzen.
– Legen Sie einen zweiten Eiswürfel auf Ihr Steißbein, am Ende der Wirbelsäule, dort wo eine kleine Einbuchtung am Gesäßansatz ist. Falls nötig, fixieren Sie diesen Eiswürfel mit einem elastischen Gürtel oder einem Tuch. Legen Sie sich ein Handtuch unter, um das Wasser des schmelzenden Eiswürfels aufzunehmen.

2. Woche

Wiederholen Sie die Morgenprozedur wie in der 1. Woche.

Am Abend wenden Sie am Steißbein keinen Eiswürfel an, sondern ein Senfpflaster (oder jedes andere Hitzepflaster, das Sie in Apotheken, Drogerien oder Sanitätshäusern bekommen). Der vom Pflaster bedeckte Bereich sollte etwa 2 cm x 2 cm groß sein. Alternativ können Sie eine Wärmflasche benutzen. Der Temperaturunterschied zwischen dem oberen Ende des Rückgrats und seinem unteren Ende wird den therapeutischen Effekt noch verstärken.

! *Die Haut am Steißbein ist sehr zart und kann heiße Temperaturen nicht lange aushalten. Deshalb sollten Sie etwas Stoff oder ein Handtuch zwischen die Haut und die Wärmflasche legen. Wenn das unangenehm wird, dann nehmen Sie die Wärmflasche bzw. das Hitzepflaster fort und lassen Sie nur den Eiswürfel für die Dauer der Behandlung am Platz.*

3. und 4. Woche

Legen Sie den Eiswürfel nur an den Nackenpunkt, nur einmal am Tag, am besten morgens.

Russischer Knoblauch-Aufguss

Während Sie die tiefgreifend wirksame Eiswürfeltherapie anwenden, können Sie die positiven Wirkungen mit einem russischen Knoblauchaufguss noch verstärken. Seit vielen Hunderten von Jahren wenden russische Heiler dieses Mittel an, um die Blutgefäße zu reinigen. Es macht unsere Blutgefäße auch sehr elastisch und unser Körper wird mit mehr Energie aufgeladen und verjüngt.

- Füllen Sie ein Drittel eines Halbliter-Glases (verwenden Sie bitte nur Glasbehälter) mit 350g geschältem und gehacktem Knoblauch.
- Füllen Sie das Glas mit organischem (biologisch hergestellten) Wodka auf.
- Decken Sie das Glas ab und bewahren Sie es 2 Wochen lang an einem dunklen Ort auf; schütteln Sie das Glas täglich einmal kräftig durch.
- Nach 2 Wochen ist der Aufguss fertig. Nehmen Sie täglich während der 28-Tage-Eiswürfelkur 5 Tropfen des Aufgusses auf 1 Teelöffel kalten Wassers, jeweils 3 x vor den Mahlzeiten.

Falls Sie sich wegen eines Knoblauchatems Sorgen machen, dann können Sie etwas frische Petersilie kauen; das nimmt den Geruch weg.

Die Eiswürfel-Kur können Sie, um sie noch wirksamer zu machen, auch mit der Übung zum „inneren Lächeln" verbinden, die Sie aus dem Detox-Programm kennen (siehe Seite 103).

Die Eiswürfel-Kur erzeugt einen sehr starken, beständigen Blutfluss zum Gehirn und nährt das Gehirn und alle seine Funktionen sehr tiefgreifend und nachhaltig auch lange, nachdem Sie die Kur abgeschlossen haben. Sie können natürlich auch noch nach der Kur, immer dann, wenn Sie einen Energiestoß brauchen oder einfach positive Gefühle verstärken möchten, sich Eis an den Nacken legen.

Energieübungen zur Verjüngung

Ich möchte diesen Abschnitt mit einigen zusätzlichen Übungen beschließen, die sich sehr gut dazu eignen, Energie wieder aufzuladen und sich zu verjüngen.

„Der Atem des Lebens"

P. K. Iwanow (1898–1983) war einer der berühmtesten russischen Verfechter einer gesunden Lebensführung. Er hatte direkt einen Kultstatus. Er lehrte die entscheidende Bedeutung von guter Ernährung, Bewegung und Atmung. Er war auch ein großer Fan von Kälte- und Eistherapie. Er pflegte barfuß im Schnee herumzuspazieren! Seinen Studenten brachte er die folgende Atemübung bei, die er „Atem des Lebens" nannte.

- Gehen Sie nach draußen. Recken Sie den Kopf sanft nach oben, schauen Sie zum Himmel (aber ohne Ihren Nacken zu überdehnen oder zu stark anzustrengen).
- Öffnen Sie den Mund und atmen Sie langsam durch die Nase ein (es ist wesentlich, durch die Nase einzuatmen). Stellen Sie sich dabei vor, dass Sie Luft vom Himmel oben in sich einziehen.
- Am natürlichen Ende der Einatmung schlucken Sie anstatt auszuatmen. Das braucht vielleicht etwas Übung, also wundern Sie sich nicht, wenn es nicht auf Anhieb klappt. Während Sie schlucken, visualisieren Sie, wie sich die Lebensenergie der eingeatmeten Luft in Ihrem gesamten Körper ausbreitet.

– Atmen Sie durch die Nase aus und wiederholen Sie die Übung wieder vom Anfang.

Das ist eine sehr kraftvolle Übung und Sie sollten Sie nicht häufiger als drei oder vier Mal hintereinander durchführen. Sie ist jedoch völlig sicher und sehr gut für Sie, sodass Sie diese Übung durchaus mehrfach während des Tages ausführen können. Sie stärkt nicht nur Ihre Aura, sondern kann Ihnen auch helfen, Ihre Nahrungsmittelaufnahme moderat zu gestalten! Praktizieren Sie die Übung einfach vor jeder Mahlzeit.

Energieaufladung mit einer Kerze

Ich möchte Ihnen zwei hervorragende Kerzenübungen anbieten. Die erste ist eine wunderbare Übung zur Energieaufladung. Sie sollten sie regelmäßig anwenden und besonders dann, wenn Sie sich müde fühlen oder extra Energie brauchen.

– Zünden Sie eine Bienenwachskerze an und setzen Sie sich daneben.
– Halten Sie Ihre rechte Hand (Innenfläche nach unten) so über die Flamme, dass Sie die Wärme spüren, sich aber nicht verbrennen.
– Nun bewegen Sie Ihre Hand so über der Flamme, als ob Sie versuchen würden, die Flamme in Ihrer Hand einzusammeln; es ist eine Bewegung, wie wenn Sie Wasser mit der Hand schöpfen.
– Wenn Sie spüren, dass Sie genug Energie in Ihrer Handinnenfläche gesammelt haben, schließen Sie Ihre Hand, als ob Sie die Flamme darin einschließen wollten.
– Drehen Sie nun Ihre Hand nach oben und öffnen Sie die Finger wieder. Stellen Sie sich die Energie, die Sie aus der Flamme geschöpft haben, wie einen Ball vor; versuchen Sie, diese Energie zu spüren.
– Stellen Sie sich diesen Ball so lebendig und strahlend hell wie möglich vor. Dann führen Sie Ihre Hand sanft hinter dem Rücken zum Steißbein. Dabei bewahren Sie das Bild des Energieballs immer noch in Ihrem Geist und auf der Hand.
– Nun stellen Sie sich vor, dass Sie den Ball in Ihr Steißbein übergehen lassen.
– Der Ball geht weiter in Ihr Rückgrat und rollt sich dann darin nach

oben aus, wie sich ein Teppich oder ein Wollknäuel entrollt. Während sich der Ball entrollt, wird daraus eine goldene Schnur, wie ein heller Lichtstrahl. Er überträgt sein Licht auf Ihr Rückgrat und strahlt von dort in den gesamten Körper aus.

– Während sich der Ball Ihr Rückgrat empor entrollt, wird er kleiner und kleiner. Wenn er Ihren Kopf erreicht (zum Kronenchakra hin), ist er zu einem goldenen Fleck geworden. Dieser goldene Fleck wird durch das Schädeldach wieder frei gesetzt.

Die zweite Übung ist sinnvoll, wenn Sie sich schwach fühlen oder Ihr Immunsystem stärken möchten. Führen Sie diese Übung eine Woche lang täglich aus, um Ihre innere Energie zu stärken.

– Zünden Sie die Kerze an und halten Sie Ihre Hände (mit den Innenflächen zur Kerze) auf beiden Seiten der Kerze, in etwa 15 bis 20 Zentimetern Entfernung.
– Atmen Sie langsam und entspannt. Allmählich wird Ihre Atmung von selbst tiefer und tiefer.
– Bei jeder Einatmung stellen Sie sich vor, wie die Energie der Flamme in Ihre Handinnenflächen übergeht. Mit jeder Ausatmung reist die Energie hinunter in den Solarplexus.
– Führen Sie diese Einatmung und Aufnahme von Energie nicht länger als fünf Minuten durch.

Zum guten Abschluss

Ich hoffe aufrichtig, dass Sie im Verlauf der Arbeit mit meinem Gesundheitsprogramm Ihre eigene Kraft und Ihre einzigartige Energie entdeckt haben werden. Ihre Persönlichkeit sollte dabei nie verloren gehen; Ihre Identität sollte nicht in anderen aufgehen oder mit ihnen verschmelzen. Jede Einzelne und jeder Einzelne von Ihnen sollte ihr bzw. sein Selbst als großen Schatz empfinden und pflegen, was Sie haben und wer Sie sind.

Ein Chor klingt wunderschön und harmonisch, wenn jedes Mitglied seinen Part und seine Stimmlage singt. Wenn Sie Ihre Stimme in den großen Chor einbringen, vergessen Sie bitte nie, dass Ihre Stimme einzigartig ist. Achten Sie darauf, dass Sie Ihren eigenen, inneren Klang, so wie Ihr Herz ihn spürt, immer bewahren. Auf diese Weise erhalten Sie Ihre Persönlichkeit und Ihr Wesen als wesentlichen Teil des Ganzen.

Um Ihre individuelle Schwingung zu schützen, müssen Sie Ihrer Energie sorgfältige Aufmerksamkeit zuwenden. Sie müssen darauf hören, was für Ihre eigene harmonische Entwicklung von Bedeutung ist. Eine vitale Voraussetzung dafür, ein ausgeglichenes Leben zu führen, besteht darin, Ihre eigene Schwingung aufrecht zu erhalten. Das ist auch für Ihre Gesundheit absolut notwendig. Eine gesunde Energie zu haben bedeutet einen gesunden Körper zu haben. Beschwerden und Krankheiten entstehen mit ihren Wurzeln immer dann, wenn Sie in fremde, unausgewogene oder destruktive Energien eintauchen.

Jeder von uns hat eine Lebensaufgabe, die ganz speziell für uns ausgesucht worden sind. Diese Aufgabe zu erfüllen mag schwierig sein, aber es ist nicht unmöglich. Niemand bekommt mehr als das, womit er bzw. sie fertig werden kann. Diese Lebensaufgabe wird Sie jedoch drängen, und die Art und Weise, wie Sie mit Ihrem Leben und Ihrer Aufgabe umgehen, wird Ihre Seele drängen, weiter zu wachsen. Erinnern Sie sich daran, dass nichts von dem, was Ihnen gegeben wird, „unfair" ist. Wenn Sie feststellen, dass sich vor Ihnen Berge von Problemen oder Schwierigkeiten erheben, sind sie deshalb vorhanden, weil sie überwunden werden sollen – und Sie dürfen sicher sein, dass Sie die Mittel haben, um das zu schaffen. Fragen Sie sich selbst: Was kann ich daraus lernen? Geben Sie niemals auf! Lassen Sie sich von einem Problem nie unterkriegen.

In Russland gibt es einen Witz über zwei Frösche, die in eine Milchkanne gefallen sind. Der erste Frosch lässt rasch alle Hoffnung fahren und ergibt sich darein zu ertrinken. Der zweite Frosch fängt stattdessen an, mit seinen Beinen wie verrückt zu paddeln und macht das immer weiter, obwohl seine Lage genauso hoffnungslos aussieht. Nach einiger Zeit fühlt dieser Frosch etwas Hartes unter sich und schon bald kann er aus der Kanne herausspringen. Was hat er gemacht? Er hat die Milch so lange „geschlagen", bis sie zu Butter geworden ist.

Selbstverständlich gibt es auch Situationen, in denen es sinnvoll ist, nachzugeben und nicht mehr gegen etwas anzukämpfen, aber es gibt genauso Zeiten, in denen wir aktiv etwas unternehmen müssen. Sie sollten Ihrer Intuition folgen, um herauszufinden, wann Geduld die einzig richtige Lösung ist und wann Sie keine Zeit verschwenden dürfen, um sofort und so schnell wie möglich zu handeln.

Es gibt dafür kein Patentrezept und es wird nie eins geben. Die einzige Hilfe dabei ist die Stimme Ihres Bewusstseins und Ihre tiefen intuitiven Gefühle. Nachgeben und Handeln sind zwei unterschiedliche Polaritäten unseres Verhaltens, so wie es Ruhe und Bewegung sind. Untergraben Sie keine von beiden, da sie beide wichtig sind.

Als Ganzes entdecken Sie persönliche Freiheit darin, wie Ihr einzigartiger persönlicher Weg ist, Ihre Lebensaufgaben zu erfüllen. Für jeden Menschen ist sein Leben wie ein Kunstwerk. Es kann in verschiedenen Stilrichtungen, Techniken und Genres geschaffen werden, aber Sie brauchen die Freiheit, Ihr eigenes Kunstwerk auch selbst zu kreieren.

Sie sollten nie andere kopieren oder nachahmen, sondern lieber auf die zarten Klänge Ihrer eigenen Seele hören. Nur dann erlangt Ihr Kunstwerk seinen Wert. Indem Sie sich in Ihrem Leben kreativ zum Ausdruck bringen, leisten Sie einen entscheidenden Beitrag für diese Welt, so dass sie sich ebenfalls besser entwickeln und erblühen kann.

Sie sind nun am Schluss dieses Buches angelangt. Im Russischen gibt es eine interessante Wurzel eines Begriffs: *Ischod*. Eine Bedeutung ist „das Finale". Im Satzteil *Ischodnaja totschka* bedeutet es aber auch „der erste Punkt eines Neubeginns". Obwohl Sie also am Ende des Buches angekommen sind, hoffe ich, dass Sie damit auch am Anfang eines Neubeginns für Sie selbst angelangt sind: *Ischodnaja totschka!*

Schließlich möchte ich noch die schönste Definition eines Lehrers mit Ihnen teilen, die ich kennen gelernt habe. Stellen Sie sich vor, dass Sie sich im Wald verirrt haben und Sie einem Lehrer bzw. einer Lehrerin begegnen. Sie sagen: „Ich habe mich verirrt, bitte zeige mir den richtigen Weg." Der Lehrer zeigt Ihnen die richtige Richtung; sie marschieren in diese Richtung und er oder sie geht auf dem eigenen Weg weiter.

Ich hoffe, dass das Wissen, dass ich Ihnen vermittelt habe habe, Ihnen diese Art von Führung gibt. Mir selbst hat es Führung gegeben und tut es auch heute noch. Möge es Ihnen dabei helfen, auf Ihre Weise nach Hause zu kommen und Sie ermutigen, auf Ihrem eigenen und einzigartigen Weg voranzuschreiten.

Viel Glück auf Ihrer Reise!

Anhang: Zwei „Tunings“ (Einstimmungen)

Ich möchte zwei Einstimmungen oder Tunings beschreiben. Die erste nennt sich *Gesunder Geist*, die zweite heißt *Gesunde Lebensweise*. Soweit ich weiß, ist dies das erste Mal, dass Tunings von G. N. Sytin aus dem Russischen in westliche Sprachen übersetzt worden sind.

Wie man Tunings einsetzt

Diese Einstimmungen sind sorgfältig aus dem Russischen übersetzt worden[12]. Vielleicht klingen sie zunächst seltsam, aber sie wollen keine Dichtung sein! Die Wiederholungen und die mit Bindestrich zusammengesetzten Begriffe sind absichtlich so gewählt worden. Das gilt auch für manche Sätze, die sehr lang sind. Tunings werden nicht wie normale Texte gesprochen bzw. gelesen, sondern gesungen, gechantet, in einer monotonen Stimme und in einem gleichförmigen Rhythmus, wie Mönche Gebete „herunterleiern“ oder wie Litaneien halb gesungen, halb gesprochen werden. Tunings sind auch eine Form von Meditation. Üben Sie diese Einstimmungen bis Sie feststellen, dass Sie fast in einen hypnotischen Zustand fallen, wenn Sie sie singend sprechen.

Sie verwenden die eine oder andere der beiden Einstimmungen während der Reinigungsprogramme im Teil IV. Sie können die Tunings selbstverständlich auch jederzeit täglich für sich selbst chanten, ob Sie im Bus sitzen oder im Bett liegen, vor dem Schlafengehen. Am besten wäre es, wenn Sie diese Einstimmungen in Ihrer Familie gut hörbar

[12] Die deutschen Fassungen sind natürlich, wie das Buch insgesamt, aus der englischen Originalübersetzung der Autorin übersetzt worden. (Anm.d.Ü.)

singend vorlesen. Versuchen Sie, sich die Tunings ins Gedächtnis einzuprägen, damit Sie immer dann, wenn Sie es brauchen, Ihre Energie stärken und Ihre geistigen Prozesse harmonisch ausrichten können, indem Sie sich selbst eines der beiden vorsagen.

Eine gute Alternative ist, sie auf Tonband oder CD aufzunehmen, damit Sie die Tunings beliebig abspielen können – auf dem Weg zur Arbeit oder in einem stillen Augenblick am Tage.

Tuning 1: *Gesunder Geist*

Neues gesundes neugeborenes Leben fließt in mich ein, und ich werde erfüllt von neuem-neuem gesundem neugeborenem Leben.
Enorm starkes neugeborenes Leben fließt in meinen Kopf.
Eine enorm starke Seele wird in mir geboren.
Ein enorm starker gesunder Geist wird in mir geboren.
Ein immenser, enorm großer starker gesunder Geist wird in mir geboren.
Ein unbesiegbarer gesunder Geist wird in mir geboren.
Ich versuche, ihn so tief wie nur möglich zu verstehen.
Ein unbesiegbarer gesunder Geist wird in mir geboren.
Der gesunde Geist bringt in mir gesunde-gesunde Gedanken hervor.
Der gesunde Geist bringt in mir gesunde-gesunde Gedanken hervor.

Ein enorm starkes lebens-erschaffendes neugeborenes Leben fließt in meinen Kopf.
Eine enorm starke junge Seele wird in mir geboren.
Ein unbesiegbarer gesunder Geist wird in mir geboren.
Der gesunde Geist erzeugt Leben: Der gesunde Geist gebiert gesunde-gesunde heitere Gedanken.
Der gesunde Geist gebiert neu-erneuerte-gesunde-heitere-glückliche Gedanken.

Ein enorm starkes lebenserschaffendes neugeborenes Leben fließt in meinen Kopf.
Eine enorm starke neugeborene junge unschuldige Seele wird in mir geboren.
Eine gesunde-gesunde-fröhliche-unschuldige Seele wird in mir geboren.
Eine fröhliche-glückliche junge Seele wird in mir geboren.

Die neugeborene-junge Seele erzeugt einen jungen gesunden starken Kopf.
Die junge Seele gebiert einen gesunden-starken Kopf.
Die unbesiegbare gesunde junge Seele gebiert
einen starken-gesunden Kopf, gebiert neue-gesunde-glückliche Gedanken, neue
junge-jugendliche Gedanken,
neue junge-jugendliche Gedanken.

Die ganze Seele wird von strahlenden gesunden-fröhlichen
Gedanken erfüllt.
Die ganze Seele wird von strahlenden gesunden-glücklichen
Gedanken erfüllt.

Eine enorme starke jugendliche Seele erfüllt meinen Kopf mit kolossaler
Lebensenergie.
Riesige kolossale Lebensenergie fließt in alle
meine Gehirnmechanismen.
Riesige kolossale Lebenskraft fließt in alle meine Gehirnmechanismen.
Riesige kolossale Lebenskraft fließt in alle meine Gehirnmechanismen.

Alle Gehirnmechanismen sind gesund und stark geboren.
Die junge Seele produziert gesunde Gehirnmechanismen.
Der gesunde Geist gebiert gesunde-gesunde Gehirnmechanismen.
Der gesunde Geist gebiert starke-gesunde Nerven.
Der gesunde Geist gebiert ein gesundes-starkes Nervensystem.
Der gesunde Geist gebiert ein gesundes-starkes
robustes Nervensystem.

Eine kolossale Stärke des Geistes ist in mir geboren.
Eine kolossale Stärke des Geistes ist in mir geboren.
Ein unbesiegbarer gesunder Geist ist in mir geboren.
Der gesunde Geist gebiert einen gesunden-starken Körper.
Der gesunde Geist gebiert einen gesunden-starken beherzten Kopf.

Eine enorm starke junge Seele ist in mir geboren.
Eine unbesiegbare starke junge Seele ist in mir geboren.
Eine fröhliche-heitere junge Seele ist in mir geboren.

Eine fröhliche neugeborene junge glückliche Seele ist in mir geboren.

Totale Herrschaft des Geistes über den Körper wird geboren.
Der gesunde Geist gebiert einen starken gesunden Kopf.
Der gesunde Geist gebiert gesunde-fröhliche-glückliche Gedanken.
Ein immenses kolossales lebenserzeugendes neugeborenes Leben durchdringt meinen Kopf.

Eine kolossale Lebensenergie durchdringt meinen Kopf.
Mein Kopf wird von kolossaler und unbezähmbarer Jugendenergie durchdrungen.
Der gesunde Geist gebiert junge gesunde glückliche Gedanken
Eine gesunde, junge, fröhliche Seele ist in mir geboren.
Eine heitere-glückliche fröhliche Seele ist in mir geboren.
Eine neugeborene-jugendliche unschuldige Seele ist in mir geboren.

Eine neugeborene-jugendliche unverwüstliche gesunde Seele ist in mir geboren.
Ein unverwüstlicher gesunder Geist ist in mir geboren.
Der gesunde Geist gebiert einen gesunden-starken Kopf.
Eine enorm starke junge Seele gebiert energetische-starke Gehirnmechanismen, gebiert ein energetisches-starkes gesundes Gehirn und Rückenmark.
Die gesunde junge Seele gebiert ein gesundes starkes-robustes Nervensystem.
Gebiert einen gesunden-starken Kopf.
Mein Kopf wird von kolossaler unverwüstlicher Jugendenergie erfüllt.
Ein energetisch-starker Kopf wir geboren.
Ein energetisch-starker Kopf wir geboren.

Ein immens starkes lebenserzeugendes neugeborenes Leben durchdringt meinen Kopf.
Eine neugeborene junge mutige-starke-entschiedene-kühne Seele wird in mir geboren.
Eine starke-entschiedene-kühne Seele wird in mir geboren.
Ich bin als eine kühne, durchsetzungsstarke, zuversichtliche Person geboren.

Ich bin als eine kühne, durchsetzungsstarke, zuversichtliche Person geboren.
Ich bin wagemutig, und ich kann alles tun und schaffen.
Ich kann meine Gedanken und Gefühle kontrollieren.
Ich weiß, dass es eine Tatsache ist, dass ich meine Gedanken kontrollieren kann, dass ich meine Gefühle kontrollieren kann.
Totale Herrschaft des Geistes über das Denken ist geboren.
Totale Herrschaft des Geistes über die Gefühle ist geboren.

Eine immens starke junge Seele ist in mir geboren.
Eine unbesiegbare gesunde junge Seele ist in mir geboren.
Eine heitere-fröhliche-heitere-fröhliche junge Seele ist in mir geboren.
Eine neugeborene jugendliche unschuldige heitere-glückliche-fröhliche junge Seele ist in mir geboren.

Ein lustiges Funkeln blitzt in meinen Augen; ein sonniges, strahlendes, frühlingsgleiches Lächeln ist auf meinem Gesicht.
Die jugendliche Seele gebiert ein junges hübsches und unschuldiges Gesicht.
Die junge Seele gebiert ein junges hübsches unschuldiges Gesicht.
Die junge Seele gebiert junge, unschuldige, schöne Augen, willensstarke und intelligente Augen.
Eine enorme geistige Stärke scheint in meinen Augen.

Die totale Herrschaft des Geistes über das Denken wird geboren.
Ich habe totale Kontrolle über meine Gedanken und Gefühle.
Ich habe totale Kontrolle über meinen Zustand.
Ich bin eine Person mit einem starken Willen, einem alles besiegenden starken Willen.

Starker Wille strahlt in meinen Augen, eine immense geistige Stärke scheint in meinen Augen, und alle Menschen, die mit mir zu tun haben, sind sich der Stärke in mir bewusst.
Eine willensstarke und kühne Seele wird in mir geboren.
Eine mutige-kühne Seele wird in mir geboren.
Ich bin ein unerschrockener, selbstsicherer Mensch.
Ich traue mir alles zu, und ich kann alles schaffen.

Totale Herrschaft des Geistes über den Körper, totale Herrschaft des Geistes über das Denken ist geboren.

Der gesunde Geist gebiert einen gesunden starken, robusten Körper.
Der gesunde Geist gebiert einen starken, gesunden herkulischen Körper.
Ich werde von mächtiger, gesunder herkulischer Stärke erfüllt.
Eine immens starke-junge Seele verwandelt mich in eine wiedergeborene junge Person, die von immenser Stärke erfasst wird.
Herkulische Stärke wird in diesem Augenblick in mir geboren.
Kühnheit wird in meiner Seele geboren.
Herkulische Stärke wird in mir geboren.

Ein immens lebensspendendes neugeborenes Leben fließt in meinen Kopf.
Ein unbesiegbarer gesunder Geist ist in mir geboren.
Der gesunde Geist erzeugt Leben: der gesunde Geist gebiert junge-jugendliche heitere Gedanken, heitere-glückliche-gesunde Gedanken. Meine ganze Seele wird von den gesunden-heiteren-glücklichen Gedanken erfüllt.

Ich bin heiter-energisch-fröhlich geboren.
Ein fröhliches Feuer flackert in meinen Augen.
Eine sonniges strahlendes frühlingsgleiches Lächeln ist auf meinem Gesicht.
Die Seele singt vor Glück und Lebensfreude.
Alle inneren Organe werden heiterer, freudvoller und fröhlich-energischer.
Freude und gute Laune erfüllen mein Herz.
Freude und gute Laune erfüllen mein Herz.
Die junge Seele gebiert ein heiteres-heiteres-glückliches Herz.
Ein heiteres-heiteres-lachendes Herz.
Ein heiteres-heiteres Herz, das lauthals lacht.

Der gesunde Geist gebiert ein starkes und gesundes junges Herz.
Der gesunde Geist gebiert ein herkulisches gesundes Herz.
Ein mächtig starkes, herkulisches Herz wird geboren.
Das Herz weiß genau um seine herkulische Stärke.

Ich laufe, ich fliege wie ein Vogel, mein Atem ist leicht und frei, ich laufe, ich

fliege auf Flügeln wie ein Vogel: Ich bin mir genau meines jugendlichen Elans bewusst, ich bin mir genau meiner herkulischen Stärke bewusst.
Eine neugeborene jugendliche unschuldige Seele ist in mir geboren.
Eine immens starke jugendliche unschuldige Seele ist in mir geboren.
Eine unbesiegbare starke jugendliche Seele ist in mir geboren.
Eine unbesiegbare gesunde jugendliche Seele ist in mir geboren.
Eine unbesiegbare gesunde junge Seele ist in mir geboren.
Der gesunde Geist erschafft Leben: der gesunde Geist gebiert jugendliche, gesunde, heitere-glückliche Gedanken.
Die Seele wird von heiteren-glücklichen jugendlichen Gedanken erfüllt.
Ich bin mir ganz genau und klar meiner selbst als neugeboren-jung heiter-glücklich bewusst.

Die Seele ist mit hellen Träumen künftigen Glücks erfüllt.
Ein unbesiegbarer starker Geist ist in mir geboren.
Eine immense geistige Stärke ist in mir geboren.
Totale Herrschaft des Geistes über den Körper, totale Herrschaft des Geistes über das Denken ist in mir geboren.
Der gesunde Geist gebiert gesunde-heitere-heitere Gedanken.
Der gesunde Geist gebiert gesunde-heitere-heitere Gedanken.
Ich bin jung-heiter unbesiegbar gesund weitere dreißig Jahre und länger.
In fünfzig Jahren und länger werde ich jung-heiter, unbesiegbar gesund sein.
In hundert Jahren und länger werde ich ein junger, junger-heiterer unbesiegbar gesunder Herkules mit einer kräftigen Statur sein.
Mit meinem inneren Blick sehe ich mich selbst immer klarer und lebendiger in dreißig Jahren, in fünfzig Jahren und noch länger als eine junge-heitere, junge-heitere unbesiegbar gesunde Person, und das erfüllt mich mit Lebensfreude.
Mein Leben wird immer heiterer-heiterer-fröhlicher, ein lustiges Leuchten strahlt in meinen Augen, mein gesamter Körper strahlt kolossale Energie aus, ich bin von kolossaler unerschöpflicher Energie der Jugend erfüllt.

Tuning 2: *Gesunde Lebensweise*

Dieses Tuning verwenden wir in der Vorbereitungsphase des Reinigungsprogramms. Es eignet sich wunderbar dazu, Ihre Willenskraft und Entschlossenheit aufzubauen, um Erfolg dabei zu haben, eine neue, gesunde Lebensweise anzunehmen und ungesunde Gewohnheiten abzulegen. Diese Einstimmung hilft Ihnen, Ihre Essgewohnheiten zu ändern und das neue Programm anzufangen. Vielleicht werden Sie überrascht sein, wie stark Alkohol darin herunter gemacht wird. Viele meiner Klienten empfinden die Vorstellung, Alkohol aufzugeben, und sei es nur für wenige Wochen, als absolut beängstigend. Ich bin sehr strikt gegen Alkohol im Rahmen meines Gesundheitsprogramms, weil Alkohol die Wirkung tatsächlich stark beeinträchtigt. Wenn Sie wissen, dass Sie andere Suchtgewohnheiten haben – Zucker, Drogen, Koffein und so fort – können Sie diese Einstimmung achtsam umformulieren, um das darin zu berücksichtigen. Beim ersten Mal empfehle ich jedoch, dieses Tuning so auszuprobieren, wie es geschrieben ist.

Stählerne Stärke, stählerne Stärke, stählerne Stärke fließt
in meine Psyche, in alle meine Nerven.
Starke stählerne Stärke fließt in meine Persönlichkeit.
Unbesiegbare spirituelle Stärke fließt in mich ein.
Ich bin ein Mensch mit einem unbesiegbaren stählernen Willen.
Unbesiegbarer stählerner Wille glänzt in meinen Augen
Und alle Menschen, die mit mir zu tun haben, spüren das.
Ich bin eine unerschrockene und selbstsichere Persönlichkeit,
ich traue mir alles zu, und ich kann alles schaffen
und ich habe vor nichts Angst.
Ich stehe wie ein Fels inmitten aller Stürme und Unwetter des Lebens,
die sich an mir brechen.
Ich weiß fest und sicher, dass selbst wenn alle Probleme mit einem Mal unerwartet und alle zusammen über mir hereinbrechen,
sie dennoch nicht in der Lage sein werden,
meinen machtvollen Willen zu brechen.

Ich blicke der Welt also mutig ins Gesicht, ohne vor irgendetwas Angst zu

haben, und ich stehe für eine gesunde Lebensweise ein,
trotz aller widrigen Umstände.
Jeden Tag stimme ich mich erneut auf eine gesunde Lebensweise ein; ich überwinde alle Kräfte, die mir im Weg stehen und die versuchen,
meine gesunde Lebensweise zu stören.
Ich erschaffe eine kraftvolle Unterstützung für meine gesunde Lebensweise, ich erschaffe kraftvolle Unterstützung für meine gesunde Lebensweise.

Ich hege bitteren und heftigen Widerstand gegen alles,
was meine gesunde Lebensweise behindert.
Ich bin immer bereit, alle schädlichen Einflüsse zu bekämpfen
und zu überwinden, die mich in den Abgrund
von Alkoholsucht zu drängen versuchen.
Alkohol ist mein gefährlichster und hinterhältigster Feind,
der meine Gesundheit zerstört, meinen Willen lähmt,
mir meine menschliche Würde raubt und mich in eine Kreatur verwandelt, die von anderen verachtet wird.
Ich weiß sicher, dass ich ein Mensch nur so lange bleiben und
meinen Willen nur so lange bewahren kann, wie kein einziger Tropfen Alkohol in meinen Körper gelangt.
Also trinke ich keinen einzigen Tropfen Alkohol, und kein Beschwatzen von Trunkenbolden wird mich von davon ablenken, meinen Lebensweg nüchtern weiter zu gehen.
Ich weiß sicher, dass ein Mensch, der von der Idee seiner Genesung beseelt ist,
mächtiger ist als alle Elemente der Natur,
alle widrigen Kräfte und dass ein Mensch, der sich den widrigen Einflüssen widersetzt, an einer gesunden Lebensweise festhält.

Ich blicke jetzt auf ein energiegeladenes, gesundes junges Leben,
in zehn Jahren, in dreißig Jahren und in fünfzig Jahren.
Ich habe mich entschieden, meinen Willen ständig weiter aufzubauen,
um für eine gesunde Lebensweise zu kämpfen und damit ständig die Stärke einer nüchternen Lebensweise zu vergrößern.
Ich stärke beständig meine Entschlossenheit, nüchtern durch das Leben zu gehen und keine schädlichen Einflüsse können meine Entscheidung für ein Leben in Nüchternheit zerstören.

Ich spüre, dass ich gesünder und stärker werde, und das erfüllt mein ganzes Wesen mit Lebensfreude.
Ich habe viele Jahre einen glücklichen jungen Lebens vor mir und das erfüllt mich mit der triumphierenden Stärke der Jugend.
Ein unbezähmbares fröhliches Feuer strahlt ständig in meinen Augen, die sonnige Freude des Lebens strahlt in meinen Augen.
Mein ganzer Körper strahl kraftvolle Energie aus; alle meine inneren Organe arbeiten voller Energie und heiter, alle meine inneren Organe arbeiten mit großer Kraft.
Mein Gang ist federnd, fröhlich und kraftvoll, ich gehe, als ob ich ein fliegender Vogel wäre, ich bin mir meines jugendlichen Elans voll bewusst.

Im Angesicht von Widerständen bewahre ich immer mein Wohlbefinden und meine heitere und optimistische Stimmung.
Ich werde mit jedem Tag heiterer und noch fröhlich-optimistischer.
Auf meinem Gesicht ist immer ein heiteres Lächeln, der Frühling erblüht immer fort in mir und eine sonnige Lebensfreude erfüllt meine Seelen und meinen Körper.
In meinen Augen brennt immer ein unbezwingbares, fröhliches Feuer.
Unbezähmbarer stählerner Wille strahlt in meinen Augen.

Ich bin ein mutiger Mensch, selbstsicher, und es gibt nichts, das ich mir nicht zutraue, und ich kann alles tun, und ich habe vor nichts Angst.
Ich kann ein gesundes und nüchternes Leben führen trotz aller Widerstände.
Ich spüre, dass ich unermesslich stärker bin als alle schädlichen Einflüsse. Mein ganzes Leben ist von der Freude über die ständigen Siege über alle Hindernisse erfüllt.
Ich werde jeden Tag heiterer und optimistischer.

Literaturempfehlungen

Veröffentlichungen in Deutsch

Caroline Myss: Chakren; Knaur Verlag, München 2001

Sonia Choquette: ChakraBalancing, Bauer Verlag, Freiburg 2001

Philippa Mericale: Die Aura-Soma-Farbtherapie; Aquamarin Verlag, Grafing 1999

Barbara Ann Brennan: Licht-Arbeit; Goldmann Verlag, München 1998

Dies.: Licht-Heilung; Goldmann Verlag, München 2003

Gabriel Cousens, Manuela Pervez: Ganzheitliche Ernährung und ihre spirituelle Dimension; Nietsch Verlag, Freiburg 2002

Barbara Hendel, Peter Ferreira. Wasser und Salz. ina Verlag, Herrsching 2004

Anodea Judith: Lebensräder. Das große Chakren-Lehr- und Übungsbuch. Goldmann Verlag, München 2004

Adolf Just: Kehrt zur Natur zurück; Verlag der Heilerde-Gesellschaft Luvos Just GmbH, Friedrichsdorf 2001; Nachdruck der Originalausgabe von 1896!, hrsg. von Prof. Dr. Bernd Olesch

Bisher nur auf Englisch erschienen

Karta Purkh S. Khalsa: Body Balance; Twin Steams Health

Katy Appleton: Yoga in Practice; Macmillan

Dawn Breslin: Zest for Life; Hay House

Es gibt eine Reihe wunderbarer und erfolgreicher russischer Naturheiler und Heiler, deren Arbeit im Westen nicht bekannt ist. Ich habe in diesem Buch mein bestes versucht, um ihre Techniken und ihre Weisheit vorzustellen. Falls Sie russische sprechen bzw. lesen, können Sie auch nach Veröffentlichungen suchen von: N. Meyonova, A. Balaz, Y. Ivanov, G. Malahov, S. Jaocovlev, V. Lobodin, S. Rozov, P. Uspenskiy, S.B. Nikitin, A. Levshinov (www.levshinov.ru). (Englische Schreibweise der russischen Namen verwendet. Anm.d.Ü.)

Kontakte und Bezugsquellen

Sie finden mehr Informationen über meine Arbeit, Vorträge und Retreats auf meiner Webseite: www.allasvirinskaya.com.

Kontakt zu englischen HeilerInnen

Wenn Sie als KlientIn direkt mit Heilerinnen oder Heilern in England als Klient arbeiten möchten, empfehle ich Ihnen, sich mit der „National Federation of Spiritual Healers" in Verbindung zu setzen, die Ihnen Adressen von Heilern geben oder auch Fernheilungen organisieren können. Deren Webseite ist www.nfsh.org.uk.

Auch das „College of Psychic Studies" bietet eine Fülle an Hinweisen, Hilfen und Kursen an. Deren Webseite ist www.collegeofpsychicstudies.co.uk.

Auch die folgenden Webseiten könnten Sie interessieren.

Gesundheitspflege

Dr. Nikolay M. Amosovs Webseite bietet faszinierende Informationen, wie man Gesundheit erhalten und pflegen kann:
www.icfcst.kiev.ua/Amosov.
(Die Webseite ist Ukrainisch/Russisch/Englisch)

Glocken

Russische Glocken, Räucherwerk und Eierdekos (sowie viele religiöse und auch liturgische Gegenstände) finden Sie bei: www.easternchristian.com.

Glocken für Kirchen sowie weitere Informationen sind zu finden bei: www.russianbells.com. (Beide Webseiten sind Englisch.)

Heilerde

Im deutschsprachigen Raum ist „Luvos Heilerde" am weitesten verbreitet. Erhältlich in Apotheken und Reformhäusern sowie manchen Drogerien und Naturkostläden. Weitere Informationen bei: www.luvos.de. (Die Webseite ist in Deutsch.) Veröffentlichungen über „Luvos Heilerde" in zahlreichen Fachzeitschriften, u.a. in Natur-Heilkunde Journal 10/2005 von Dr. Dr. Bernhard Uehleke; siehe auch Literaturempfehlung Adolf Just.

Banja

Falls Sie Ihre eigene *Banja* bauen wollen, können Sie sich informieren bei: www.rusBanja.com.

(Die Webseite ist in Russisch/Englisch/Französisch; Deutsch ist als Sprache angegeben, Texte in deutsch sind aber im Frühsommer 2006 noch nicht vorhanden.)

Eier und russische Gegenstände

Hier zwei Webseiten für dergleichen:
www.therussianstore.com; www.therussianshop.com.
(Beide Webseiten sind in Englisch.)

Bienenhaltung und Honig

Hier eine deutsche Adresse: www.deutscherimkerbund.de; und auch zwei englische Webseiten: www.beedata.com; www.apitherapy.com.

Udo's Choice® Öl

Gibt es in vielen Naturkost- und Wellnessläden (im englischsprachigen Raum). Information und Bestellung auch über: www.udoerasmus.com. (Die Webseite ist in Englisch.)

Allegria

Nietzsche, Gott und die Irrtümer westlicher Religion

OSHO
Der Gott, den es nicht gibt
Westliche Religion und die Lüge von Gott
368 Seiten
€ [D] 20,– / € [A] 20,60/ sFr 35,–
ISBN-13: 978-3-7934-2025-5
ISBN-10: 3-7934-2025-6

In diesem Buch sind zum ersten Mal Vorträge aus der letzten Phase in Oshos Leben zusammengestellt, als er in Poona seine Lehrtätigkeit noch einmal kurz vor seinem Tod aufnahm. Von seinen früheren Vorträgen unterscheidet sich diese Phase durch eine neue Qualität von Transparenz und Intensität. In einer fast wissenschaftlich klaren Sprache gibt er hier die letzten Hinweise zu den großen Fragen, mit denen er sich in den 35 Jahren seiner öffentlichen Lehrtätigkeit befaßt hat. Er entwirft einen radikalen neuen Plan für die Suche des Individuums nach dem Sinn der persönlichen Existenz.

OSHO - die kreative Antwort zum Jetzt

Mut
€ 7,95 · 224 Seiten
ISBN: 3-548-74113-4

Kinder
€ 9,95 · 528 Seiten
ISBN: 3-548-74109-6

Das Buch vom Ego
€ 10,95 · 624 Seiten
ISBN: 3-548-74110-X

Das Buch der Frauen
€ 10,95 · 696 Seiten
ISBN: 3-548-74111-8

Das Buch der Heilung
€ 10,95 · 480 Seiten
ISBN: 3-548-74213-0

Das Buch der Männer
€ 11,95 · 656 Seiten
ISBN: 3-548-74212-2

Intelligenz
€ 8,95 · 272 Seiten
ISBN: 3-548-74161-4

Kreativität
€ 8,95 · 240 Seiten
ISBN: 3-548-74215-7

Intuition
€ 7,95 · 224 Seiten
ISBN: 3-548-74112-6

Intimität
€ 7,95 · 224 Seiten
ISBN: 3-548-74214-9

BewusstSein
€ 8,95 · 256 Seiten
ISBN: 3-548-74211-4

Reife
€ 8,95 · 224 Seiten
ISBN: 3-548-74216-5

Geheimnis des Lebens im Einklang mit der Kabbalah

MICHAEL BERG
Der Weg
Lebensweisheit aus der Kabbalah
272 Seiten
€ [D] 20,– / € [A] 20,60 / sFr 35,–
ISBN-13: 978-3-7934-2071-2
ISBN-10: 3-7934-2071-X

Der Weg zeigt, wie sich die Weisheit der Kabbalah für unsere heutigen Lebensprobleme anwenden läßt. Nach der Einführung in den historischen und spirituellen Hintergrund der kabbalistischen Mystik entwickelt das Buch aus der Kabbalah eine praktische Anleitung zu einem spirituellen Leben – einen Transformationsweg für unsere Seele. Dabei verbindet Michael Berg auf anschauliche Weise seine persönliche Erfahrung mit den jahrhundertealten Parabeln und Lehrgeschichten des Zohar.

Die neue ganzheitliche Körper-Seeelen-Therapie

PETRA LAZARUS
Die Lazarus-Methode
Entgiftung von Körper, Geist und Seele
272 Seiten
€ [D] 20,– / € [A] 20,60 / sFr 35,–
ISBN-13: 978-3-7934-2062-0
ISBN-10: 3-7934-2062-0

Die Lazarus-Methode ist eine neue Körper-Seele-Therapie, die naturwissenschaftliche, schamanische und geistige Diagnose- und Heilmethoden ganzheitlich miteinander verbindet. Der besondere Ansatz der Lazarus-Methode besteht darin, auf vier Ebenen zu arbeiten: auf der körperlichen Organebene, der Ebene des Unterbewußtseins, der geistig-seelischen Ebene und auf der Ebene der »mikrobiologischen Schnittstellen« zwischen Körper und Geist, die durch Blutbilder im Dunkelfeld sichtbar gemacht werden können.